광화문의 국격

황호택 지음

광화문의 국격

한나래

광화문의 국격

지은이 황호택
펴낸이 한기철
편집인 이리라
편집 이여진, 노우정
마케팅 조광재

2010년 9월 10일 1판 1쇄 박음
2010년 9월 20일 1판 1쇄 펴냄

펴낸곳 한나래출판사
등록 1991. 2. 25. 제22-80호
주소 서울시 서대문구 냉천동 182 냉천빌딩 4층
전화 02) 738-5637 | 팩스 02) 363-5637 | e-mail hannarae91@naver.com
www.hannarae.net

Published by Hannarae Publishing Co.
Printed in Seoul

국립중앙도서관 출판시도서목록(CIP)

국립중앙도서관 출판시도서목록(CIP)

광화문의 국격 / 황호택 지음. ─ 서울 : 한나래출판사, 2010
320p. ; 23cm

ISBN 978-89-5566-107-1 03070

칼럼집[--集]

070.431-KDC5
070.442-DDC21 CIP2010003076

차례

part 1

건국 대통령 동상이 없는 나라

part 2

법정 스님이 길상사에 남긴 정신

part 3

경제 위기에 되돌아보는 '로멜하우스' 정신

part 4

광화문의 국격

part 5

'캐치 미 이프 유 캔'

part 6

지금 영웅들은 기업에 있다

part 7

'호찌민 샌들'과 샤토 라투르

일러두기

· 한글 표기를 원칙으로 하되, 필요에 따라 외국어와 한자를 병기하였다.

· 한글 맞춤법은 '한글 맞춤법' 및 '표준어 규정'(1988), '표준어 모음'(1990)을 적용하였으나 혼란이 있는 경우는 출판사의 원칙을 따랐다.

· 외래어의 우리말 표기는 개정된 '외래어 표기법'(1986)을 원칙으로 하되, 그 중 일부는 현지 발음에 따랐다.

· 사용된 기호는 다음과 같다.

신문, 영화, TV 프로그램, 잡지 등: < >

책이름 등: ≪ ≫

저널리즘 글쓰기의 교과서

윤영철 연세대 언론홍보영상학부 교수

인터넷 시대에는 누구나 언론인이 될 수 있다고 한다. 누구라도 자신이 쓴 글을 거침없이 인터넷 공간에 내놓아 주목을 끌 수 있다는 점에서 수긍할 수 있는 말이다. 하지만 인터넷을 통해 글을 쓴다고 해서 누구나 자질과 능력을 갖춘 전문*professional* 언론인이 되는 것은 아니다. 인터넷에 올라온 글에도 엄연히 수준 차이가 있기 때문이다. 참신하고 예리한 시각으로 논거에 입각한 고품격 글이 있는가 하면, 허위 사실이나 편견 혹은 허위 사실을 확대 재생산하여 타인의 명예를 훼손시키는 수준 이하의 글도 존재한다.

문제는 인터넷상에 수준 이하의 저질 글들이 범람하고 있으며, 이들이 초래하는 사회적 해악이 매우 심각하다는 점이다. 인터넷 글쓰기의 수준을 제고하지 않는다면 인터넷은 건전한 여론 형성에 기여하기보다는 여론을 조작하거나 왜곡하는 매체로 전락한다. 그렇다면 공적 관심사에 관한 글쓰기를 원하는 네티즌들의 능력을 배양하는 가장 좋은 방법은 무엇일까? 그 답은 간단하다. 저널리즘의 기본 요소를 충족시키는 글쓰기 능력을 갖추도록 교육하는 것이다. 그리고 효과적인 글쓰기 교육 방법은 모범이 되는 좋은 글들을 읽도록 하는 것이다.

황호택 논설위원이 그동안 발표한 칼럼을 묶어서 낸 이 책은 저널리즘 글쓰기의 모범이 된다. 해서 이 책을 공적 이슈에 관해 글을 쓰거나 앞으로 쓰기를 원하는 모든 이들에게 권하고 싶다. 저자가 수십 년 동안 언론계에서 잔뼈가 굵은 관록 있는 기자여서만은 아니다. 황호택의 글은 몇 가지 점에서 돋보이기 때문이다.

우선 황호택의 문장은 간단하고 명료하면서 설득의 힘이 실려 있다. 황호택의 정치적, 이념적 시각에 동의하건 그렇지 않건 간에 이러한 글쓰기는 자신의 주장을 펼치려는 이들에게 귀감이 된다. 문장을 길게 혹은 어려운 개념을 잘 끌어 쓴다고 해서 설득에 성공하는 것이 아니다. 누구나 이해하기 쉬운 용어를 사용하며, 간결한 문장이지만 의사를 분명하게 표현하는 황호택의 글은 독자의 눈길을 잡아 두어 단숨에 읽어 내도록 한다.

간단하고 명료한 글이라고 해서 모두 설득력이 있는 것은 아니다.

황호택의 글이 공감과 설득을 이끌어 내는 것은 문장의 흐름이 논리적으로 매우 타당하기 때문이다. 다시 말해서 사회 현상에 대해 어떤 해석을 내리고 주장을 펼칠 때 반드시 타당한 근거를 제시한다는 것이다. 사실 확인이라는 저널리즘의 핵심 요소를 철저히 지키고 있다고 하겠다. 글을 쓰기 이전에 취재를 충분히 하는 습성의 결과로 볼 수 있다. 저자의 칼럼에 담겨 있는 주장은 모두 역사의 기록을 확인하고, 인터뷰하기도 하며, 전해 들은 내용이라면 출처를 확인하고, 그리고 어떤 경우에는 직접 관찰하거나 목격한 사실에 기초한 것이다. 자신의 편견이나 상상력을 동원하거나 사실 확인이 안 된 의혹을 증폭시켜 주장하는 무책임한 일부 네티즌의 글쓰기 방식과는 거리가 멀다.

황호택은 보수 논객이다. 그런데 보다 정확하게 표현하기 위해 수식어를 붙인다면 '합리적이며 온건한' 보수 성향을 지닌 논객이라고 하겠다. 황호택의 글은 보수의 탐욕과 독선을 매섭게 질타하는 동시에 진보의 위선과 허구를 신랄하게 꼬집고 있다는 점에서 이런 평가를 내릴 수 있다. 보수와 진보로 양극화되어 있는 우리 사회에서 어느 한쪽(보수)에 서 있으면서도 양쪽의 잘못을 동시에 비판하고 있다는 점에서 황호택의 균형 감각과 용기를 높이 평가하고 싶다.

언론계에 진출을 희망하는 예비 언론인은 물론 글쓰기 능력을 배양하고자 하는 모든 독자들에게 이 책을 적극적으로 권하고 싶다. 간단하면서도 명료한 필치로 메시지를 분명하게 전달하며, 사실에 입각한 해석 논거를 담고 있는 주장을 펼치는 황호택의 글은 저널리즘 실습 과목의 교과서로도 전혀 부족함이 없다.

'내가 보는 세상'

≪미국 신문 칼럼니스트*The American Newspaper Columnist*≫라는 저서를 낸 버지니아 공대 샘 라일리Sam Riley 교수(언론학)는 "뉴스 보도가 저널리즘의 심장*heart*이라면, 사설은 영혼*soul*이고, 칼럼은 개성*personality*"이라고 썼다. 신문 사설의 주어는 '우리'이지만 칼럼의 주어는 '나'다. 사설은 회사를 대표하는 의견이지만 칼럼은 '내가 보는 세상'이다. 칼럼이 지향하는 인간적 터치의 글쓰기는 신문의 근엄함과 익명성에 물린 독자들에게 신선한 청량감과 짜릿한 즐거움을 준다.

한국에서도 민주화 이후 신문 지면이 급격히 증가하면서 스트레이트 기사로 다 쓸 수 없는 지면을 주관적인 글로 채우려는 시도가 다양한 형태로 진행됐다. 신문은 속보성에서 텔레비전과 인터넷을 당해 낼 수 없지만 종이 신문은 뉴 미디어가 따라올 수 없는 특장과 개성을 지니고 있다. 요즘 신문은 색깔 있는 글과 읽는 재미를 제공하는 칼럼으로 고정 독자를 확보하고 있다.

나는 칼럼을 쓸 때 새로운 관점觀點을 중시한다. 어떤 뉴스에 대한 세상의 의견이 분분할 때 관점에 관한 아이디어가 떠오르면 칼럼은 쉽게 써진다. 관점이 참신할수록 좋은 칼럼이라고 생각한다. 내가 싫어하는 칼럼은 진부한 해설 기사 같은 글을 잔뜩 늘어놓다가 '……해야 하느니라'라는 당위론으로 끝내는 칼럼이다.

두 번째로 새로운 정보와 지식을 담기 위해 노력한다. 될수록 다양한 사람들로부터 의견을 듣고, 자료를 뒤지고, 현장을 관찰해서 쓴다. 물론 그것을 잘 소화해 개성 있는 요리를 만드는 것이 중요하다. 요즘은 전문가나 뉴스메이커들의 이야기를 듣기 위해 이런 저런 조찬 모임에 자주 나간다. 거기서 이야기를 듣다가 칼럼의 아이디어가 떠오를 때가 있다. 현장에서 뛰는 사람들의 이야기는 생생한 정보와 인간의 체취를 담고 있다.

세 번째로 글을 쉽게 그리고 재미있게 쓰기 위해 노력한다. 스트레이트 기사는 드라이하더라도 정확한 정보의 전달이 중요하지만 읽는 맛이 없는 칼럼은 독자들로부터 외면당할 수밖에 없다.

격주로 수년째 칼럼을 쓰다 보니 책 몇 권 묶을 정도의 분량이 모아졌다. 신문 칼럼은 때로 하루살이다. 뜨거운 반향이 일었던 칼럼도 며칠 지나면 김 샌 맥주 같은 글이 돼버리기 쉽다. 한국 사회가 양쪽으로 갈라져서 내 글을 좋아하는 사람도 있고 싫어하는 사람도 많을 것이다. 내 의견을 싫어하는 사람들로부터도 "그렇게 볼 수도 있겠군"이라는 인정을 받고 싶다.

부족한 글을 격려해 주는 김학준 고문, 김재호 사장, 최맹호 부사장, 배인준 주필 그리고 조언을 아끼지 않는 논설위원실 동료들에게 감사드린다. 여태명 교수가 써준 '광화문의 국격' 제자題字가 너무 멋지다. 책이 나오기까지 한나래출판사 한기철 사장, 이리라 편집장, 편집을 진행해 준 노우정 씨의 도움이 컸다. 가끔 비판적인 코멘트를 해주는 아내와 아들 중산, 어연도 고맙다.

2010년 8월

서울 광화문에서

p a r t 1

건국 대통령 동상이 없는 나라

대한민국의 중심 가도인 광화문광장에는 조선왕조만 건재하다. 경복궁과 광화문을 배경으로 세종대왕상이 앉아 있고 이순신 장군상이 서 있다. 광화문광장에 한국 역대 대통령의 동상이 하나도 보이지 않는 현실은 건국 62년의 역사 해석에 대한 우리 사회의 첨예한 대립을 깔고 있다.

▶ ▶ ▶ ▶ ▶

광화문광장의 세종대왕

올해 한글날에는 새로 조성된 광화문광장에 세종대왕상이 들어선다. 차들이 쌩쌩 달리는 서울 세종로 한가운데 이순신 장군 동상이 홀로 서 있어 범접할 수 없는 곳처럼 여겨졌으나 세종대왕상이 충무공 동상과 함께 자리를 잡아 문과 무, 임금과 장수가 서로 보완하는 느낌을 준다. 조선왕조실록을 완독完讀한 시나리오 작가 신봉승 씨(예술원 회원)는 "조선왕조 518년에서 세종대왕과 이순신 장군을 빼면 허전해진다"고 말한다.

올해는 1446년 훈민정음이 반포된 지 563주년을 맞는다. 세계에서 가장 진화된 언어라는 평가를 받는 한글은 세종의 개인 작품이다. 세종실록, 정인지의 훈민정음 해례본解例本 서문, 최만리의 상소문은 세종이 한글을 친히 만들었음을 분명히 밝혀 놓고 있다.

정인지는 서문에서 "바람소리와 학의 울음이든지 닭 울음소리나 개 짖는 소리까지 쓸 수 있게 됐다"고 찬사를 보냈다. 그는 "지혜로운 사람이라면 훈민정음을 아침나절이 되기 전에 이해하고 어리석은 사람도 열흘 만에 배울 수 있다"고 편이성便易性을 높이 평가했다. 한글은 24개 글자로 세상의 모든 소리를 음성적으로 표기할 수 있다. 현대 일본어를 표기하는 문자는 46개이지만 '샐러리 맨'을 '사라리 만'으로 적을 수밖에 없다.

디지털 시대에 더 빛나는 한글

서울시립대 김영욱 교수는 ≪한글 — 세종이 발명한 최고의 알파벳≫이라는 책의 서문에서 디지털 시대를 맞아 한글의 우수성이 더욱 빛난다고 설명한다. 휴대전화 자판에서 ㅣ, ㅡ, · 세 글자를 조합하면 어떤 모음이고 만들어 낸다. 자음도 비슷한 소리를 가획加劃의 원리에 따라 만들어 휴대전화 자판에서 사용하기 편리하다. 자판을 한 번 누르면 ㄱ, 두 번 누르면 ㅋ, 세 번 누르면 ㄲ이 된다. ㄷㅌㄸ, ㅂㅍㅃ ㅈㅊㅉ도 마찬가지다. 10대 엄지족族은 글씨를 쓰는 속도로 문자 메시지를 보낸다. 한국 기자들은 기자회견장에서 속기법을 사용하지 않고 컴퓨터 자판을 두들겨 바로 기사를 작성해 전송한다. 이에 비해 일본이나 중국 기자들은 한자로 변환하는 과정을 거쳐야 하기 때문에 기사 작성이 훨씬 느리다.

세종실록에는 세종이 뛰어난 언어학자였음을 보여 주는 기록이 여러 곳에 나온다. 세종은 집현전 부제학 최만리 등 7명이 상소를 올려 훈민정음을 반대하자 "설총의 이두는 괜찮다 하면서 임금이 한 일은 그르다 하는 것은 무엇이냐"고 따지고 "네가 운서韻書를 아느냐"며 무식함을 꼬집었다. 그는 7명을 의금부에 가두었다가 바로 다음 날 풀어 주었다.

미국 컬럼비아대 게리 레드야드Gari K. Ledyard 교수는 한글 자음 ㄱ, ㄷ, ㅂ, ㅈ, ㄹ 5개가 파스파 문자에서 그 기하학적 모양을 빌려왔다는 이론을 편다.* 파스파 문자는 원나라 쿠빌라이 황제의 명으로 만든 공용 문자이지만 글자가 복잡하고 실용적이지 못해 원의 멸망과 함께 사라졌다. 국내 국어학자 중에는 레드야드 교수의 이론을 인정하지 않는 사람이 많지만 다섯 자음의 모양과 소리는 우연의 일치라고 넘겨 버리기 어려울 만큼 닮은 구석이 있다.

세종은 중국과 일본에서 음운과 문자에 관한 서적을 구해와 섭렵하고 부족한 부분을 보완했다. 독창성이 맨땅에서 솟아나는 것은 아니다. 세종이 외국 자료를 수집해 깊이 연구한 바탕 위에서 한글의 독창성, 과학성, 실용성이 나왔다는 해석이 가능하다.

국격 높이는 소프트 파워 가꿔야

세종은 절대 군주이면서도 아버지 태종과 달리 재위 32년 동안 신하에게 사약을 내린 일이 한 번도 없는 성군이다. 신하들이 옳은 말을 하면 자신의 뜻과 달라도 수용했다. 세종은 아버지 태종의 모습이 어떻게 그려졌을지 궁금해 완성된 태종실록을 보고자 했다. 그러나 신하들은 세종이 실록을 봤다는 기록이 남으면 고쳐 썼을 것이라고 생각해 후세 사람들이 그 역사를 믿지 못할 것이라며 반대했다. 편수한 신하가 모두 살아 있는데, 만약 임금이 실록을 본다면 이들의 마음이 편하지 못할 것이라는 의견도 나왔다. 세종은 신하들의 뜻을 받아들여 태종실록을 보지 않았다.

태종은 목적을 위해 살생을 서슴지 않는 잔혹한 성품이었다. 태조 생존시 왕자의 난을 일으켜 이복동생 방번, 방석과 정도전, 남은을 죽였다. 정사를 농단한다는 이유로 처남 4명도 죽였다. 1418년 상왕으로 물러나서도 세종의 장인 심온에게 사약을 내렸다. 태종의 최대 치적은 장남 양녕대군 대신 한글을 창제한 3남 충녕대군에게 왕위를 물려준 것이라고 할 수 있다.

한글은 한국의 소프트 파워*soft power*와 브랜드 가치를 높일 수 있는 세계 최고의 알파벳이다. 세종과 충무공 동상이 서 있는 광화문광장이 국격國格을 상징하는 명소로 자리 잡으면 우리 국민, 기업, 상품의 가치도 덩달아 올라갈 것이다.

2009. 10. 4

* 한국 고지도와 훈민정음을 연구하는 게리 레드야드는 '한글의 파스파 문자 모방설'을 주장하는 대표 학자이다.

▶ ▶ ▶ ▶ ▶

건국 대통령 동상이 없는 나라

대한민국의 중심 가도인 광화문광장에는 조선왕조만 건재하다. 경복궁과 광화문을 배경으로 세종대왕상이 앉아 있고 이순신 장군상이 서 있다. 광화문광장에 한국 역대 대통령의 동상이 하나도 보이지 않는 현실은 건국 62년의 역사 해석에 대한 우리 사회의 첨예한 대립을 깔고 있다.

역대 대통령 9명에 대한 여론 조사를 해보면 박정희 대통령이 늘 1위를 차지한다. 2위는 김대중, 3위는 노무현 대통령이다. 4위와 5위는 이승만, 전두환 대통령이 앞서거니 뒤서거니 한다. 50～60년 세월이 흘렀다고 하지만 건국建國과 6・25전쟁의 극복에 대한 우리 세대의 이해가 너무 부족함을 여실히 보여 준다.

오늘은 이 전 대통령이 서거한 지 45년이 되는 날이다. 그는 말년에 씻기 어려운 과오를 저지르고 미국 하와이로 망명해 귀국하지 못했다. 장기 집권을 위한 사사오입四捨五入 개헌, 3・15 부정 선거, 그리고

4·19 유혈 사태는 오랜 세월 그의 공功마저 깎아 내린 게 사실이다. 올해는 광복 65주년, 건국 62주년, 6·25전쟁 60주년을 맞는 해다. 제2차 세계 대전이 끝나고 새로운 냉전 질서가 자리 잡던 혼란기에 그와 같은 걸출한 인물이 없었다면 과연 대한민국이 바로 서고 3년 전쟁에서 나라를 지킬 수 있었을지 돌이켜 볼 필요가 있다.

이승만 없이 대한민국 있었을까

공산주의 국가로의 통일 기회를 놓쳤음을 아쉬워하는 세력은 이승만의 남한 단독 정부 노선이 민족 분열을 고착시켰다고 비난한다. 통일 지상주의의 관점에서 보면 1948년 5·10선거에 참여하지 않고 평양에 가 김일성과 남북협상을 벌인 김구 선생의 노선이 더 선연한 애국적 인상을 줄 수도 있다.

그러나 당시의 세계 질서와 국내 정세를 돌아보면 단정單政 노선은 현실적 선택이었다. 소련은 김일성을 내세워 1945년 9월부터 북한에 독자적인 정부를 수립하기 위한 준비를 차곡차곡 해 나갔음이 구소련의 기밀 문서를 통해 드러나고 있다. 미국의 해리 트루먼 대통령은 1947년 의회에서 "사회주의가 자본주의 진영을 넘볼 수 없도록 포위의 블록을 쌓아 그들의 팽창을 저지하겠다"며 냉전의 시작을 알렸다. 이 대통령의 반공反共은 새로운 냉전 질서에서 소련이 아니라 미국의 날개에 올라타 남한 정부를 이끌고 가려던 전략이었다.

베를린 장벽이 무너지고 소련이 붕괴되면서 체제 경쟁은 자유민주주의와 시장 경제를 선택한 진영의 승리로 끝났다. 체제 비교는 현실로 나타난 결과가 실험을 대신해줄 수밖에 없다. 우리의 민주주의와 시장 경제는 이승만의 단정 노선에서 출발했다고 할 수 있다(김일영, ≪건국과 부국≫).

국제 정세를 통찰하는 이승만의 예견豫見 능력은 탁월했다. 그는 일본의 패색이 짙어진 1942년경부터 미 국무부 관리들을 만나 미국이 선수를 쳐 한국 독립을 미리 승인하지 않으면 일본 패망 후 소련이 반드시 끼어들어 한국을 강점하게 될 것이라고 말했다(이한우, ≪우남 이승만 대한민국을 세우다≫). 그의 혜안은 미국에서 집필한 ≪일본 내막기*Japan inside out*≫에서도 잘 드러난다. 1941년에 출간한 ≪일본 내막기≫는 일본이 구조적으로 군국주의 성향을 갖고 있으며, 그대로 방치할 경우 미국을 공격할 수도 있다는 경고를 담았다. 1941년 12월 태평양전쟁이 발발하자 모든 서점에서 매진되는 베스트셀러가 됐다.

국부富國길 닦은 건국 세력 재평가를

올해 6·25 주간에 서울 대학로에서 정진수 교수가 연출한 <6·25전쟁과 이승만>이라는 연극이 공연됐다. 대통령 부인 프란체스카 여사(차유경 분)는 도입부 내레이션(설명)에서 "그 시절에 영어를 모국어보다 더 유창하게 구사할 수 있고, 미국을 중심으로 변화하는 국제 정세를 깊이 있게 통찰할 수 있는 능력을 갖춘 이 박사가 있었다는 것은 위기에 처한 우리 민족을 위해 참으로 다행스러운 일이었다"고 말한다. 이 박사가 한 역할의 핵심을 단순명쾌하게 짚은 평가다.

이 대통령은 미국의 힘에 절대적으로 의존해 전쟁을 치르는 약자의 처지에서도 북진론北進論과 반공 포로 석방으로 미국의 대통령, 장군, 외교관들을 압박해 한미 상호방위조약을 관철했다. 전후 57년 동안 한국 안보는 이 대통령이 쟁취한 한미 상호방위조약을 근간으로 한 강력한 한미동맹에 의지했다. 이 대통령은 말년의 독재와 실정 때문에 미국의 조지 워싱턴 초대 대통령처럼 국민의 존경을 받는 국부國父가 되지 못했다. 그러나 말년의 과오에도 불구하고 대한민국 건국과 6·25전쟁 극복은 그의 국제 정치적 혜안과 외교 역량이 없었으면 불가능했다고 할 수 있다.

건국 대통령의 동상도 세우지 못하는 나라, 세계 10위권 부국富國의 기틀을 마련한 건국 세력을 평가하지 않는 나라에서 식민지와 가난과 전쟁을 이겨 낸 대한민국의 정체성은 흔들릴 수밖에 없다.

2010. 7. 19

▶ ▶ ▶ ▶ ▶

금강호에서 4대강을 바라본다

전북 장수에서 발원한 금강은 용담댐, 대청댐을 거쳐 장장 401km를 돌아 금강 하굿둑에 이르러 물길을 멈춘다. 1990년 완공된 금강 하굿둑은 4대강 사업의 원조라고 할 만하다. 하굿둑이 해수의 유입을 막아 연간 3억 6500만 톤의 담수를 저장하는 금강호가 만들어졌다. 이 물로 전국 쌀 생산량의 15%를 차지하는 호남평야에 농업용수를 공급한다. 전북의 김제・익산・군산・완주와 충남의 서천・부여 농민들은 작년 심한 가뭄에도 금강호 때문에 물 걱정을 하지 않았다.

우리나라는 장마철에 강우량이 집중돼 귀중한 수자원이 바다로 대부분 흘러가 버리고 연중 6개월 갈수기(11~4월)에는 물이 모자라 강바닥을 드러낸다. 하굿둑이 생기기 전에는 금강 하류 유역에 가뭄이 들어도 염도가 높은 강물을 논에 댈 수 없었다. 하굿둑은 홍수 예방의 효과도 높다. 집중 호우가 내릴 때도 배수 갑문이 바닷물의 역류를 막고 썰물 때 강물을 방출해 하굿둑이 생긴 이후 단 한 건의 수재도 없었다.

하굿둑이 생기기 전에는 군산에서 장항을 가려면 여객선을 타야 했다. 하굿둑 위로 하루 4만 5000대의 차량이 통행하고 2008년부터는 장항선 철도가 이어져 하루 34회 열차가 지나간다. 대우자동차와 현대중공업이 들어 있는 군산국가공단은 금강호 물을 정수해 공업용수로 쓰고 있다.

금강 하굿둑의 민생과 환경 보전

금강호의 겨울은 고니, 기러기, 가창오리, 괭이갈매기 등 20여 종의 철새들로 장관을 이룬다. 1983년 착공할 때 환경 친화적 설계가 반영돼 폭 9m 어도魚道로 숭어, 뱀장어, 웅어, 참게가 새까맣게 올라오는 모습을 육안으로 볼 수 있다. 상류, 중류 지역에서 산업 폐수와 생활하수 유입량이 늘어나면서 1990년대에 비해 금강호의 오염도가 높아진 것은 사실이다. 농어촌공사 금강사업단 최범수 유지관리팀장은 "4대강 사업으로 금강 상류, 중류 지역에 오폐수 처리장 63곳이 확충되고 농약과 비료를 뿌리는 하천 내 농경지가 사라진다고 하니 수질이 개선될 것으로 기대한다"고 말했다.

금강 하굿둑은 치수治水와 이수利水 그리고 환경에서도 성공 사례다. 금강호의 아름다운 경관을 배경으로 골프장과 호텔이 생겨나고 주말이면 윈드서핑을 즐기는 사람들이 많다. 최 팀장은 "환경 단체 사람들이 하굿둑을 허물자는 캠페인을 벌이지만 금강호 물로 농사를 짓고 공장을 돌리는 민생民生을 생각한다면 그런 말을 함부로 해서는 안 된다"고 말했다. 환경 운동도 이슬만 먹고 할 수는 없을 것이다.

4대강 사업으로 금강의 부여, 공주, 세종시 지역에 3개의 보를 설치하고 저수지의 둑을 높여 총 1억 1000만 톤의 수자원이 확보된다. 환경 단체들은 보를 만들면 강물이 썩는다고 주장하지만 위아래로 움직이는 개방보가 하층수를 빼주기 때문에 물이 썩을 염려는 없다.

영산강은 박준영 전남지사가, 한강은 김문수 경기지사가 적극 지지하고 있다. 낙동강의 경우 하류 지역은 김두관 경남지사가 반대하지만 상류 지역인 경북은 문제가 없다. 안희정 충남지사도 선거가 끝나고 나서 "4대강 문제는 제 개인 의견에 따라 결정을 내려서는 안 되고 도민 의견을 충분히 수렴한 뒤 풀어 나가겠다"며 태도가 다소 유연해졌다.

금강에서는 하천 내 농경지가 수질을 악화시키는 주요한 원인이다. 농민에게 보상을 해주고 하천 내 농경지 2306만m²와 비닐하우스 567만m²를 제거해 50개 지구에 생태 공원과 생태 하천을 조성한다. 유인상 대전지방국토관리청장은 "어떻게 보면 시군에서 사업 계획을 만들어 정부에 지원을 요청해야 할 사업"이라면서 "시장, 군수가 끝까지 반대하면 그 지역을 뺄 수밖에 없다"고 말했다.

치수이수治水利水 개념이 없는 반대 운동

4대강 사업을 전국에서 동시다발로 벌이기보다는 희망하는 지역부터 순차적으로 했더라면 하는 아쉬움이 남는다. 하던 일도 멍석 깔아주면 안 한다는 속담도 있다. 내년 12월까지 사업을 완료하기 위해 몰아붙이다 보니 4대강이 다른 예산을 잡아먹는 블랙홀이 되면서 필요 이상으로 욕을 먹는 측면도 있다.

4대강 사업이 2011년까지 완료되면 2012년은 총선과 대선을 치르는 해다. 야당은 두 선거에서 4대강 사업이 청계천 효과를 낼까봐 두려워하는 눈치다. 4대강 사업이 MB의 치적으로 남을 수 있겠지만 그는 다음 대선에 출마하지 않는다. 한강, 낙동강, 금강, 영산강의 환경을 가꾸고 수자원을 확보하는 사업은 이 정부에서 끝내고 그만둘 사업은 아니다.

하굿둑과 보와 댐을 건설하면 무조건 환경 파괴라는 인식에는 치수와 이수라는 개념이 들어있지 않다. 환경 단체와 종교계 인사들도 "MB가 하는 것이라 그냥 싫다"면 어쩔 수 없지만 강을 살리기 위해 반대하는 뜻이라면 장항선 열차를 타고 금강호에 한번 가보기 바란다. 강을 어떻게 개발하고 이용해야 할지에 대해 현장 공부가 될 것이다.

— 군산 · 부여에서

2010. 7. 5

▶ ▶ ▶ ▶ ▶

서울대 115주년의 꿈

조국 서울대 법대 교수는 2007년 대외협력본부 부본부장을 맡아 외국에 서울대학교를 소개할 기회가 자주 있었다. 그는 "수백 년 역사를 지닌 외국 대학의 사람들에게 서울대가 개교한 지 60년을 조금 넘었다는 안내 자료를 주다 보면 스스로 꿀리는 기분이 들었다"고 말했다. 영국 옥스퍼드대는 올해로 개교 914주년이고 미국 하버드대는 374주년, 일본 도쿄대는 133주년을 맞는다. 오래됐다고 반드시 좋은 대학은 아니지만 국가를 대표하는 대학의 연륜은 그 나라 고등 교육의 역사와 학문의 전통을 보여 준다.

서울대는 미군정하에서 경성대학과 9개 전문학교를 합쳐 종합 대학으로 출범한 1946년을 개교 원년元年으로 잡는 바람에 이런 디스카운트를 자초했다. 경성제국대학(광복 후 경성대학)은 일본인 교수와 일본인 학생이 주류를 이루던 식민지 대학이었다. 이태진 서울대 명예 교수(국사학)는 "경성제대에 대한 거부감으로 광복 이전에 세워진 9개 전문학교도

서울대 교사校史에서 추방됐다”고 설명한다.

서울대가 통합한 9개 전문학교 중 원년이 가장 이른 법관양성소는 1895년 설립 첫해에 50명이 입학해 47명이 졸업했다. 법관양성소의 커리큘럼은 오늘날 법과대학의 필수 과목이 다 들어 있어 한국 최초의 근대적 법과대학으로 부르기에 손색이 없다. 법관양성소는 법학교 → 경성전수학교 → 경성법학전문학교로 개편되다가 법통法統이 서울대학교 법대로 그대로 전수되었다. 서울사대도 같은 해 세워진 한성사범학교의 법통을 물려받았다. 1904년 설립된 농상소학교는 서울대 농대로 이어졌다.

교사校史에서 사라진 법관양성소

조선총독부가 한국인의 고등 교육을 억압하는 바람에 대한제국이 세운 교육 기관들은 대학으로 발전하지 못하고 전문학교 수준에 머물러야 했다. 조선총독부는 민립대학 설립 운동을 좌절시키기 위해 1924년 경성제대를 세웠다. 서울대는 경성제대의 후신이 아니다. 경성제대는 서울대로 통합한 10개 교육 기관의 하나였을 뿐이다. 서울대로 통합된 전문학교들은 법관양성소를 필두로 대한제국이 교육을 통해 근대화를 달성하려던 개혁 정책에 뿌리를 두고 있다.

서울대는 1946년 대통합을 통해 새롭게 태어난 것이라고 해석할 수도 있지만 근대적 교육을 통해 국권을 바로 세워 보려던 비원悲願의 역사를 지워버린 것은 잘한 일이 아니다. 서울대 법대는 법관양성소 졸업생인 이준 열사와 함태영 전 부통령을 ‘자랑스러운 서울법대인’으로 현창한 바 있다. 단과 대학의 역사는 한 세기를 넘겼는데, 종합 대학교가 된 날로부터 개교 원년을 따지는 것은 기형적인 역사 인식이다. 이 열사나 함 부통령 같은 애국지사들을 폐교廢校의 미아로 만들어 버린 결례다.

여러 교육 기관이 합쳐져 종합 대학이 된 경우 가장 오래된 기관의 설립일자를 원년으로 삼은 대학도 있고, 통합 시점을 원년으로 삼는 대학도 있다. 대학의 원년을 정함에 있어 세계적으로 공통된 기준은 없다. 어디까지나 대학 구성원의 합의와 선택의 문제이다. 연세대는 1957년 연희대와 세브란스의대가 통합해 오늘의 모습을 갖추었다. 연세대는 1884년 고종황제의 명으로 세워진 제중원濟衆院을 효시로 삼는다.

원년 바로잡아 세계로 도약해야

세계 유수의 명문 대학들도 그 시작은 미약했다. 거대한 종합 대학이 된 후부터 원년을 따진다면 하버드대도 개교 원년을 한참 디스카운트해야 한다. 하버드대는 미국 플리머스에 최초로 유럽인들이 이주한 지 16년 만인 1636년에 설립됐다. 처음에는 교사 1명에 학생 9명으로 시작한 목사 양성소였다. 1886년 5월 31일 미국 북감리교 여선교부 선교사 메리 스크랜턴 여사가 서울 정동의 자택에서 여학생 한 명을 데리고 수업을 시작했다. 이것이 124주년을 자랑하는 이화여대의 최초 모습이다. 서울 공릉에 있는 국립 서울산업대는 올해 개교 100년을 알리는 대형 아치를 세워 놓고 1910년 설립된 어의동실업보습학교로부터 한 세기 내려온 학풍을 자축하고 있다.

서울대의 국제적 위상은 대한민국의 자존심과도 연관된 문제다. 서울대가 한국의 경제 규모에 걸맞게 세계 10위권 대학으로 도약하려면 오랜 역사를 자랑하는 세계의 명문 대학들과 경쟁해야 한다. 해외에서 심사하는 대학 평가에서 학문의 전통도 중요한 요인으로 작용하고 있다. 국내외 대학의 사례를 살펴보더라도 서울대는 대한제국과 일제강점기에 있었던 51년의 역사를 별 이유 없이 내팽개친 경우에 해당한다.

대한제국이 제국주의 열강의 발톱 아래서 신학문을 가르쳐 나라를 구해 보려던 구국救國 교육의 역사를 복원하는 것은 서울대의 잃어버린 뿌리 찾기이자 격랑의 시대를 살다간 선배들에 대한 예의다. 서울대가 법인화를 계기로 한 세기가 훌쩍 넘는 개교 원년을 회복해 세계 속으로 도약할 기회를 잡기 바란다.

2010. 6. 6

▶ ▶ ▶ ▶ ▶

올빼미들은 왜 '1번'을 불신하는가

중장년 세대가 새벽에 일어나는 종달새라면 젊은이들은 낮에 자고 밤에 움직이는 올빼미다. 연령에 따른 호르몬의 변화가 이러한 차이를 만들어 낸다. 종달새들은 새벽에 일어나 신문을 읽고 아침 산책을 나간다. 올빼미들은 주말이나 휴일이면 밤새도록 컴퓨터 앞에서 시간을 보내다가 동이 터오면 잠이 든다.

6・2 지방 선거 날 오전에는 종달새의 투표율이 높았다. 한나라당의 도지사 후보 C씨는 12시 방송사 합동 출구 조사에서는 6%가량 앞섰다. 오후 2시에는 4% 우세로 줄어들었다. 오후 6시 출구 조사에서는 1.1% 졌고 실제 개표 결과 패배했다. 올빼미들은 문자 메시지나 트위터를 받고 오후 늦게 투표장으로 나갔다. 전국 투표소에 오후 5시부터 갑자기 젊은층이 몰려들어 200만 명가량이 투표를 한 것으로 조사됐다.

이념 따라 바뀌는 천안함 팩트

김형준 명지대 교수는 사단법인 내나라연구소(이사장 김영래 아주대 교수)가 주최한 학술회의에서 '선거에는 관심이 없지만 투표에 참여한' 비율이 20대의 경우 2006년 12.6%에서 2010년에는 24.6%로 높아졌다고 분석했다. 휴대전화 문자 메시지와 트위터, 페이스북 같은 소셜 미디어를 이용한 투표 독려가 20, 30대의 투표율 상승을 가져왔다는 풀이다.

올빼미들이 1번 후보에게 패배를 안겨준 이유는 무엇일까. 20대에게 가장 절박한 과제는 취업과 병역이다. 김 교수는 "이명박 대통령이 경제를 확실히 살리겠다고 약속해 놓고 청년 실업을 줄이는 데 실패한 것이 20대의 투표율을 높이고 1번 패배에 영향을 미쳤다"고 분석했다.

그들이 겁쟁이라거나 애국심이 부족하다는 설명만으로는 부족하다. 이 정부에는 대통령부터 국무총리에 이르기까지 군대 안 간 사람이 왜 그리 많은가. 인터넷에는 고위층과 그 자제들의 병역 문제와 관련한 글들이 높은 클릭수를 기록했다. 천안함 북풍은 군대를 가야 하거나 군대를 갔다 온 지 얼마 안 되는 젊은 세대에게 역풍으로 작용했다.

월터 샤프 주한 미군 사령관은 한국군 관계자들에게 "한국인 중에 천안함 조사 결과를 믿지 못하는 사람이 21%나 된다는 사실이 놀랍다"고 말했다고 한다. <동아일보> 여론 조사에서 천안함 조사 결과를 못 믿겠다고 응답한 비율은 21.3%였다. 조사 결과를 믿지 않는 비율은 20대 47.8%, 30대 24.5%, 40대 18.2%, 50대 이상 6.7%였다. 종달새들이 90% 이상 믿는 조사 결과를 올빼미 세대는 절반이 믿지 못하겠다고 응답한 것이다.

군의 지나친 비밀주의와 허위 보고도 불신을 키웠다. 군은 천안함 침몰 직후 속초함이 추격 발포한 물체를 새떼이거니 반잠수정이거니 몇 번씩 말을 바꾸었다. 침몰 시간도 오락가락했다. 군은 한동안 천안함 장병들이 보도진과 접촉하는 것도 통제했다.

'1번'이라고 쓰인 어뢰의 추진체는 갑자기 하늘에서 떨어졌거나 바다에서 솟아오른 것처럼 나타났다. 군이 쌍끌이 그물로 바다 밑을 뒤지는 현장에 공동 취재 기자를 참여시켜 어뢰추진체를 인양해 개펄을 닦아내고 1번 글씨를 찾아내는 과정을 기자들이 시시각각 보도했더라면 불신의 비율이 훨씬 낮아졌을 수 있다.

진실이 실종된 20대 미디어 환경

서울의 어느 대학 신문방송학과 교수 모임에서는 천안함 조사 결과를 믿겠다는 사람이 절반, 못 믿겠다는 사람이 절반이었다. 1970년대 이전 학번인 50, 60대 교수들은 대개 믿는 쪽이었고 1980년대 이후 학번인 30, 40대 교수들은 못 믿겠다는 쪽이었다. 정치적인 성향 때문에 안 믿고 싶은 사람들 앞에서 과학적 분석이나 증거는 무력하다. 참여연대 사람들은 정부와 군이 '1번' 어뢰추진체를 조작해 내고 미국, 영국, 호주, 스웨덴의 전문가들이 조작된 결과를 승인했다고 진정으로 믿는 것일까.

한 언론학 교수는 "메이저 언론이 그토록 북풍을 반복해서 다루었지만 선거 결과는 의외였다"며 메이저 언론이 의제 설정 및 여론 형성 기능을 못하고 있다고 꼬집었다. 올빼미들은 종이 신문을 읽지 않고 인터넷에서 뉴스를 읽는다. 인터넷에서는 신상철 씨가 대표로 있는 <서프라이즈>와 메이저 신문이 동급으로 취급된다. 이런 미디어 환경에서는 자신들의 신념 또는 의견에 맞추어 팩트를 마사지하는 글이 막강한 영향력을 발휘한다.

선거는 정답이 있는 객관식 시험은 아니다. 1번을 찍든 2번을 찍든 젊은이들의 선택을 존중한다. 그러나 북한 어뢰추진체에 쓰인 '1번'은 진보냐 보수냐의 문제가 아닌 팩트의 문제다. 남한에는 10, 20대 인터넷 세대가 있지만 북에서 그 나이 또래는 300만 명이 굶어 죽던 시기에 태어난 '고난의 행군' 세대다. 300만 명의 죽음을 '고난'이라고 부르는 정권이 천안함을 공격해 46명을 희생시킨 사태가 발생했다. 젊은 인터넷 세대에게 천안함과 북한의 진실을 전달하는 사회 기능이 심각한 소통 장애를 겪고 있다.

2010. 6. 20

삼대三代가 함께 뛴 밴쿠버 올림픽

겨울 올림픽은 부국富國들의 잔치다. 밴쿠버 올림픽의 시상대에서는 아프리카, 중남미, 일본, 중국, 한국을 제외한 아시아 국가들의 국기를 구경하기 어렵다. 기후가 더운 나라는 그렇다 치더라도 눈이 많이 오는 나라 중에도 겨울 스포츠의 불모지가 많다. 가난하고 정치 사회적으로 안정되지 않은 나라들이다.

1964, 1968년 겨울 올림픽에 스피드 스케이팅 국가 대표로 참가했던 김귀진 선수(65)는 국내에 빙상장이 없어 얼음이 언 논밭에서 연습을 했고 공식 경기는 한강 다리 밑에서 열렸다고 회고했다. 두 대회에서 한국은 모두 노메달이었다. 논바닥과 강에서 얼음을 지친 선수들에게 겨울 올림픽은 넘을 수 없는 벽이었다.

우리가 겨울 올림픽에서 첫 메달을 딴 것은 서울 올림픽을 치른 지 4년 후인 1992년이었다. 경제 발전을 바탕으로 국제 수준의 겨울 스포츠 선수를 양성하기까지는 20여 년의 세월이 걸린 셈이다. 밴쿠버에서 메달을 목에 건 선수들은 서울 올림픽 이후인 1988～1990년생이 주류이다. 이들은 한국의 경제 발전 덕에 국제 기준에 손색이 없는 빙상장에서 연습을 하고 초등학교 때 미국 콜로라도로 전지 훈련을 다니며 기량을 닦았다.

논바닥 선수에서 피겨 여왕까지

밴쿠버에서 벌어진 한국의 메달 잔치는 식민지 세대에서 전후의 베이비 부머 세대로, 그리고 서울 올림픽둥이로 이어지는 삼대발복三代發福의 산물이다. 2관왕 이정수의 아버지(49), 김연아의 어머니(51), 이승훈의 아버지(52), 모태범의 아버지(51), 이상화의 어머니(50)는 모두 50 전후다. 대부분 1955～1963년에 태어난 베이비 부머다.

식민지에서 태어난 세대들이 청·장년기에 6·25전쟁을 겪고 살아남아 고향에 돌아와선 베이비 부머 세대를 낳았다. 갑자기 학령 인구가 불어나 초등학교에서는 오전반, 오후반으로 나뉘어 2부제 수업이 실시됐다. 입학 경쟁이 치열해지면서 중학교 무시험, 고교 평준화 같은 입시 제도의 변화가 몰아쳤다. 식민지 세대의 한 맺힌 교육열은 한국 경제 발전의 밑거름이 됐다. 식민지 세대는 자녀가 운동을 하면 "왜 공부를 안 하고 빌어먹기 딱 좋은 운동을 하느냐"고 잔소리를 했다. 그러나 베이비 부머들은 서울 올림픽을 지켜보면서 시야가 넓어졌다. 운동 하나만 잘해도 부를 쌓고 국가와 개인의 명예를 높일 수 있음을 배웠다.

보릿고개를 겪은 세대에게는 가난과 굶주림으로부터의 자유가 가장 절실한 삶의 과제였다. 식민지 세대에게 등 다습고 배불리 먹는 것 이상의 가치는 없었다. 베이비 부머들은 아버지 세대보다는 배고픔을 덜 겪었다. 학교에 가면 미국의 잉여 농산물 원조 물자인 옥수수 가루와 분유라도 먹을 수 있었다. 쌀밥을 못 먹는 집에서는 고구마라도 먹었다. 세 끼 밥 문제로부터 자유로워진 베이비 부머들은 더 높은 단계인 억압으로부터의 자유로 나아갔다.

서울 올림픽둥이 세대는 앞선 세대의 희생으로 쌓아 올린 배고픔의 해소, 국가와 사회의 안전, 국가에 대한 소속감과 자부심의 바탕 위에서 가장 수준이 높은 자아 실현의 단계로 올라섰다. 밴쿠버의 올림픽둥이들은 과거 세대의 메달리스트들과 달리 "조국에 계신 국민 여러분"으로 이어지던 거창한 소감을 말하지 않는다. 김연아는 금메달을 목에 걸고 "선수로서 이루고 싶었던 꿈을 해냈다"고 말했다. 이승훈은 "결과와 관계없이 내가 할 수 있는 모든 것을 보여 줬다"며 기뻐했다.

금메달 없는 일본 압도한 한국

피겨 스케이팅은 스포츠와 예술의 합성이다. 김연아의 피겨 스케이팅에는 개인의 성취를 뛰어넘어 역사적, 정치적, 문화적 의미가 함축돼 있다. 프리 스케이팅 하루 전인 25일 만난 일본 신문의 서울특파원은 "모든 기량에서 김연아가 아사다 마오보다 한 수 위"라며 김연아의 우승을 예측했다. 그는 다음 날 "일본은 밴쿠버에서 지금까지 금메달이 하나도 없다. 아사다는 거의 유일하게 금메달 기대를 걸어 볼 수 있는 선수였다"라고 아쉬움을 표시했다. 올해는 조선왕조가 일제에 치욕적으로 국권을 상실한 한일강제병합 100년을 맞는 해다. 김연아의 금메달은 한일 관계 100년사에서 상징적 의미가 크다.

한국은 메달 집계 순위로 캐나다, 독일, 미국 등에 이어 당당히 5위이다. 일본은 20위다. 금메달이 없는 일본은 어제 스피드 스케이팅 팀 추월 여자 결승에서 사력을 다했지만 0.02초 차로 마지막 금메달의 꿈이 날아갔다. 잘나가던 일본이 요즘 왜 이러나 싶다. 브라질, 스페인, 인도, 멕시코, 터키 같은 대국은 밴쿠버에서 메달이 하나도 없다. 식민지와 전쟁을 극복하고 살아남은 세대들이 좌절하지 않고 산업화, 민주화를 달성하고 희망의 씨앗을 뿌렸기에 밴쿠버의 환희가 가능했다. 한국 선수들의 겨울 올림픽 메달에는 삼대의 염원이 서려 있다.

2010. 2. 28

▶ ▶ ▶ ▶ ▶

<허트 로커>와 <작은 연못>

캐스린 비글로Kathryn Bigelow 감독의 <허트 로커*The Hurt Locker*>는 이라크 전쟁에서 미군 폭발물 제거팀(EOD)의 활동을 다룬 영화다. 비글로는 이 영화로 전남편 제임스 캐머런James F. Cameron 감독의 <아바타*Avatar*>를 물리치고 아카데미 감독상, 작품상을 휩쓸었다. 그는 수상 연설에서 "이 영화를 전 세계에서 매일처럼 목숨을 걸고 일하는 모든 군인에게 바치고 싶습니다. 그들이 안전하게 집으로 돌아갈 수 있기를 기원합니다"라고 소감을 말했다

이라크전쟁 종군 기자가 시나리오를 쓴 이 영화는 전쟁의 한복판에 있는 것처럼 숨 막히는 리얼리티를 보여 준다. 주인공 제임스 하사는 사제 폭탄을 873개나 해체한 이 분야의 최정예이다. 매번 목숨을 건 작업이다. 그는 "어떻게 그렇게 많은 것을 처리했느냐"는 질문을 받고 "안 죽으면 된다"라고 간단하게 답한다. 허트 로커는 베트남전 때부터 쓰인 군대 속어이다. 허트*hurt*는 고통이나 부상을 의미하고, 로커*locker*는

빠져나갈 수 없는 상황을 가리킨다.

제임스 하사는 이라크 복무를 마치고 미국 집으로 돌아왔다가 다시 바그다드로 복귀한다. 비글로 감독은 이러한 열정을 '마약'이라고 영화적으로 표현했다. 부상과 고통 그리고 죽음을 두려워하지 않는 제임스 하사의 모습에서 UDT 노병 한주호 준위가 떠올랐다.

노근리의 사실과 6·25의 진실

충북 영동군 노근리의 비극을 다룬 <작은 연못>은 6·25전쟁 발발 초기에 있었던 실화를 소재로 한 작품이다. 2000년 AP통신 기자들이 이 사건 추적 보도로 퓰리처상을 받았다. 제작자 이우정 씨는 시사회장에서 "한국전쟁 60년에 이 영화를 헌정한다"고 말했다.

올해는 세계 냉전의 대리전이었던 6·25 60주년을 맞는 해다. 6·25는 영화 소재의 보고라고 할 만하다. 낙동강 방어선을 지켜낸 다부동전투, 전세를 일거에 역전시킨 인천상륙작전, 중공군에 밀려 전우의 시체를 눈 속에 파묻으며 후퇴하던 장진호전투, 북한 공산정권의 압제를 피해 흥남 부두에 몰려든 피란민 10만 명을 남쪽으로 수송하는 철수작전, 평양의 탈환과 후퇴…….

이 씨가 8년에 걸쳐 만든 <작은 연못>은 영화적 리얼리즘과 재미가 쏠쏠했다. 화면도 아름다웠다. 다만 시사회장을 나오며 그의 열정과 영화의 작품성을 평가하면서도 6·25 60주년에 헌정된 영화가 <작은 연못>뿐인 데 대해서는 한쪽이 비어 버린 느낌을 지울 수 없다.

<작은 연못> 마지막에 나오는 자막들에는 이 영화가 전달하려는

강한 메시지가 담겨 있다. “미군이 민간인 500여 명에게 12만 개의 총알을 퍼부었다.” “노근리 외에도 알려지지 않은 양민 학살이 무수히 많다.” 영화 종결부에서 노근리 참극의 현장에 인민군 소년병이 나타나 “미국 놈들은 다 도망갔소. 산 사람 없소”라고 소리치는 장면도 해방자와 침략자의 개념에 혼동을 줄 우려가 있다.

양민 학살은 남쪽 군인과 우익이 저지른 것도 있지만 북한 인민군과 좌익이 자행한 것도 부지기수다. 북쪽에서는 수많은 기독교인들이 한밤중에 끌려 나가 이유도 모르고 죽었다. 인민군대는 미군을 몰아낸 해방자가 아니다. 김일성은 스탈린과 마오쩌둥의 승인과 지원을 받아 남쪽으로 쳐 내려온 침략자였다. 유엔군의 참전은 김일성의 군대로부터 한국을 구해 냈다. 이것이 6・25의 큰 그림이다.

한쪽 허전한 6・25 60주년 영화

노근리 사건은 피아彼我를 구분하기 어려운 전쟁의 혼돈 속에서 일어났다. 미군이 피란민 속에 인민군이 섞여 침투하는 것을 두려워한 나머지 전선에 다가오는 피란민을 무모하게 차단하다 빚어진 사건이다. 실제로 인민군이 피란민들 속에 섞여 있다가 한국군과 미군을 기습하는 일도 있었다. 인민군은 민간인을 총알받이로 이용하는 전술도 썼다.

<작은 연못> 시사회장에는 젊은 관객이 대부분이었다. 6・25는 그들의 할아버지 세대에 일어났다. 이 씨는 “역사적 사실을 왜곡하지 않고 전달하기 위해 고민했다”고 말했다. 그러나 젊은이들이 6・25의 큰 그림을 파악하지 못하고 이 영화만 보고 나면 전쟁의 의미와 미군의

역할에 대해 '성급한 일반화*hasty generalization*'의 오류를 범할 수 있으리라는 걱정이 생겼다. 어떤 사람이 한 마을을 지나가다가 주민 10명을 만났는데 모두 어린이였다면 "그 마을에 어른이 살지 않는다"고 성급한 결론을 내리는 것 같은 오류 말이다.

할리우드는 돈방석에 오른 <아바타>를 외면하고 흥행에서는 실패한 <허트 로커>에 아카데미상을 6개 부문이나 몰아주었다. 상업주의로 찌든 할리우드 영화에도 조국에 대한 자부심이 진하게 묻어난다. 아직도 휴전 상태인 6·25 60주년에 천안함 수습은 현재진행형이다. 반미 코드의 <작은 연못>을 뛰어넘어 의로운 군인 정신을 그린 충무로판 <허트 로커>가 나오기를 기대해 본다.

2010. 4. 11

▶▶▶▶▶

롤러코스터를 타는 민주당

6·2 지방 선거 이후 의기양양하던 민주당이 두 달도 안 돼 쓰디쓴 패배를 맛보았다. 7·28 재·보궐 선거의 성적표 3 대 5의 내용을 들여다보면 더욱 뼈아프다. 이광재 지사에 대한 동정표가 많이 나온 강원의 세 곳 중 두 곳과 민주당의 텃밭인 광주에서만 승리했을 뿐 지역색이 약한 수도권 두 곳과 세종시 이후의 상황을 판가름할 수 있는 충청 지역 두 곳은 모두 한나라당에 내줬다.

민주당 인사들은 한결같이 공천 잘못을 패인敗因으로 꼽는다. 민심이 아직 민주당을 떠나지 않았다고 자위하고 싶겠지만 두 달은 민심의 풍향이 바뀌기에 충분한 기간이었다. 6·2 지방 선거에서 이명박 정권을 견제했던 민심은 친親전교조 교육감들과 이재명 성남시장 등 일부 지자체장의 소란(노이즈) 마케팅과 예측 가능성을 도외시한 교육 행정에 짜증을 내기 시작했다.

전교조는 민노총과 함께 민주노동당의 핵심 세력이다. 전교조와 좌파 교육감들이 민주당 소속은 아니지만 민주당이 분명하게 선을 긋지 않음으로써 국민은 초록동색草綠同色으로 보는 것이 사실이다. 좌파 교육감들이 교육 현장에서 일으킨 소용돌이는 초중고교생 자녀를 두지 않은 사람들조차 혼란스러웠다. 학부모들의 마음은 단순하다. 내 자녀가 안심하고 학교 다니며 열심히 가르치는 교사 밑에서 공부 잘하기를 바란다. 중산층 이상 가정에서는 "밥은 집에서 알아서 먹일 테니 제발 밥 얘기 그만하고 공부나 잘 가르치라"는 말이 나온다.

좌파 단체장들의 노이즈 마케팅

민주당에 보내는 두 번째 충고는 참여연대, 6・15공동선언실천남측위원회, 진보연대, 한상렬 목사 같은 사람과 거리를 두라는 것이다. 불법 방북 중인 한 목사는 김정일에게 '겸손한 자세, 지혜와 결단력, 밝은 웃음' 같은 찬사를 늘어놓았다. 주민을 굶겨 죽이고 정치범 수용소와 총살형 같은 공포 정치로 정권을 유지하는 지상 최악의 독재자에 대한 아부의 극치다. 한 목사는 "천안함 사건은 이명박 정권과 미국의 합동 사기극"이라고 말했다. 그가 8월 15일에는 판문점을 통해 걸어 내려오는 퍼포먼스를 연출할 모양이다. 내려오기 전에 요덕수용소에 가서 "하나님은 왜 남조선에만 있느냐"는 절규를 듣고 왔으면 좋겠다.

북한은 6・25전쟁 이후 김신조 일당의 청와대 습격, 울진・삼척 무장공비 남파, 미얀마 아웅산 테러, 대한항공 858기 폭파 등 34차례 도발을 저질러 놓고 단 한 번도 인정한 적이 없다. 천안함 도발은 35번째다. 34번까지는 북한이 한 것 맞는데 35번째는 중국이나 러시아가했다는 말인가. 외교부 고위 당국자는 최근 중국 외교부 사람들로부터 "당신네 나라에서 민주당과 참여연대도 못 믿겠다는 것을 우리 보고 믿으라는 말인가"라는 면박을 당했다고 한다.

세 번째로 민주당은 단일화의 미몽에서 깨어나야 한다. 이번 선거에서 민노당이나 노무현 계승 당인 국민참여당과 단일화를 이룬 은평을과 충주에서 참패를 면치 못했다. 정세균 대표는 국회 공중부양空中浮揚 사건의 강기갑 민노당 전 대표와 함께 사진 찍고 연대하는 모습을 자주 보여 줬다. 두 차례 집권 경험이 있고 제1 야당으로서 수권 정당을 지향하는 정당이 의석 하나도 없는 국민참여당과 후보 단일화 논의를 하고, 헌법적 가치를 부인하는 민노당과 어깨동무를 하니 민주당을 지지하려했던 사람들도 마음을 고쳐먹는다.

우리나라의 선거 구도는 중간에 자리 잡은 30% 정도의 유권자가 선거 때마다 이쪽저쪽을 번갈아 지지하며 정치 지형의 변화를 몰고 온다. 민주당이 '한복 입고 수염 기른' 한 목사나 강 전 대표 같은 사람과 가까이 할수록 그들 지지자가 민주당 쪽으로 넘어오는 일은 없고 중간지대 유권자들만 등을 돌릴 것이다.

국가 안보, 초당적 태도로 임해야

우리 사회가 분열돼 극단적으로 대립하는 모습은 나라의 건강한 발전을 위해 바람직하지 않다. 한 기업인은 민주당으로 정권이 넘어가더라도 기업인들이 불안감을 느끼지 않도록 민주당이 시장 친화적인 경제 정책을 제시했으면 좋겠다고 말했다. 친親서민이 꼭 반反기업이어야 하는 것은 아니다. 본보의 '공존共存 대담'에서 김문수 경기도지사와 송영길 인천시장은 국민 생활 개선과 경제 발전을 위한 실사구시實事求是가 중요하다는 데 공감을 이뤘다.

미국 민주당도 좌파지만 국가 안보 문제에서는 초당적이다. 버락 오바마 대통령은 7월 29일 아프가니스탄 병력 증파 등에 투입될 약 600억 달러(약 71조 1000억 원) 규모의 전쟁 지출 예산안에 서명했다. 다만 공화당과 일부 백인 중산층의 반대를 무릅쓰고 가난한 사람들이나 흑인들에게 주로 혜택이 돌아가는 전 국민 의료보험을 흔들림 없이 밀고 나가 당의 색깔을 분명히 했다. 한국 민주당이 미국 민주당, 일본 민주당, 영국 노동당만한 역할과 책임감을 보여 줘야 우리 사회가 평화롭게 공존하며 국가를 가꿔 나갈 수 있을 것이다.

2010. 8. 1

▶ ▶ ▶ ▶ ▶

김수환 추기경이라면 어떻게 했을까

1970년대 유신 통치와 1980년대 군사독재정권 시절에는 종교계가 민주화 투쟁의 선두에 섰다. 김수환 추기경은 가톨릭 주교회의 의장으로서 민주주의 실현을 촉구하면서 권력의 폭주를 경계하는 목소리를 냈다. 그는 회고록에서 "서슬 퍼런 공포 정치 시대에 가톨릭교회까지 침묵할 수는 없었다. 복음 정신에 비추어 정의롭지 않은 것은 정의롭지 않다고 말해야 했다"고 술회했다.

천주교 주교회의가 최근 4대강 사업에 대해 "이 나라 전역의 자연환경에 치명적인 손상을 입힐 것으로 심각하게 우려한다"는 의견서를 발표했다. 주교회의는 한국 가톨릭의 최고 의사 결정 기구여서 광우병 촛불시위에도 참여했던 정의구현사제단과는 그 무게가 다르다. 야당은 4대강 사업에 대해 '대운하를 위한 전 단계 공사'라는 공세를 폈으나 주교회의는 '우리 산하에 회복이 가능할 것 같지 않은 대규모 공사'라고 본 사업 자체를 문제 삼았다.

'정책 비판' 용기와 전문성은 별개

민주주의 국가에서 정부 정책에 반대자가 있는 것은 당연하다. 반대 의견을 경청해 정부가 미처 고려하지 못했던 부분을 보완할 수도 있다. 주교회의의 의견서는 생명 존중과 환경 보호에 대한 종교적 신념의 표현이라고 볼 수도 있다. 다만 환경 운동에 종교 또는 도덕적 우월주의가 결합하면 경제학적 분석이나 과학적 처방을 내리기 힘들어진다. 그런 사례를 방사성 폐기물 처리장이나 경부고속철도 건설 과정에서 경험했다. 위도 방폐장 반대 투쟁이 치열할 때 부안성당 문규현 신부는 그 핵심에 있었다. 천성산에서는 지율 스님이 꼬리치레도롱뇽을 보호하겠다며 단식 농성을 벌여 철도 공사를 지연시켰다. 지구 온난화 시대에 CO_2 배출이 적은 원자력 발전과 철도는 친환경적이다.

주교회의가 정부 정책에 대해 의견을 낸 만큼 그 의견에 대한 세속의 비판도 수용해야 할 것이다. 주교회의는 1960, 1970년대 인구 팽창기의 낙태 조장 정책처럼 "생명을 발전의 수단으로 삼고 파괴하는 행위가 자연 환경에도 행해지고 있다"며 4대강 사업을 비판했다. 세계적으로 기독교는 교리에 따라 낙태, 동성同性 결혼, 배아줄기세포 연구에 반대하는 태도를 취하고 있다. 하지만 국토의 이용과 개발은 낙태 문제와 동일선상에 있다고 하기 어렵다. 정부의 4대강 개발 논리는 "해마다 반복되는 홍수 피해를 막으면서 수질 개선과 수량 확보를 하고 국토 활용도를 높이는 사업"이라는 것이다. 갈수기에 검고 악취를 풍기는 물이 흐르는 낙동강, 금강, 영산강의 수질 개선은 사람과 어류의 생명과 직결된 사업이라는 점도 부인하기 어렵다.

주교회의의 의견서는 "환경은 하느님의 선물이고 창조주의 놀라운 작품"이라는 교황 베네딕토 16세의 회칙 '진리안의 사랑 48항'을 인용했다. 미국에서는 진화론을 부정하는 창조론 교리가 교육이나 행정에 영향력을 행사하는 것에 대해 비판적인 관점도 있다. 우리나라는 헌법에 정교 분리政教分離를 선언한 세속주의*secularism* 국가이다.

시대 따라 현실 참여 달라져야

주교회의의 의견서가 나온 뒤 가톨릭 '평신도 모임' 명의의 성명은 "좌익 이데올로기가 교회에 파고들어 성직자들을 좌경화시키고 있다"고 개탄했다. 좌파 정당이 일찍부터 발달한 서구와 달리 우리나라에서 좌파 또는 좌경이라는 말은 '친북'과 연결돼 있다. 성직자들에게 이런 말을 쓸 때는 조심해야 한다는 생각이다. 성직자와 김일성 사이비교는 공존할 수 없다. 캐나다 리자이나대 오강남 교수(비교종교학과)는 "성직자들에게 좌파라는 딱지 붙이기는 '정치적으로 부당한*politically incorrect*' 표현"이라고 말했다. 한나라당 안상수 대표가 어떤 스님을 향해 "부자 절의 좌파 중"이라고 했다는 주장을 둘러싸고서도 공방이 뜨겁다. 진실은 알 수 없지만 조계종이 재정을 확충하기 위해 강남 봉은사를 직할 사찰로 하는 것과 '좌파 중' 논란은 별개인 것 같아 보인다.

작고한 법정 스님은 유신 치하에서 민주수호국민협의회와 유신철폐 개헌서명운동에 참여하다가 1975년 송광사 불일암으로 내려가 수도에 전념했다. 그는 후일 "민주화 운동을 할 때 박해를 받으니 증오심이 생겨요. 순수한 마음에서 이탈하는 게 괴롭고……. 본래 자리로 돌아가기 위해 산으로 들어갔어요"라고 말했다. 노년의 법정은 '맑고 향기롭게' 재단을 통한 나눔과 봉사에 힘을 쏟으며 "종교는 한마디로 사랑의 실천이다. 이웃과 사랑을 나누는 일"이라고 말했다.

민주화 이후 종교계에서도 사회를 발전시킬 수 있는 현실 참여의 방안에 대해 진지한 모색을 하고 있다. 현실 참여가 "정의롭지 않다"고 말하는 용기만으로는 부족한 시대이기 때문이다. 오늘의 시점에서 김추기경이라면 어떤 길을 걸었을지 생각해 보면 사회 운동의 좌표를 잡는 데 도움이 되리라고 본다.

2010. 3. 28

▶▶▶▶▶

눈의 여유와 너그러움

새해 출근 첫날 서울 토박이인 아파트 경비원은 부지런히 삽질을 하면서 "60 평생에 이런 눈은 처음"이라고 말했다. 하늘을 희뿌옇게 뒤덮은 눈발이 해일처럼 밀려왔다. 이날 청와대에서는 올해 첫 국무회의가 열렸고 기업들은 시무식을 했다. 장관 2명이 국무회의에 지각했고 3명은 아예 참석도 못했다. 한강을 건너 남산터널을 통과하는 데만 세 시간이 걸린 운전자도 있었다. 지하철 환승역마다 밀려드는 인파로 일부 기능이 마비되고 전철이 20분 이상 지체되기도 했다.

폭설이 멈추자 분풀이를 하듯 기상과 교통 관련 기관들에 대한 질타가 쏟아졌다. 지하철은 승객이 몰릴 상황에 대한 대비가 없었다고 뭇매를 맞았다. 도로공사는 나들목 통제를 제대로 못해 고속도로를 주차장으로 만든 과오가 드러났다. 눈이 2～7cm 내릴 것이라고 예보한 기상청도 동네북이 됐다. 서울시와 구청도 혼쭐이 났다. 오세훈 시장이 겉멋만 부리느라 교통 소통과 눈치우기 행정에 소홀하다고 다들 한마디

씩 했다.

미국 샌프란시스코는 지난 150년 동안 1인치(2.54cm) 이상 눈이 온 기록이 6차례다(4일 서울의 강설량은 10인치를 넘었다!). 샌프란시스코 도심에서는 10년 만에 겨우 한 번 눈 구경을 할 정도다. 1976년 2월 5일 이후 눈이 1인치 이상 온 적이 없다. 1인치 정도의 눈에도 경사가 심한 도심 도로는 교통이 마비되기 일쑤다. 눈을 빨리 치우라는 아우성은 없다. 당시 신문 보도를 들춰 보면 어린아이들이 함성을 지르며 달리는 전차를 향해 눈 뭉치를 던졌다고 전했다. 20～30년 만에 오는 1인치의 눈에 대비해 시청이 제설차를 다수 구비하거나 염화칼슘을 대량 저장하고 있을 필요는 없을 것이다. 그럴 돈이 있으면 더 긴요한 인프라를 갖추는 편이 낫다.

한 세기 만의 폭설에 쏟아진 질타

인구 1000만 명의 서울에서 한 세기 만에 쏟아진 폭설에도 대란은 일어나지 않았고, 시무식에 지각한 사원도 소수였다. 지하철 운행은 갑작스럽게 과부하가 걸린 점을 고려하면 B학점 정도는 됐다. 장관 5명도 지하철을 탔더라면 국무회의에 지각하는 일은 없었을 것이다. 그렇지만 일부 언론에는 분노가 넘쳐나서 25.8cm의 강설량에 차를 몰고 나온 무모함을 자성하거나, 골목길의 눈을 스스로 치우자는 목소리는 뒷전으로 밀렸다.

서구가 수백 년 동안 이룬 민주화와 산업화를 몇십 년 만에 압축 실현하는 사이에 쉽게 분노하는 조급증은 한국인의 새로운 체질로 굳어지는 것 같다. 신호등에서 출발이 조금만 늦어도 뒤차가 빵빵거린다. 신문의 표제를 장식하는 사건이 터지면 으레 최고위 관계자 문책이 거론된다. 우리나라는 분노한 민심 달래기용 개각이 많아 장관이 1~2년 만에 바뀐다. 미국에서는 2001년 9월 11일 엄청난 테러 사건이 발생했지만 정보 기관 시스템만 바꿨을 뿐 책임을 지고 물러난 고위직은 없었다. 최종찬 전 건설교통부 장관은 저서 ≪신新국가개조론≫에서 "장관이 빨리 바뀌어 전임자의 정책으로 후임 장관이 평가받는 시스템이 되다 보니 성공한 장관이 되려면 전임자 복이 있어야 한다"고 썼다.

군에서도 사고가 나면 중대장, 연대장은 물론이고 사단장과 군단장까지 문책을 당한다. 실탄과 폭탄을 다루고, 강도 높은 훈련을 하는 군에서는 민간보다 인명 사고가 많을 수밖에 없다. 미국 군대는 해당 부대의 사고율을 따져 전체 평균보다 높을 경우에만 문책을 한다. 이에 비해 한국 군대는 단일 사건이라도 여론이 얼마나 분노하느냐에 따라 우수수 떨어지는 별의 수가 달라진다.

풍년 예고한 대설에 넉넉해지자

한국이 노변 카페가 발달하지 않고 '인스턴트 커피'의 왕국이 된 것도 조급증과 관련이 있다는 해석도 나온다. 한국은 세계 11위의 커피 수입국이지만 자판기와 커피믹스가 점령하다시피 했다. 분위기를 갖춘 장소에서 수십 가지 커피 중에 그날의 기분과 취향에 따라 하나를 선택해 이런저런 재료를 섞어 커피가 만들어지기를 차분하게 기다렸다가 향과 맛을 즐길 여유가 없다. 자판기 커피를 뽑아 선 채로 마시면서도 가만히 있질 못하고 바쁘게 휴대전화 문자를 두들긴다. 이러한 조급증이 정보 기술(IT) 강국을 만들었겠지만 이제는 선진국 문턱에서 여유와 너그러움 그리고 넉넉함의 문화에 대해서도 생각해 볼 때가 됐다.

겨울에 춥고 눈이 많이 오면 그해 병충해가 적고 수량이 풍부해진다. 그래서 눈이 많이 오는 해에는 풍년이 들어 농경 사회의 조상들이 기뻐했다. 우리 경제가 쌀농사에 의존하고 있지는 않지만 한국인의 DNA에는 아직도 농경민 의식이 남아 있어서인지 눈이 오면 흥겹다. 올해는 분노의 정치도 푸근해지고, 위기를 넘긴 경제도 풍년이 들면 좋겠다. 새해에 눈이 온 날의 들녘처럼 모두 여유롭고 너그러워지기를.

2010. 1. 10

p a r t 2

법정 스님이 길상사에 남긴 정신

길상사는 법정 스님이 우리에게 남겨준 아름다운 선물이다. 밤에 비행기를 타고 서울 상공을 지나가면 십자가가 하늘의 별처럼 많지만 도심 속에서 절은 찾아보기 어렵다. 길상사는 오래된 나무들이 많고 추경秋景이 뛰어나다. 가을철이면 도심 속의 단풍 숲을 구경하기 위해 하루 5000명가량의 중생이 찾아온다.

▶ ▶ ▶ ▶ ▶

한국이 국제 사회에 진 빚

내년은 6·25전쟁 60주년을 맞는 해다. 우리는 전쟁의 참화를 극복하고 세계인이 놀라워하는 한강의 기적을 이뤘다고 자랑하기에 바쁘다. 하지만 북진통일北進統一을 호언하던 이승만 정부는 전쟁 발발 사흘 만에 서울을 내주고 부산으로 피란했다. 해운대 앞바다에 수장될 뻔했던 나라를 건져준 것은 누구였는가. 경제 발전도 우방의 도움 없이 독력獨力으로 이룬 것인지 겸손하게 자문해 보는 시간이 필요하다.

천혜의 해자垓子처럼 부산 방어선을 둘러싼 낙동강에서 두 달 동안 북한군의 진격을 막아 내지 못했더라면 대한민국은 김일성의 손에 넘어갈 판이었다. 1950년 7월부터 인천상륙작전으로 전세가 역전된 9월까지 수많은 미군 병사들의 피로 낙동강물이 붉게 물들었다. 병사 200명의 중대가 밤새 전투를 치르고 나서 겨우 20명만 살아남은 경우도 있었다.

하지만 빛이 나지 않는 전투였다. 6·25전쟁에서 인천상륙작전과 더글러스 맥아더 장군을 칭송하는 사람은 많지만 낙동강 방어선 전투를 지휘한 월턴 워커H. Walton Walker 중장*을 기억하는 사람은 거의 없다. 워커 중장은 정찰기를 타고 적의 기관총 위협을 무릅쓰고 저공 비행을 하며 겁을 먹고 후퇴하려는 부하들에게 확성기로 "전선으로 돌아가 끝까지 싸우라"고 고함을 쳤다. 그는 6 · 25전쟁 중 사망해 이름을 쉐라톤 호텔이 있는 '워커힐'에 남겨 놓았다.

낙동강 전투에서 죽어간 미군들

한국전쟁에서 16개국 군대 61만 6000여 명이 참전해 4만 670명이 전사했다. 퓰리처상을 받은 <뉴욕 타임스> 기자 데이비드 할버스탬David Halberstam은 6 · 25전쟁을 다룬 ≪가장 추운 겨울*The coldest winter*≫에서 6 · 25전쟁에 참전했던 미국 퇴역 군인들을 인터뷰한 내용을 전했다. 그들은 열악한 조건 속에서 거둔 승리를 자랑스러워했고, 전쟁 때는 좋아하지 않았던 한국이라는 나라가 크게 성장하는 것을 보며 전선에서 흘린 피땀에 대한 자부심을 토로했다.

한국은 전후에 원조로 연명하던 국가로는 세계에서 유일하게 원조 공여국이 되었다. 올해 경제협력개발기구(OECD)의 개발원조위원회(DAC)에 들어간 것은 아시아에서 일본에 이어 두 번째다. DAC는 공적개발원조(ODA) 수원국受援國 명단에서 북한의 1인당 국민총소득(GNI) 규모를 2007년 기준 935달러 미만으로 추정하고, 가나 · 케냐 같은 아프리카 국가들과 함께 저소득국으로 분류했다. 남북의 격차가 이렇게 하늘과 땅 차이로 벌어진 데는 우리가 남달리 똑똑해서라기보다는 운

좋게도 북위 38도선 이남에 위치해 민주주의와 시장 경제 국가군群의 줄에 섰기 때문임을 부인할 수 없다. 더욱이 어려운 시절에 원조 물자를 제공하고 시스템과 기술을 가르쳐 주고, 메이드 인 코리아에 수출 시장을 열어준 우방의 협력이 절대적이었다.

안보와 경제는 물론이고 이산화탄소(CO_2) 배출 억제 같은 환경 문제까지도 하나로 연결된 세계에서 유아독존唯我獨尊은 가능하지 않다. 1년 전 리먼브러더스가 파산했을 때 세계 금융 시장은 붕괴 직전에 몰렸다. 산업 생산이나 국제 무역은 1930년 대공황 초기보다 더 빠르게 추락했다. 그러나 각국 정부가 공조 체제를 구축해 대규모로 신속하고 열정적으로 경기 부양 정책을 펴고 수조 달러의 공공 자금으로 금융 기관의 동요를 진정시키면서 대불황*Great Recession*은 대안정*Great Stabilization*으로 바뀌었다고 영국 <이코노미스트>지가 송년호에서 진단했다. 아직도 국제 경제의 안정이 정부 지출에 크게 의존할 정도로 취약하다는 점에서 주요 20개국(G20)을 중심으로 한 국제 사회의 공조는 더없이 긴요하다. 한국은 내년 G20 정상 회담의 개최국으로서 국가적 위상과 역할이 한껏 무거워졌다.

원조 공여국으로 부채 갚아야

나는 김희상 본보 객원논설위원(예비역 육군중장)이 쓴 칼럼 '아프간 파병 좀더 과감해도 좋다'(12월 23일자)를 용기 있는 글이라고 생각한다. 아프간과 파키스탄이 탈레반이나 알카에다 같은 이슬람 과격 세력에 넘어간다면 세계 평화가 테러에 무릎을 꿇게 될 수 있다. 영국은 약

1만 명을 아프간전쟁에 파병했다. 국제 사회의 도움을 받아 세계 10위권의 경제대국, 군사대국으로 성장한 한국은 320명을 파병하는 안을 놓고 여야가 대립하고 있다.

어려운 학생에게 장학금을 줄 때는 성공한 뒤에 국가 사회에 이바지하리라는 기대도 포함돼 있다. 장학금으로 공부해 출세한 학생이 불우한 이웃을 외면하고 넉넉한 인생을 혼자 즐긴다면 사회로부터 존경을 받기 어렵다. 국제 사회에서도 마찬가지다.

나라에 여유가 생긴 만큼 세계 공통의 과제에 좀더 관심을 갖고, 하루 1달러 미만으로 살아가는 제3세계 사람들도 도와주고, 세계의 안전과 평화를 위한 '테러와의 전쟁'에서도 우리의 몫을 다할 필요가 있다.

2009. 12. 27

* 6·25전쟁 당시 주한 미8군 초대사령관을 지낸 월턴 워커(1889~1950)는 낙동강전선을 사수한 영웅이다. 1912년 웨스트포인트를 졸업한 뒤 제1차 세계 대전 때 미5사단 기관총대대 중대장으로 참전했다. 제2차 세계 대전 때는 조지 패튼 장군 휘하에서 군단장을 맡았고 당시 북아프리카 전투에서 나치의 롬멜부대와 맞서 공훈을 세웠다. "끝까지 한국을 지키겠다"던 그는 1950년 12월 외아들 샘 S. 워커 대위의 은성무공훈장 수상을 축하해주기 위해 가던 중 의정부에서 교통 사고로 숨졌다. 서울 광진구 광장동 '워커힐Walker Hill'은 그의 공로를 기려 이름 붙인 것이다.

▶▶▶▶▶

자연 위에 내려앉은 '신의 정원'

왕조가 500년 이상 지속되면서 왕과 왕비의 능이 온전하게 보존된 사례는 세계에서 조선왕릉이 유일하다. 조선왕릉이 숱한 전쟁, 자연재해, 상전벽해桑田碧海의 도시 개발을 견뎌내고 초대 태조로부터 마지막 황제 순종의 능까지 고스란히 남아 세계 문화 유산으로 등재된 것은 후손이 자부심을 갖기에 충분하다.

조선왕릉은 죽어 있는 무덤군群이 아니라 무궁무진한 스토리가 살아 숨 쉬는 대하 드라마다. 오래 살며 치적을 높이 쌓은 왕도 있고 병석에 누워 지내다 단명한 왕들도 있다. 수렴청정하는 대비와 외척들 손에 휘둘린 명목만의 왕도 있다. 살아생전에 왕과 권력을 차지하기 위해 대적하고 피를 흘렸던 사람들도 죽어서는 원한을 잊고 가까운 곳에 묻혀 있다.

조선왕릉은 산림 환경의 보고이다. 왕조가 무너지고 일제강점기와 6·25전쟁을 겪으면서도 왕릉의 보호림이 수백 년 그대로 유지되고 있다. 산이 온통 벌거벗었던 나라에서 광릉(세조의 능)은 국립수목원의 숲을 지켜냈다. 평당 땅값이 1억 원을 넘나드는 서울 강남의 선릉(성종의 능)과 정릉(중종의 능) 일대에서 왕릉의 권위가 아니면 7만여 평의 녹지는 보존될 수 없었을 것이다. 그린벨트는 지금도 개발 또는 훼손되고 있지만 왕릉벨트는 절대 침입할 수 없는 성역이다.

동구릉, 서오릉의 권력 이동

조선왕릉 40기를 다 둘러볼 여력이 없거든 경기 구리시의 동구릉東九陵과 고양시의 서오릉西五陵을 추천하고 싶다. 두 곳의 능 14기를 둘러보면 조선왕릉의 3분의 1 이상을 감상하는 셈이 된다.

태조의 건원릉이 동구릉의 시작이고 중심이다. 태조는 신덕왕후의 능인 정릉貞陵에 자신의 묏자리를 마련해 두었지만 태종이 계모인 신덕왕후의 능을 도성 밖으로 이장하고, 태조의 능을 동구릉에 조성했다. 최고 권력자도 죽어서는 자신이 누울 자리 하나 마음대로 정하지 못하는 것이 세상 이치다.

문종의 장자인 단종을 몰아내고 왕위에 오른 세조는 형 문종이 묻혀 있는 동구릉에 자신과 후손의 무덤을 쓰기가 거북했다. 그래서 새롭게 조성한 곳이 서오릉이다. 세조의 장남인 의경세자(9대 임금 성종의 아버지)가 요절하자 서오릉에 무덤을 썼다. 세조의 둘째 아들 예종(8대 임금)도 이곳에 묻혔다.

왕후 자리를 둘러싸고 치열한 권력 다툼을 벌였던 주인공들이 268년 만에 서오릉에서 다시 만난 것도 기묘한 인연이다. 조선의 제19대

임금 숙종과 세 왕후는 서오릉에 유택을 마련했다. 역관 집안 출신으로 궁녀에서 일약 왕후의 자리에까지 올랐다가 다시 희빈으로 강등당한 장희빈의 묘는 원래 경기 광주시 오포면 문형리에 있었다. 1969년 6월 도시 계획으로 이장하면서 자신에게 사약을 내린 숙종, 그리고 목숨을 걸고 다툰 연적戀敵 인현왕후 민씨가 함께 묻힌 서오릉으로 찾아왔다. 드라마, 영화의 주인공으로 빈번하게 등장한 여인의 무덤을 지금 같았으면 광주시가 내놓지 않았을 것이다.

장희빈의 아들 경종이 후사 없이 죽으면서 왕권은 이복동생 영조에게 넘어갔다. 서오릉에 있는 영조의 원비 정성왕후의 능은 지금도 오른쪽 자리가 비어 있다. 영조는 죽은 뒤 정성왕후 옆에 묻히려고 오른쪽을 비워 두었다. 그러나 정조는 중신들의 반대를 물리치고 영조를 동구릉으로 모셨다. 정조의 친할머니는 정성왕후가 아니고 영조의 후궁 영빈 이씨였다. 정조가 영조의 유언을 지키지 않음으로써 동구릉이 다시 왕조의 무덤으로 대를 잇게 됐다.

정조의 계조모繼祖母 정순왕후는 사도세자의 죽음에 빌미를 제공했던 여인임에도 정조보다 오래 살아 영조의 옆자리를 차지했다. 야사野史에는 정순왕후가 정조 독살에 관련됐다는 이야기가 있지만 정옥자 국사편찬위원장은 "정조의 독살은 사료에 근거가 없는 허구"라고 말한다.

명13릉과 겨루는 조선왕릉

식자층에도 이집트의 피라미드와 명明13릉은 가봤으면서도 정작 동구릉이나 서오릉은 잘 모르는 사람이 많다. 피라미드와 명13릉은 그

위용으로 압도하지만 조선왕릉은 풍수 사상에 바탕을 둔 자연과 그 시대 최고 수준의 건축, 조각, 조경의 인공물이 합일을 이루어 낸다. <동아일보>에 '숨쉬는 조선왕릉'을 연재한 윤완준 기자의 표현을 빌리면 '자연 위에 내려앉은 신神의 정원'이다. 조선왕릉의 세계 문화 유산 등재는 우리의 역사와 문화 그리고 자연의 가치를 일깨워 주는 계기가 된 점에서 반가운 일이다.

60만 평 동구릉 산자락에 흩어진 왕릉들의 사이사이로 난 산책길은 여름에도 더위를 느끼지 못할 정도로 나무가 울창하다. 서오릉의 창릉에서 익릉 쪽으로 이어지는 서어나무 길과 익릉 주변의 소나무 조경도 일품이다. 어려운 설명을 굳이 듣지 않더라도 도시인의 건강과 휴식을 위한 녹지 공간으로 손색이 없다.

2009. 9. 6

▶ ▶ ▶ ▶ ▶

법정 스님이 길상사에 남긴 정신

법정 스님의 '내가 사랑한 책들' 50선選은 헨리 데이비드 소로의 ≪월든≫을 맨 위에 올려놓고 있다.* 미국 하버드대를 졸업한 소로는 교사, 목수, 측량기사를 거쳐 아버지의 연필공장 일을 돕다 1845년 7월 월든 숲에 방 한 칸짜리 통나무집을 짓고 2년 동안 살았다. 그는 이 경험을 토대로 자연 예찬과 문명 사회 비판을 담은 ≪월든≫을 썼고 마하트마 간디와 시인 예이츠를 비롯한 사상가 그리고 환경운동가들에게 두고두고 영감을 불어넣었다. 소로는 "간소하게, 간소하게 살라. 그대의 일을 두 가지나 세 가지로 줄일 것이며, 백 가지나 천 가지가 되도록 하지 마라. 자신의 인생을 단순하게 살면 살수록 우주의 법칙은 더 명료해질 것이다"라고 썼다. 법정 스님은 월든 호수를 세 번이나 찾아갔고, 저서 ≪무소유≫나 ≪오두막 편지≫에도 월든의 흔적이 어려 있다.

무소유는 본래 인도 자이나교의 전통이다. 자이나교 승려들은 철저하게 무소유를 실천하느라 몸에 실오라기도 하나 걸치지 않고 수도 생활을 한다. 비폭력, 무소유, 채식주의도 자이나교의 교리에서 유래했다. 간디의 비폭력 독립운동과 무소유 정신도 자이나교의 가르침과 관련이 깊다. 자이나교는 불교를 비롯한 인도의 정신 세계에 심대한 영향을 미쳤지만 현재 신도 수는 인도 인구의 1% 정도이고 인도의 국경선 밖으로 전파되지 못했다. 불교는 자이나교의 극단적인 금욕주의에 대한 대안을 제시함으로써 인도 국경선을 넘어 아시아로 뻗어 나갈 수 있었다.

무소유, 종교 화해, 나눔의 도량

법정은 1989년 인도를 여행하며 간디가 거처하던 집을 찾아가 보고 그 간소함에 감명을 받는다. "그의 방은 수도승의 거처보다 훨씬 간소한 데서 놀라지 않을 수 없었고, 내 자신 지닌 것이 너무 많아 몹시 부끄러웠다." 스님은 1976년에 쓴 ≪무소유≫ 수필 첫머리에서 "나는 가난한 탁발승이오. 내가 가진 거라고는 물레와 교도소에서 쓰던 밥그릇과 염소젖 한 깡통, 허름한 담요 여섯 장, 수건 그리고 대단치도 않은 평판, 이것뿐이오"라는 간디 어록을 인용한다.

소로는 인도 철학에 심취해 쌀을 주식으로 할 정도였다. 소로는 다시 인도의 간디에게 깨우침을 주었다. 법정 스님은 "내가 영향받은 것이 있다면 간디와 소로의 간소한 삶"이라고 밝혔다. 위대한 사상은 완전히 독창적인 것이라기보다 서로 주고받으면서 형성되는 가치 체계라고 할 수 있다.

길상사는 법정 스님이 우리에게 남겨준 아름다운 선물이다. 밤에 비행기를 타고 서울 상공을 지나가면 십자가가 하늘의 별처럼 많지만 도심 속에서 절은 찾아보기 어렵다. 길상사는 오래된 나무들이 많고 추경秋景이 뛰어나다. 가을철이면 도심 속의 단풍 숲을 구경하기 위해 하루 5000명가량의 중생이 찾아온다.

대원각이란 이름의 요정을 법정 스님에게 시주한 조선권번 기생 출신 김영한 여사의 마음속에는 평생 두 남자가 있었다. 하나는 사랑하던 백석 시인이었고 하나는 글을 읽고 존경하게 된 스님이었다. 두 남자는 모두 글을 잘 쓰고 정신 세계가 여유로운 호남아였다. 터 7000평의 대원각은 재산 가치가 1000억 원대를 호가했다. 김 여사는 법정 스님이 설립한 '맑고 향기롭게' 재단에서 활동하며 10년 동안 스님에게 간청하다시피 해 대원각을 부처님께 바쳤다. '나눔의 정신'을 실천하는 근본도량 길상사는 이렇게 태어났다. 스님은 이 재단과 함께 장학 사업을 벌여 30여 권의 저서에서 나오는 인세 수십억 원을 가정 형편이 어려운 학생들에게 보냈다.

명찰名刹 만들어 후대에 물려줘야

요정을 리모델링한 길상사는 여느 사찰처럼 일주문도 없고 눈을 부릅뜬 사천왕상도 보이지 않는다. 법고法鼓와 목어木魚도 몇 달 전에야 만든 것이다. 그렇지만 길상사에는 조각가 최종태 씨의 관음보살상이 있다. 최 씨는 마리아상으로 이름난 조각가다. 법정 스님은 관음보살상의 조각을 왜 최 씨에게 맡겼을까. 마리아상을 닮은 관음보살상은 법정 스님이 고 김수환 추기경, 이해인 수녀 등과 가졌던 교분과 함께 종교 화해를 보여 주는 상징물이다. 종교 지도자들이 법정 스님처럼 다른 종교와의 화해에 관심을 쏟는다면 우리 사회에서 종교 갈등이 크게 줄어들 수 있으리라고 생각한다.

삼각산에 비가 오면 끝자락 길상사에 새로운 실개천이 생긴다. 시원한 포말이 부서지는 작은 실개천이 경내를 휘감아 돌며 가슴을 파고드는 물소리를 낸다. 길상사의 사계를 카메라에 담아 ≪이토록 행복한 하루≫라는 책을 펴낸 이종승 <동아일보> 사진부 차장은 김 여사가 이 물소리를 들으며 대원각을 시주할 결심을 했을 것이라고 상상의 나래를 폈다. 법정 스님이 "사리를 줍지 말라"는 유언을 해 길상사에는 스님의 부도浮屠도 남지 않게 됐지만 '무소유,' '종교 화해,' '나눔'의 정신을 잘 가꾸면 대한민국 명찰名刹로 후대에 전해질 것이다.

2010. 3. 14

* ≪법정 스님의 내가 사랑한 책들≫, 문학의숲, 2010.

▶ ▶ ▶ ▶ ▶

최승희의 '춤추는 친일'

동양의 이사도라 덩컨으로 불리던 무용가 최승희는 지금 남아 있는 흑백 사진으로 보아도 춤사위가 고혹적이다. 최승희가 치마저고리를 입고 장구를 메고 나와 춤을 추기 시작하면 조선인들은 객석에서 함성을 질렀다. 조선이 국권을 잃은 다음 해인 1911년 출생한 이 여인은 격동의 시대를 살며 춤의 세계에만 몰두할 수 없었다.

민족문제연구소가 펴낸 ≪친일인명사전≫에 따르면 최승희는 1941년 내선일체內鮮一體와 지원병을 선전하기 위해 제작한 영화 <그대와 나> 시사회에서 무용을 공연했다. 다음 해에는 일제의 싱가포르 함락을 축하하기 위한 무용 공연에서 "우리 무적 황군皇軍이 싱가포르 공략에 성공하고 있는 이때 무용으로 그 기쁨을 축하하게 된 것을 참으로 광영으로 생각합니다"라고 소감을 말했다. 1943년에는 중국 일대에서 일본군 위문 순회 공연을 했다. 최승희는 일본군을 위한 국방 기금 명목 등으로 7만 5000원을 헌납했다.

≪친일인명사전≫에 포함됐던 최승희가 친일반민족행위진상규명위원회(규명위) 명단에서는 빠졌다. 규명위는 "친일 행위는 인정되지만 당시 사회적 분위기에서 드물게 조선 문화를 세계에 알린 점 등이 고려되어 기각됐다"고 밝혔다. 시, 소설과 언론을 통해 민족을 깨우치고 우리말과 글을 빛낸 지식인들에게 글 한두 편, 시 몇 편 때문에 친일이라는 딱지를 붙여 놓은 것에 비하면 매우 관대한 처분이다.

7만 5000원은 봐주고 300원은 친일

최승희가 조선 춤을 보급한 공이 있다지만 일본 춤의 창작과 소개에도 공을 들였다. 일본풍 무용 '무혼武魂'은 국민총력조선연맹의 제1회 문화 표창 작품으로 선정됐다. 1948년 11월 민족정경문화연구소가 간행한 ≪친일파 군상≫에 최승희는 "몸과 마음을 바쳐 무용을 통한 보국 노력에 힘쓴" 인물로 평가됐다.

일제 말기 초등학교 교사 월급이 45원 정도였으니 국방 헌금 7만 5000원은 거금이다. 규명위는 인촌 김성수 전 부통령이 군용기 건조비로 300원을 헌납했다고 적시했다. 지금 가치로 따지면 7만 5000원은 수십억 원에 해당하는 돈이고 300원은 1000만 원 정도 될 것이다. 인촌의 재력이나 민족 사업에서 보여 준 씀씀이에 비하면 유난히 '인색한 헌납'이었다.

최승희는 일본군 위문 공연을 다니며 찍은 사진이 움직일 수 없는 증거로 남아 있다. 그에 대해 동정론을 펴자면 조선인 무용가가 기부금을 안 내고, 황군 위문 공연도 거부하고 도쿄와 서울의 극장에서 공연을 할 수는 없었을 것이다. 인촌의 경우 학병을 권유하는 글과 집회에 참석한 근거라고 규명위가 제시한 것은 날조 기사로 민심을 현혹하던 총독부 기관지뿐이다.

학교와 언론사를 운영하고 산업 활동을 하던 인촌으로서 최승희 헌납 금액의 0.4%만 낸 것은 어떻게 보면 어렵사리 버틴 것이다. 규명위는 조선 문화에 관한 최승희의 공로만 인정하고 교육, 언론 산업을 통해 민족의 힘을 육성한 공로는 왜 무시하는가. 그래서 ≪친일인명사전≫이나 규명위의 명단이 친북좌익의 친일 행위에 대해서는 관대하고, 대한민국의 건국에 기여한 인사들에 대해서는 가혹하다는 비판이 나온다.

표면만 보고는 실상 판단 못해

최승희 부부는 광복 후 대한민국이 아니라 조선민주주의인민공화국을 위해 일했다. 남편인 문학평론가 안막은 1930년대 조선프롤레타리아예술가동맹(카프)에서 활동한 사회주의자였고 광복 후 월북해 1950년대 중반 문화선전부 부상副相을 지냈다.

최승희는 1946년 남편을 따라 월북해 김일성의 특별 대우를 받았다. 북한 중앙조선 TV의 올해 8월 보도에 따르면 김일성은 최승희 부부를 위해 대동강변에 최승희 무용연구소를 차려주었다. 최승희는 최고인민회의 대의원, 조선무용가동맹중앙위원회 위원장, 무용학교 교장, 국립무용극장 총장을 역임했고 공훈배우, 인민배우의 명예 칭호를 받았다. 최승희를 북한에서 극진히 예우하며 선전에 활용한 것을 보더라도 북한이 친일을 철저하게 청산했다는 좌파 역사학자들의 주장은 사실 왜곡이다.

충무공 이순신의 유적 보전 운동에 앞장섰던 인촌의 뜻이 친일에 있었는지, 항일과 극일에 있었는지는 분명하다. 인촌은 군용기 건조비 헌납금 300원의 10배, 100배 되는 돈을 써 아산 현충사를 중건해 민족의식을 고취했고 행주의 권율 장군 기공사紀功祠를 중수했다. 인촌은 1945년 2월 일제의 귀족원 참여 제의를 단호히 거부했다.

나는 최승희가 뼛속까지 친일이었던 무용가라는 주장을 하려는 게 아니다. 규명위가 왜 최승희에 대해서는 공을 배려하고, 다른 역사적 인물들에 대해서는 공과 과를 공평하게 저울질하지 않았느냐는 점을 따지려는 것이다. 국내 거주 인사들이 위장을 하지 않으면 생존할 수 없었던 엄혹한 시기의 행적에 대해 규명위는 일부 측면만을 보고 편파적인 칼질을 했다.

2009. 11. 29

▶▶▶▶▶

흑백 논리 사관의 친일 명단

이승만 대통령은 일제 총독부 전직 관료들을 싫어하면서도 등용했다. 총독부 판사를 지낸 사람을 법무부 장관으로 쓰면서 "일제 앞잡이를 20년이나 했구먼"이라고 마뜩잖아 했다. 이 대통령은 해방 후 정국에서 '친일 청산'보다는 '공산화 저지'가 더 급하다고 판단했다. 이 대통령이 공산당과 싸우는 데 힘을 보태기 위해 친일파 관료와 경찰을 동원하고, 확고한 '반공反共'으로 남쪽의 자유와 번영을 지킨 것은 당시로서는 현실적인 선택이었다.

최근 ≪친일인명사전≫을 펴낸 민족문제연구소(소장 임헌영)와 친일인명사전편찬위원회는 보도 자료에서 '용공容共 좌익 세력들의 국가 정통성 훼손'이라는 비판에 대해 "친일, 친미, 친독재로 기회주의적인 변절을 거듭한 자들과 그 후예들이 치부를 감출 수 있는 유일한 공간이 반공이었다"고 응수했다. 반공을 곧바로 '친일, 친미, 친독재'와 연결짓는 것은 논리적 비약이다. 오늘의 북한 현실이나 냉전 후 국제 질서를 보더라도 이 대통령의 '현실적 반공'은 사후에 정당성을 얻었다.

임 소장은 한 인터뷰에서 "내가 반공법 위반 등으로 두 번 옥살이(문인 간첩단 사건, 남민전 사건)를 했지만 다 민주화 유공자로 확인을 받았다"고 말했다. 남민전은 도시 게릴라 투쟁을 벌이려던 자생적 공산주의 조직이다. 민주화 운동이 아니라 자유민주주의를 위태롭게 한 사건이다. 민주화보상심의위원회의 결정을 통해 '오류'가 바로잡힌 것처럼 말하는 것은 어폐가 있다.

리영희도 비판한 임헌영의 관점

임 소장은 2005년 리영희 씨와의 대담을 수록한 ≪대화≫(한길사)에서 '미국이 북한의 남침을 유도했다'는 수정주의적 관점을 편든다. 그러자 리 씨는 "고르바초프 정권 이후에 소련에서 한국전쟁 관련 기밀문서가 대량으로 비밀 해제돼 1948년 말경부터 북이 치밀하게 전쟁을 준비했음이 밝혀졌다"고 설명하면서 오류를 지적한다. 이어 임 소장이 맥아더의 '6・25 전황 조작설'이 신빙성이 있는 것처럼 말하자 리 씨는 "미국의 의도가 불순하다는 선입견 때문에 고정 관념으로 단정하는 일일랑 경계하라. 과학적이 되라"고 충고한다.

임 소장은 대한민국 건국을 위한 총선거에 대해서도 "친일파들이 득세하여 통일을 위한 남북협상파들이 불참한 가운데 실시된 국회의원 선거"라고 비난한다. 그러나 1945년 9월 20일 스탈린이 보낸 지령문을 보면 소련군은 북에 진주한 직후부터 단독 정부 수립을 추진했음이 드러났다.

좌파 현대사 연구의 대부代父격인 리 씨는 ≪대화≫에서 "이북에서는 새나라 건설과 사회 혁명의 열기가 충천하고, 일제 시대의 친일파를 비롯한 호의호식하며 권세를 누렸던 자들이 깡그리 청소되고 있었는데, 같은 민족의 땅 이남에서 벌어지고 있는 작태는 한숨과 눈물이 나올 지경이었다"라고 말한다. 리 씨는 "좌익 인사들이 항일과 독립운동의 주축이었음을 해방 후 세대가 알아야 한다"고도 강조했다. 남쪽보다 북쪽에 더 정통성이 있다는 주장과 맥이 닿는 논리이다.

하지만 정통성 논쟁은 이제 의미가 없어졌다. 북한 전역을 김일성 김정일 부자의 초상화와 찬양 구호로 뒤덮은 세습 독재 국가이자, 인민을 굶겨 죽이는 '인권의 지옥'에 어떤 정통성이 있다는 말인가. 좌익 항일 애국지사들이 지하에서 통탄하고 있을 것이다.

'민족의 힘' 육성한 인물 평가해야

우리는 1905년 을사늑약으로부터 사실상 국권을 상실해 40년 동안 일본의 지배를 받았다. 일제강점기에 이승만·김구 선생처럼 해외에 나가 독립운동을 한 애국지사들도 있지만 국내에서 민족을 계몽하는 교육·언론 사업, 경제의 독립을 위한 산업 활동을 한 사람들도 있다. 이들은 일제에 일면 수동적受動的으로 협력하고, 일면 저항하면서 독립 후에 대비해 민족의 힘을 양성했다. 역사적 인물을 평가하려면 시대적 상황과 일생의 행적을 따져 봐야 한다. 한때의 어쩔 수 없는 '수동적 협력'을 들추어내 친일로 단죄하다 보면 해방 공간에서 성한 사람이 없었다. 그렇기 때문에 1949년 반민특위도 단죄의 대상을 악질적 민족

반역자 200여 명으로 국한했던 것이다.

19세기 말과 20세기 초중반을 산 선조들은 한일강제병합을 막지 못했고, 학교에서 매일 아침 일왕이 있다는 동쪽을 향해 허리를 굽히고, 황국 신민臣民의 선서를 외치고, 창씨개명을 하고, 신사참배를 하며 살아남았다. 그런 의미에서 우리는 모두 '친일파'의 후예들이다. 누가 '간음한 여인'을 향해 돌을 던질 수 있는가.

자기들의 잣대가 절대적이라는 독선에 빠져 과거의 쓰라린 상처를 들쑤시는 것은 또 다른 편 가르기이고 후손 망신주기이다. 특히 남쪽보다 북쪽에 더 정통성이 있다는 사관史觀에서 나온 명단이라면 '대한민국 61년'에 대한 상처내기일 뿐이다.

2009. 11. 15

▶ ▶ ▶ ▶ ▶

한류 살찌울 새 미디어 모델

나는 TV 연속극을 거의 보지 않는 편이었다. 평소 똑똑해 보이는 아줌마들이 텔레비전 앞에서 '소파 위의 감자*couch potato*'처럼 웅크리고 있는 모습을 딱하게 여겼다. 그런데 요즘 집사람 곁에서 KBS2의 <아이리스>를 거의 거르지 않고 시청한다. <아이리스>는 속도감이나 스토리의 전개에서 내가 알던 기존 드라마와 달랐다.

<아이리스>는 한류 스타 이병헌과 '얼짱' 김태희를 중심으로 한 호화 캐스팅에 헝가리와 일본에서 해외 촬영을 하느라 제작비 200억 원가량을 들였다. 방송계에서는 <아이리스>가 일본에서 대박을 터뜨리지 못하면 <태왕사신기>의 전철을 밟을 수 있다는 우려가 나온다. 430억 원을 들여 <태왕사신기>를 찍은 제작사는 한때 배우들에게 출연료를 지급하지 못할 만큼 자금난을 겪었다.

방송사들은 드라마 제작사에 회당 실제 제작비의 절반에도 못 미치는 8000만~1억 2000만 원을 지급한다. 제작사들은 "탤런트 출연료

와 작가 원고료가 크게 올랐지만 방송사에서 지급하는 제작비는 같거나 줄어들었다"고 울상이다. 지상파 방송 PD 출신의 프로덕션 사장 K 씨는 "지상파가 우월적 지위에서 제작사를 손아귀에 쥐고 있다"며 "지상파의 독과점 구조를 깨야만 콘텐츠 산업이 발전할 수 있다"고 말한다.

콘텐츠 산업 고사시키는 지상파

지상파 방송사들은 드라마의 70~80%를 외주 제작사에 맡기면서도 고액 봉급을 받는 제작 인력을 줄이지 않는다. 방송사의 고비용 구조가 외주 제작사들에 전가되고 있는 셈이다. 드라마는 투자비가 많이 드는 고위험 고수익 모델이다. 새 미디어법에 따라 생길 채널은 알뜰한 운영으로 한류 산업과 공생하는 구조를 만들어 가야 할 것이다.

지상파 독과점으로 인한 폐해는 뉴스 쪽에서도 심하게 나타난다. 일부 방송이 편향된 시각으로 생산하는 뉴스는 사회적 갈등 비용을 키우고 있다.

지난해 촛불시위 때 경찰이 '명박산성'을 넘어서는 시위대를 향해 물대포를 쏜 적이 있다. 방송 뉴스는 물대포의 위험성에 관해 다섯 꼭지, 여섯 꼭지를 쏟아 냈다. 시위대가 명박산성을 넘어가 청와대로 진격하고 정부청사와 미국대사관을 점거했을 경우의 국가 혼란상에 대해서는 제대로 언급하지 않았다. '광우병 쇠고기'에 관한 특집과 보도는 왜곡 과장의 표본일 것이다. 거의 선동에 가까운 방송이 아무런 걸러지는 과정 없이 송출돼 우리 사회는 지난해 석 달 동안 엄청난 사회적 코스트를 치렀다.

뉴스 채널의 다양화는 선의의 경쟁을 통해 보도의 품질을 높이는 계기가 될 수 있다. 그런 면에서 제대로 훈련받은 기자들을 다수 확보한 전통 있는 신문사들이 뉴스 보도에서 경쟁력을 갖추고 있다고 본다.

민주당의 새 미디어법 반대 투쟁은 미디어 산업의 미래를 내다보지 못한 근시안에서 비롯됐다. 관련 기술의 발전으로 매체 간 칸막이는 사라지고 텔레비전, 신문, 통신, 인터넷, 케이블이 하나로 융합하고 있다.

21세기는 문화 산업의 시대다. 미디어는 세계를 향해 한류를 발신發信하고 먹을거리와 일자리를 만들어 내는 문화 산업이다. 헌법재판소 결정을 계기로 미디어법을 둘러싼 논란을 접고 한국 미디어 산업의 경쟁력을 높이는 새 틀을 짤 때다. 새 미디어는 특정 방송의 대항마가 아니라 21세기를 이끌고 갈 문화 산업의 총아가 돼야 한다.

독과점 깨고 자유 경쟁 새 틀 짜야

새 미디어법은 방송 시장에 자유 경쟁 체제가 도래함을 의미한다. 권력의 강제가 아니라 시장의 힘으로 일부 지상파 방송의 방만한 경영을 구조 조정할 수 있다. 정부 여당이 종편 선정을 신문에 시혜를 베푸는 것처럼 생각한다면 잘못이다. SBS가 출범하던 때와는 시장 상황이 판이하다. 새 미디어는 풍랑이 거친 '레드 오션'으로 뛰어드는 일대 모험이다.

정치권 일각에서 6월 지방 선거 이전에 종합 편성 채널 선정을 부담스러워하는 시각이 있는 모양이다. 미디어법은 국회 통과 과정에서 정치적 이해타산에 따른 극한 투쟁으로 파행을 겪었다. 종편 선정 절차에서는 정략政略을 배제하고 글로벌 미디어 산업 육성이라는 입법 취지에 충실해야만 한다. 이를 망각하고 정치 공학적 계산으로 오염시킨다면 선정 후 더 큰 후유증이 따를 것이다. TV의 자유 경쟁 체제 도입은 지금 시작해도 선진국에 비해 너무 늦었다.

박정희 전 대통령은 허허벌판에서 제철, 조선, 정유 같은 중화학공업을 일으켜 후손을 위한 먹을거리를 만들었다. DJ하면 벤처 산업을 떠올리는 사람들이 있다. MB가 글로벌 경쟁력을 갖춘 미디어 산업을 키운 대통령으로 역사에 남을 수 있을 것인가. 그것은 새 채널의 탄생 과정에서 어떻게 문화 산업의 틀을 짜주느냐에 달려 있다.

2009. 11. 1

▶▶▶▶▶

김정일 정권을 침몰시키는 법

천안함 사병 46명을 희생시킨 북한 정권을 응징하지 않는다면 대한민국은 국가로서 존속하기 어렵다. 북한은 우리를 종이호랑이로 보고 또 다른 도발을 획책할 것이다. 북에 군사적 타격을 안겨 주는 것이 가장 속 시원한 응징이다. 천안함을 공격한 잠수정의 발진 기지나, 빌 클린턴 정부 시절에 폭격하려고 했던 북의 핵시설을 타격하는 방법도 고려해 볼 수 있다. 김정일을 직접 겨냥하는 것도 가능하다. 북의 도발 책임을 간혹 '강경파 군부'에 돌리는 분석도 있지만 북 잠수정이 김정일의 허가 없이 남쪽 군함을 향해 어뢰를 쏠 수는 없다는 것이 정확한 분석 같다.

리비아가 반미 테러리스트를 지원하고 훈련시켜 미군과 미국인들을 공격하자 미국이 카다피를 직접 겨냥한 사례도 있다. 미국은 1986년 4월 영국 기지에서 공군기를 출격시켜 카다피의 숙소와 테러리스트 캠프를 폭격했다. 카다피는 구사일생으로 살아남았지만 양녀가 죽고

두 아들이 부상을 당했다. 김정일은 카다피처럼 당할 것이 두려워 이 사건 후로 사무실과 숙소를 은폐하고 두더지처럼 땅속으로 숨어 다닌다.

'핵폭탄'보다 강력한 대북 삐라

그러나 군사적 응징은 북한과 일전을 각오해야만 한다. 한반도에서 전쟁이 일어나면 그것으로 김정일 정권의 종말이 오겠지만 우리도 적지 않은 피해가 예상된다. 북의 방사포 5100여 문(<2008 국방백서>) 중 수백 문이 서울을 향하고 있다. 경제인 중에는 군사적 보복이 경제에 미칠 부작용을 걱정하는 사람들이 많다. 흉기를 들고 날뛰는 미치광이 집단을 다스리는 방법은 똑같이 칼 들고 설치는 것보다는 더 현명한 지략智略이라야 한다.

북한의 노동당 통일전선부에서 일했던 장진성 씨(시집 ≪내 딸을 팝니다≫의 저자)는 "북은 핵을 갖고 있지만 남에는 핵폭탄보다 위력이 강한 삐라가 있다"고 말했다. 그는 "김일성·김정일 세습 정권에 세뇌당한 주민의 의식 상태는 백지에 가깝다. 세습 독재 정권의 허위를 깨부수는 삐라의 내용은 백지에 얼룩을 묻히는 것과 같다"고 설명했다. 삐라가 한 사람, 두 사람, 백 사람을 거치며 걷잡을 수없이 확산돼 종국에는 정권의 붕괴로 이어지리라는 것이다. 그는 삐라를 통해 북한 정권의 허위를 깨달았고 KBS 사회방송과 극동방송을 청취하기 시작했다고 술회했다. 북한에서는 최근 가까운 사람들끼리는 삐라에 적힌 내용을 거리낌 없이 주고받는다고 한다. 현실의 삶이 갈수록 각박해지면서 삐라의 호소력이 커지고 있다는 증언이다.

노무현 정권 때는 삐라에 미국의 1달러짜리 지폐를 붙여 북에 풍선으로 날려 보내는 작업을 당국이 못하게 말렸다. 정부가 이것을 지원은 못할망정 말릴 아무런 법적 근거가 없다. 삐라에 달아 주는 1달러짜리 지폐나 북한 돈이야말로 진정한 북한 주민 지원이다. 금강산이나 개성공단에서 북으로 들어가는 돈은 김정일과 그 측근 그리고 군부의 주머니만 불려줄 뿐이다.

북은 대북 방송 철거 애걸했다

2004년 비무장지대에서 대북 방송 확성기를 철거한 것도 큰 실책이었다. 대북 방송은 비무장지대에 근무하는 북한군은 물론이고 북쪽 70km 지역에까지 들렸다. 북한 군인들은 대북 확성기 방송을 통해 일기 예보를 청취하고 국제 사회가 돌아가는 것을 이해했다. 북한 병사들에게 미치는 심리적 영향이 너무 컸던지 북은 통일부 채널을 통해 확성기와 전광판을 철거해 달라고 애걸하다시피 했다.

당시 정세현 통일부 장관이 북의 요청을 국가안전보장회의(NSC)에 올렸고 이종석 사무처장이 뒷받침해 대북 방송이 중단됐다. 북은 반대급부로 생색내듯 통일전선부가 운영하던 대남對南 방송 '구국의 소리'를 중단했다. 북한의 병사들에게 세상 돌아가는 진실을 알려 주던 방송을 효용성이 사라진 고철덩어리와 맞바꾼 셈이다.

북한 주민 수백만 명이 굶어 죽은 고난의 행군(1995~1997) 기간에 군량미를 풀었으면 대량 아사를 막을 수 있었지만 김정일이 못 풀게 했다는 증언도 있다. 백성은 옥수수죽도 제대로 못 먹는데, 김정일의

와인 창고에는 프랑스제 고급 코냑과 와인이 1만 병가량 쌓여 있다(후지모토 겐지, ≪김정일의 요리사≫). 김정일은 인류 역사상 유례가 없는 악덕 군주다. "역사와 문명에서 하차下車한"(노벨상 수상 작가 헤르타 뮐러) 정권을 교체하는 것은 우리 세대에 부과된 시대적 소명이다.

얼마 전 방한했던 콜린 파월 전 미국 국무장관은 "북한은 역사의 흐름을 거스를 수 없기 때문에 반드시 변화를 맞을 것"이라고 말했다. 우리는 북한의 변화를 하염없이 기다릴 것이 아니라, 그 변화를 촉진해 주민의 고통을 덜어 줘야 한다. 지금이 대북 확성기 방송과 풍선 삐라의 살포를 재개할 완벽한 타이밍이다. 거짓과 날조의 신화에 기반을 둔 김정일 세습 독재 정권은 진실의 어뢰라야 침몰시킬 수 있다.

2010. 5. 23

▶ ▶ ▶ ▶ ▶

동작동의 화해

1960년대까지만 하더라도 지역주의는 정치적으로 의미 있는 현상이 아니었다. 박정희 전 대통령이 군복을 벗고 출마한 제5대 대통령 선거(1963) 결과는 동서東西가 아니라 남북南北으로 분화分化됐다. 윤보선 후보는 서울, 경기, 강원, 충북, 충남 다섯 곳에서 승리했다. 반면에 박 후보는 경북, 경남, 부산, 전북, 전남, 제주 여섯 곳에서 이겨 15만 6000표 차로 대통령에 당선됐다. 특히 박 후보는 전남북에서 117만 4000표를 득표해 호남에서만 윤 후보를 35만 표 차로 눌렀다. 박 후보의 당선에 호남이 크게 기여한 것이다.

박정희 시대의 마지막 대통령 선거가 있었던 1971년에는 호남 출신 김대중(DJ) 후보가 출마하면서 동서 대결 현상이 처음으로 나타났다. 박 후보는 경남북과 부산에서 261만 표를 얻어 102만 4000표를 얻은 김 후보를 158만 6000표 차로 눌렀다. 반면에 박 후보는 전남북에서는 77만 8000표를 얻어 141만 표를 얻은 김 후보에게 63만 2000표를 졌다. 그러나 부산의 투표 결과를 보면 지역주의 투표 행태가 지금처럼 심하지 않았다. 부산에서는 박 후보가 38만 6000표를, 김 후보가 30만 2000표를 얻었다. 김영삼 전 대통령이 신민당 경선 결과에 승복해 DJ의 지지 연설을 하고 다닌 영향도 있었을 것이다.

1960년대 지역 몰표 없었다

1972년 유신 선포와 함께 국민이 직접 대통령을 뽑는 선거가 사라졌다가 15년 만인 1987년 6월 민주항쟁으로 부활됐다. 1987년 대선에서 양김兩金은 단일화를 이루지 못해 함께 패배했고, 동서 대결 구도를 완화할 수 있었던 기회를 놓쳤다.

서강대 강정인 교수는 "1987년 대선에서 양김의 분열은 참을성 많은 역사의 눈을 통해 볼 때, 군부 정권이 점진적으로 철수할 수 있는 퇴로를 평화적으로 확보함으로써 민주화 과정을 비교적 순탄하게 이끈 것으로 평가할 만하다"고 해석했다. 3당 합당을 통해 여당의 양자養子로 들어간 김영삼 전 대통령이 군부 정권의 잔재를 청산함으로써 민주화의 기틀을 마련했다는 논리로 이어진다. 강 교수의 결과론적 분석에 일리가 없는 것은 아니지만 양김의 분열은 이후의 모든 선거에서 지역주의 대결 구도를 고착하는 폐단을 낳았다. 이때 시작된 영호남과 충청의 지역당 구도는 지금까지 지속되고 있다.

박정희, 전두환 정권에서 DJ는 최대의 정적政敵으로서 박해를 받았고, 호남은 5·18 민주화운동 때 피해를 당하며 저항적 지역주의가 강화된 측면이 있다. 호남인들도 DJ의 집권을 통해 어느 정도 한을 풀었다. 이제는 어느 쪽이나 여유를 갖고 상대를 바라볼 일이다. 한국이 세계 10위권 무역대국으로 성장한 글로벌 시대에 남북한을 합해도 중국의 광둥성이나 산둥성보다 인구가 적은 나라에서 내각의 출신 지역 비율이 뉴스가 되는 것은 우리 시대의 일그러진 자화상이다.

대통령 선거에서 동서가 대결하는 지역주의 투표 행태가 나타난 것은 한 세대 정도 흐른 셈이지만 보수 진보 갈등이 지역주의 구도와 일부 겹치면서 고착될 우려가 있다. 이것은 한국 정치의 선진화를 위해서도 바람직스럽지 않다. 지역 대립 구도의 중요한 축이었던 DJ가 역사 속으로 들어감으로써 새로운 변화의 계기를 맞았다. 조급하게 생각할 필요는 없다고 본다. 시골에서 올라와 서울에 자리 잡은 사람들이야 뿌리 의식을 평생 싸안고 살 수도 있겠지만, 세대가 바뀌면서 인구의 절반을 차지한 수도권 주민의 출신 지역 의식은 점차 희석돼갈 것이다. 설이나 추석 때 귀성 행렬도 해가 갈수록 줄어드는 양상이다.

서울 현충원서 만난 세 대통령

이명박 대통령의 결단으로 김 전 대통령이 동작동 국립서울현충원 국가 원수 묘역에 이승만 초대 대통령, 박 전 대통령과 이웃으로 묻혔다. 좌파 세력 가운데는 이 초대 대통령, 박 전 대통령의 허물만 보고 치적에 눈감는 사람이 많다. 극우 세력 중에는 민주화 운동 세력의 희생과 기여를 평가 절하하는 이들도 있다.

이 초대 대통령이 당시 국제 정세를 꿰뚫어 보고 유엔 감시 아래 선거가 가능했던 남한만으로 단독 정부를 수립하고 미국의 힘을 빌려 공산주의를 막아 냈기에 오늘의 대한민국이 존재할 수 있었다. 박 전 대통령은 보릿고개를 없애고 세계가 한강의 기적이라고 찬탄하는 경제 발전의 토대를 닦았다. 김 전 대통령은 독재와 맞서 싸우며 민주화를 설계했고 남북 화해의 길을 조성하려고 노력했다.

동작동에는 전쟁에서 이 나라를 구하고 가난에서 일으켜 세워 코리아를 세계로 뻗어 나가게 한 호국영령들이 함께 잠들어 있다. 박 전 대통령과 김 전 대통령의 혼령이 동작동에서 만나 화해하기를 진심으로 바란다. 그것은 동서의 화합이고, 산업화 세력과 민주화 세력의 화해이다.

2009. 8. 23

▶▶▶▶▶

성자聖者와 대통령

미국의 철강왕 앤드루 카네기는 온정적인 자본주의자가 아니었다. 그는 노동자들에게 높은 임금을 주고서는 철강이 시장에서 경쟁력을 잃을 것이라고 믿었다. 그는 노동자들이 임금 인상을 요구하는 파업을 벌이면 굴복하기는커녕 공장 폐쇄로 맞섰다. 제철소에 용역업체를 끌어들여 파업을 분쇄하다 유혈극을 빚는가 하면 노조에 가입하지 않은 이민 노동자들을 채용해 노조를 무력화시켰다. 일주일에 7일, 하루 12시간의 장시간 노동을 시켰다.

전기 작가 조지프 월은 말년에 자선가로 변신한 카네기에 대해 "사회에 돈을 기부함으로써 그가 돈을 벌기 위해 저질렀던 일을 정당화하려고 했을 것"이라고 썼다. 카네기는 미국 47개 주에 3000개의 도서관을 세웠고 대학과 연구소에 거금을 기부했다. 홈스테드 제철소 노동자들을 위해 1901년 대형 연금 펀드를 설립했다. 그는 요즘 돈 가치로 계산하면 수백억 달러를 사회 공헌 활동에 썼다. 성자聖者는 시장에서 성공한 기업가가 될 수 없지만, 시장의 승자가 된 기업인은 자선을 통해 성자가 될 수 있음을 카네기가 보여 주었다.

한국에서 두 번째로 큰 장학재단을 만든 이종환 삼영화학그룹 회장은 카네기의 인생 철학을 연상시키는 사람이다. 비행기 3등석만 타고 다닐 정도로 검소한 생활을 하면서도 전 재산의 95%에 해당하는 6000억 원을 내놓아 관정이종환교육재단을 설립했다. 그는 "돈을 천사처럼 벌지는 못했지만 천사처럼 쓰겠다"고 말한다.

버핏처럼 타 재단 기부했더라면

이명박 대통령이 평생 모은 재산 331억 원을 출연한 청계장학재단은 규모만 놓고 보면 삼성고른기회장학재단이나 관정이종환교육재단에 비할 바가 못 된다. 삼성이 2006년 대국민 사과와 함께 내놓은 돈으로 만든 삼성고른기회장학재단은 기금 7061억 원에 올해 256억 7000만 원을 장학 사업에 쓴다.

나는 이 대통령이 장학재단을 별도로 세우지 말고 관정이종환교육재단처럼 모범적으로 운용되는 재단에 기부했더라면 더 빛날 수 있었으리라고 생각한다. 현직 대통령의 장학재단은 필요 이상의 이목을 끌 수 있다. 미국 워런 버핏은 빌 게이츠가 설립한 '빌 앤드 멀린다 게이츠 재단'에 310억 달러를 기부했다. 세계 역사상 최대의 사회 공헌 기금을 다른 기업인이 운용하는 재단에 내놓은 것이다. 사회에 환원하는 마당에 내 것 네 것이 어딨겠나. 이런 면에서도 버핏은 상식을 뛰어넘는 현자賢者다.

청계장학재단 이사회는 대통령의 오랜 측근과 친구로 구성돼 있고 맏사위인 이상주 변호사도 들어갔다. 송정호 이사장은 "사립학교에 설립자의 건학 이념이 있듯이 장학재단에도 재산 출연자의 뜻을 잘 알고 실천할 수 있는 사람들이 필요하다"고 말했다. 송 이사장은 "이 대통령이 재산을 자식에게 물려주지 않고 사회에 환원하겠다는 뜻을 처음 밝힌 것은 1995년 저서 ≪신화는 없다≫에서였지만 그전부터 오랫동안 간직했던 꿈"이라고 설명했다.

하지만 샐러리맨 신화의 소박한 꿈은 지난 대선에서 축재 과정에 대한 공방과 '돈 많은 사람이 권력까지 갖느냐'는 비판 여론을 무마하기 위해 과감히 던지는 카드로 쓰게 됐다. 이 대통령이 선례가 돼 공직 출마자에게 재산의 사회 환원을 압박하는 분위기가 형성된다면 건전한 기부 문화 확산에 기여하기보다는 정치적 부작용이 커질 우려가 있다는 견해도 들려온다.

대통령 역할 중 선행은 지엽적일 뿐

버핏은 "시장 경제는 참여자들에게 현저하게 균형을 잃은 보상을 한다. 특히 부자들에게 역량에 비해 과다한 몫을 준다"고 말했다. 그는 쓰고 남은 돈은 사회에 돌려줘야 할 보관증이라고 말했다. 카네기는 "부는 개인의 산물이 아니라 공동체의 합작 생산품"이며 자신은 관리인이라고 보았다. 펜실베이니아 서남부의 석탄과 미네소타 메사비 산맥의 철광석, 19세기의 인구 증가와 경제 성장, 철도 교통의 발달에 따른 강철 수요가 카네기의 기업가 정신을 만나 활짝 꽃핀 것이다. 이 대통령도 기업에서 거둔 성공을 정치로 연결해 대통령까지 되었으니 시장 경제와 자유 민주주의의 큰 수혜자라고 할 만하다.

이 대통령의 결단이 메마른 사회에 나눔의 정신을 전파하고, 정치인에게 부에 관한 자세를 가다듬는 계기를 제공한다면 더없이 바람직한 일이다. 가족과 친인척들이 평생 모은 재산을 쾌척한 대통령의 뜻을 새겨 실천한다면 한국 사회에서 후진적 고질인 '친인척 비리'를 치유하는 데도 도움이 될 수 있을 것이다.

다만 성자 같은 기업인이 냉혹한 시장에서 승자가 될 수 없듯이, 대통령이 선행善行이나 자선으로 뜻을 세울 수는 없다. 대통령의 직분에 비하면 331억 원 장학재단은 정말 사적이고 지엽적인 일이다. 대통령은 5년 동안 이룬 국정 성적으로 평가받을 뿐이다.

2009. 7. 12

▶ ▶ ▶ ▶ ▶

최진실의 못 이룬 꿈

한강의 야경이 내려다보이는 최진실의 집에서 <신동아>(2005년 11월호) 인터뷰를 한 적이 있다. 내가 집을 찾아갔을 때 그는 촬영 현장에서 돌아와 샤워를 끝내고 화장기 없는 얼굴로 머리에 두건을 두르고 있었다. 오후 10시 반에 시작한 인터뷰는 자정을 넘기며 세 시간가량 문답으로 펼쳐졌다. 주인공을 맡은 드라마 <장밋빛 인생>이 시청률 40%를 넘기며 한창 뜨고 있을 무렵이었다.

최 씨는 이혼 소동을 겪은 후 인터뷰 요청을 극력 기피하고 있었다. 강지원 변호사가 "예사 옐로 페이퍼와는 다르고, 인생을 논할 만한 상대"라고 분위기를 잡아줘 인터뷰가 성사됐다. 최 씨를 광고 모델로 썼던 아파트 건설 회사는 남편(조성민)과 육박전까지 벌인 요란한 이혼 때문에 회사가 이미지 손실을 입었다며 손해배상을 제기했다. 이 사건의 대리인이었던 강 변호사는 "최진실은 이혼 직후에도 아주 위험한 상태였다"고 말했다.

"'애들 때문에 못 죽겠다'는 말을 입버릇처럼 했습니다. 불면증과 불안장애로 고통을 겪었죠. 이혼한 것도 견디기 어려운데 '안티 최진실 카페' 회원들이 아무것도 모르면서 악담을 퍼붓는다고 괴로워했습니다. 내가 '댓글 보지 말라'고 말렸는데도 잠을 못 이룰 때 컴퓨터를 켜놓고 그런 글들을 읽었습니다. 연예인은 남들이 뭐라고 말하는지 본능적으로 신경이 쓰이는 모양입니다. 심리 치료를 받아 보라고 권유했는데 소문날까 봐 꺼리더군요."

속내 드러낸 한밤 인터뷰

최 씨는 인터뷰에서 본격적으로 연기 공부를 하고 싶다는 꿈을 피력했다. 내가 "여배우는 실컷 키워 봐야 시집가면 연기 생활을 그만둔다"고 감독들이 불평하더라는 말을 전하자 그는 "그 반대"라고 말했다. 여배우가 인생이 뭔지, 사랑이 뭔지를 알게 돼서 그런 연기를 할 만하면 출연할 작품이 없다는 것이었다.

할리우드에는 50대, 60대의 여배우들이 출연할 영화가 많지만, 한국 영화계는 '이슬을 먹고 사는'(최 씨 표현) 문근영 또래의 배우들을 위한 영화만 찍어 댄다. 나는 최근 <닥터 지바고>(1965)에서 '라라'로 출연했던 줄리 크리스티Julie Christie(67)가 치매 노인의 부부 생활과 사랑을 그린 <어웨이 프롬 허*Away from Her*>에서 곱게 늙은 모습으로 원숙한 연기를 하는 것을 보고 감명을 받았다.

최 씨는 나이가 들면서 삶의 쓴맛, 단맛이 함께 우러나오는 연기를 보여 주려는 꿈을 갖고 있었다. 그는 "더 늦기 전에 연극영화과에 들어가서 연기 공부를 하고 싶다"고 말했다.

응접실과 주방 곳곳에 자녀들의 사진이 걸려 있었다. 아버지 조 씨의 사진은 모두 치운 것 같았다. 최 씨는 전남편에게 미련이 아직도 남아 있음을 절제된 표현으로 이야기했다.

"애들 아빠니까 잘됐으면 하는 마음입니다. 그 사람이 저한테 보물 같은 자식을 준 게 고마운 일이죠." 내가 "조 선수가 친권親權은 포기했지만 자식을 만나 볼 권리는 있는 거죠"라고 묻자 "제 마음이 이럴진대 매일이라도 못 만나겠어요"라고 대답했다.

최 씨가 속으로는 전남편의 가정 복귀를 간절히 기대하고 있다는 생각이 들었다. 조 씨가 만나는 상대 여성이 그런 기대를 갖게 했을 수도 있다. 최 씨는 아이들의 친권을 넘겨받으면서 조 씨가 진 수억 원대 빚도 갚아 줬다. 최 씨는 이혼한 가정에서 성장한 고통을 자녀에게 대물림하지 않으려는 마음이 강했다. 그가 시끄러운 공방을 벌이면서도 이혼을 안 해주려고 버틴 것은 그 때문이었다고 말했다.

"늦기 전에 연기 공부 하겠다"

최 씨는 전남편의 재혼 상대와 재혼 시기에 대해 무척 상처를 입었다고 한다. 결혼 생활을 깨는 빌미를 제공했던 바로 그 여인이었다. 최 씨가 자녀의 성姓을 '조'에서 '최'로 바꾸어 달라고 법원에 신청한 것은 올 5월. 보통의 경우 재혼한 어머니들이 의붓아버지와 성이 다른 자녀들의 부담을 덜어 주기 위해 자녀의 성을 바꾸어 준다. 최 씨는 그때까지 재혼하지 않고 있었다. 인터뷰에서는 평생 혼자 살겠다는 결심을 털어놓았다. 나의 통속적 상상력으로는 조 씨에 대한 마지막 미련을 버리면서 자녀의 성에 남아 있는 그 사람의 흔적을 지웠던 것 같다.

겉으로 보면 톱스타는 부러울 게 없는 대중의 우상이다. 그러나 인간의 행복은 밖으로 드러난 것보다 내면의 세계가 더 중요한지도 모른다. 최 씨는 이혼으로 상처를 너무 크게 받았다. 그는 조 씨가 이혼 사유로 주장한 몇 가지 습관에 대해 "진즉에 알았더라면 다 고칠 수 있었는데……"라며 탄식했다. 이혼의 자책自責이 지나쳐 마음에 깊은 병이 들었다.

삶의 험한 파도와 인격 살인의 댓글이 여배우의 꿈을 집어삼켰다. 우리는 사랑스럽고 귀엽고 아까운 배우를 잃었다.

2008. 10. 10

p a r t 3

경제 위기에 되돌아보는 '로멜하우스' 정신

지금 우리에게 필요한 것은 분단과 전쟁의 폐허 위에서 제철소, 조선소와 반도체 공장을 세운 불굴의 기업가 정신이다. 우리는 254달러에서 2만 달러까지 오는 데 28년이 걸렸다. 불과 한 세대 만에 최빈국 대열에서 선진국 문턱까지 올라선 것이다. 세계가 놀라워하는 한강의 기적을 이룩한 우리는 글로벌 경제 위기 앞에서 로멜하우스 정신을 생각해 볼 때다.

▶ ▶ ▶ ▶ ▶

미디어 융합으로 신문 산업 살리기

무선 전신, 라디오, 텔레비전, 인터넷 등 새 매체가 출현할 때마다 종이 신문의 위기론이 무성했다. 이 위기를 딛고 신문은 끈질기게 살아남았다. 무선 전신이 신문보다 먼저 죽었고, 라디오는 음악 방송, 교통 방송으로 명맥을 이어간다. 미국의 저명한 여성 정치평론가이자 칼럼니스트였던 몰리 어빈스Molly Ivins는 1964년 신문사에 입사했을 때부터 "신문은 죽어가는 산업"이라는 이야기를 들었다고 말했다. 그는 2007년 1월 유방암으로 신문보다 먼저 죽었다.

그렇지만 지금 신문이 맞고 있는 위기는 신문이 생긴 이래 가장 심각하다. 미국의 <워싱턴 포스트>는 15년 동안 영업 이익이 25% 감소했고, <뉴욕 타임스>는 50% 감소했다. 영국에서는 70개 지방 신문이 문을 닫았다.

요즘 젊은이들은 종이 신문 대신에 '데일리 미(*Daily Me* 일간 나)'를 즐겨 읽는다. 데일리 미는 매사추세츠공대(MIT)의 니컬러스 네그로폰테

Nicholas Negroponte 교수가 젊은이들이 뉴스 사이트를 찾아다니며 스스로 인터넷 신문을 편집해 본다는 의미로 쓴 조어造語이다. 종이 신문과 온라인판 독자를 합하면 전체 독자 수는 늘어났지만 온라인 독자는 신문사의 수익 증대에 거의 도움이 되지 않는다.

선진국의 싱크탱크들은 제4부의 붕괴에 대해 깊은 우려를 표시한다. 세상일을 잘 꿰고 있는 시민은 민주주의의 기반이고 신문은 이런 시민을 양성하는 기능을 한다. 비판적 인식 능력이 부족한 젊은이들이 '데일리 미'만 볼 경우 부정확한 정보와 편견에 사로잡힐 위험성이 크다. 구글의 에릭 슈밋Eric E. Schmidt 회장은 "인터넷은 그릇된 정보의 폐수 웅덩이"라고 말했다.

신문의 위기는 민주주의 위기

미국 상원은 청문회를 열어 '멸종滅種 위기에 처한 신문'(존 케리 위원장의 모두 발언) 을 살리는 방안을 논의했다. 평소 신문의 감시를 받는 정치인들이지만 신문을 살리자며 팔을 걷어붙였다. 벤저민 카딘 상원의원은 광고 수입과 구독료 수입에 대한 세금 면제, 기부금에 대한 세액 공제를 내용으로 하는 신문회생법안을 발의했다. 니콜라 사르코지 프랑스 대통령의 언론 지원 계획은 만 18세 젊은이에게 1년간 원하는 신문의 무료 구독권을 주고, 정부 신문 광고를 두 배로 늘리는 방안을 포함하고 있다. 사르코지 대통령은 "신문은 공론장을 형성하는 민주주의의 한 축이자 인터넷 시대에 객관성을 유지할 수 있는 이성을 갖추고 있다"고 말했다.

신문이 정상적인 기업으로서는 생존하기 어려우니 대학처럼 비영리 기관화해 정부 보조금을 주자는 의견도 나온다. 그러나 신문이 정부 보조금에 기댈 경우 보도와 논평의 독립성이 훼손되기 쉽다. 자선가의 기부만 받아서는 지금처럼 다양한 보도와 논평으로 채운 지면을 제작할 수 없다.

미디어법을 둘러싼 논란에서 민주당 의원들은 메이저 신문의 여론 독과점만 따지느라 미디어를 산업적 측면에서 바라보는 데 소홀했다. 디지털 시대로 진입하면서 라디오, 지상파 TV, 케이블 TV, 신문을 구분하던 낡은 장벽은 쓸모가 없어졌다.

뉴스 콘텐츠를 종이 신문에만 싣는 방식은 경쟁력이 떨어질 수밖에 없다. 미디어 그룹은 뉴스 콘텐츠를 신문, 방송, 라디오, 텔레비전, 인터넷과 심지어 휴대전화에도 공급하는 원 소스 멀티 유스*one source multi use*로 경영의 효율성을 높인다. 기자들은 종이 신문에 기사도 쓰고, 카메라 앞에서 마이크를 잡고, 인터넷에 동영상을 띄우는 멀티미디어 리포팅에 적응해야만 미디어 융합 시대에 살아남을 수 있을 것이다. 광고주들도 원스톱 쇼핑의 시너지 효과를 통해 브랜드 인지도와 충성도를 높이게 된다.

매체 간 칸막이는 낡은 유산

선진국들은 미디어 그룹이 다양한 매체를 함께 경영할 수 있도록 규제를 완화해 가는 추세다. 디즈니는 신문, 방송, 영화사를 거느린 거대 미디어 그룹이다. 호주 출신 언론 재벌인 루퍼트 머독Rupert Murdoch의

뉴스 코퍼레이션News Corporation은 미국 폭스 TV를 비롯한 텔레비전 방송국 35개, <월스트리트 저널>을 비롯한 신문 30개, 케이블 방송국 17개를 보유하고 있다.

새 미디어법으로 방송의 진입장벽이 낮아져 방송사가 많이 생기면 방송 시장도 치열한 경쟁이 벌어지는 레드 오션으로 바뀐다. 2012년 디지털 TV 방송이 시작되면 채널을 5～10개쯤 더 만들어 낼 수 있다. 케이블 TV 종합 편성 채널도 지상파의 80%가량 시청자를 확보하게 된다. KT, SKT, LGT가 시작한 인터넷 TV(IPTV)는 회사당 990개 채널을 갖는다. 일종의 채널의 포털이다.

신문, 방송의 겸영에 따른 여론 다양성의 훼손은 크게 우려하지 않아도 될 것 같다. 다매체 다채널 시대에는 한 개 언론사가 갖는 정치적 영향력은 줄어들 수밖에 없다. 신문이 방송을 갖는다고 생존이 보장되는 것도 아니고, 더 뜨거운 경쟁에 휘말려 들게 된다.

2009. 7. 27

▶ ▶ ▶ ▶ ▶

경제 위기에 되돌아보는 '로멜하우스' 정신

1532년 스페인의 정복자 프란시스코 피사로는 오합지졸 168명을 거느리고 8만 명 군대를 가진 잉카제국 황제 아타왈파를 사로잡았다. 피사로의 군대는 강철로 만든 투구와 갑옷을 입고 쇠칼과 창으로 무장한 데 비해 잉카제국의 군대는 돌도끼와 나무 곤봉이 주 무기였다. 강철 무기와 석제石製 무기의 싸움에서 병사의 수는 의미가 없었다. 피사로는 황제를 가둔 감방을 황금으로 채워 주면 풀어 주겠다고 약속해 놓고 몸값을 받은 후 아타왈파를 처형했다. 남아메리카 잉카제국의 석기 문명이 유럽의 철기 문명에 무릎을 꿇은 인류사적 사건이다.

한반도에 철기 문명이 시작된 것은 기원전 4세기~기원전 3세기 경이었다. 이때가 구舊철기 시대라면 1973년 6월 9일 오전 7시 반은 이 땅에 신新철기 시대 도래를 알린 순간이었다. 경북 포항시 포스코 박물관에는 그때의 감격을 말해 주는 흑백 사진이 걸려 있다. 박물관 해설사 김은희 씨는 흑백 사진을 가리키며 "36년 전 제철소 건설일꾼들이 용광로에서 황금빛 쇳물이 흘러나오자 일제히 두 팔을 올리며 만세를 부르는 장면"이라고 설명했다.

종합제철소 없이 빈곤한 농업 국가에서 근대적 산업 국가로 도약하는 것은 허황된 꿈에 불과했다. 1965년 미국을 방문한 박정희 대통령은 철강 공업 지대 피츠버그 시를 둘러보고 돌아와 종합제철소 건설추진위원장에 박태준을 임명했다. 영일만 현장에는 슬레이트 지붕의 66m²(20평)짜리 회색 목조 건물이 들어섰다. 건설 역군들은 이 건물이 제2차 세계 대전 당시 사막의 영웅 로멜 장군의 야전군사령부 막사를 닮았다고 해서 '로멜하우스'라는 이름을 붙였다. 포스코박물관에는 '회사 재산 1호' 로멜하우스가 그대로 보존돼 있다.

한강의 기적 이룬 신철기 시대

박태준은 3년여 동안 사막전을 치르는 장군처럼 제철소 건설을 지휘했다. 공사 진척이 마음에 들지 않거나 부실 공사를 찾아내면 책임자를 불러내 지휘봉으로 배를 찌르고 때로는 안전모를 내리쳤다.

≪태백산맥≫의 작가 조정래 씨는 대하 소설 ≪한강≫ 제7권에서 기자의 취재 형식을 빌려 박태준을 높이 평가했다. 조 씨는 "포항제철의 성공은 그분의 남다른 헌신성과 애국심이 이룩한 결과라고 생각합니다. 포철이 생기면서 우리 경제의 방향이 중화학공업으로 바뀌었습니다"라고 말한다. 조 씨는 소설 속에 한국의 경제 성장을 상징하는 인물로 누구를 넣을지 고심하다가 박 씨를 선택했다. 박 대통령을 모델로 할 경우 독재와 장기 집권 때문에 독자들의 거부감이 생길 수 있다는

판단 때문이었다고 한다.

1970년 1인당 국민 소득이 고작 254달러였을 때였다. 정계, 재계와 언론에서까지 '실패하고 말 부실 기업을 또 하나 만드느니 철강을 수입해 쓰는 편이 낫다'는 견해가 지배적이었다. 박 대통령은 착공부터 완공까지 13차례 포항을 방문해 직원들을 격려했다. 박 대통령을 비판하는 사람들도 이러한 열정과 집념이 한국 경제의 기적을 만들었음을 부인하지 못할 것이다.

우리가 1997년 외환 위기를 비교적 짧은 기간에 극복한 것도 기업들의 수출 드라이브가 큰 힘이 됐다. 역사는 기업가 정신이 침체에 빠진 경제를 보강하는 길임을 반복해서 보여 주고 있다. 기업들은 새로운 일자리를 만들고, 수익을 창출하고, 생산성을 향상시킨다. 미국 유잉 매리언 코프먼 재단의 최근 조사에 따르면 미국인의 70%가 나라 경제의 건강이 기업가의 성공에 달려 있다고 응답했다.

박태준, 정주영, 이병철……

우리는 세계가 찬양하는 기업가 정신의 모델을 여럿 갖고 있다. 뉴욕대 경제학과 윌리엄 이스털리William Easterly 교수는 지금 같은 경제 위기에는 정주영 같은 기업가 정신이 필요하다고 강조하며 가난한 농민의 아들로 태어나 14세에 학업을 중단하고 철도공사판과 부두에서 노동자, 쌀가게 배달부와 그리고 자동차 수리점을 했던 그의 경력을 소개했다.*

1938년 28세 청년 이병철은 대구의 허름한 목조 건물에 삼성상회

간판을 내걸었다. 삼성상회는 청과 건어물 가게에서 무역, 섬유, 보험, 전기, 중공업, 반도체로 사업 영역을 넓히며 세계 일류 기업 삼성전자를 만들어 냈다.

지금 우리에게 필요한 것은 분단과 전쟁의 폐허 위에서 제철소, 조선소와 반도체 공장을 세운 불굴의 기업가 정신이다. 우리는 254달러에서 2만 달러까지 오는 데 28년이 걸렸다. 불과 한 세대 만에 최빈국最貧國 대열에서 선진국 문턱까지 올라선 것이다. 세계가 놀라워하는 한강의 기적을 이룩한 우리는 글로벌 경제 위기 앞에서 로멜하우스 정신을 생각해 볼 때다.

2009. 2. 9

* 세계은행 분석가로 일했던 개발경제학자 윌리엄 이스털리는 미국 격월간 외교 전문지 <포린 폴리시*Foreign Policy*>(2009. 1, 2월호)에서 개인 기업가가 세계 경제에서 성공할 수 있는 산업을 선택하는 데 있어 국가보다 훨씬 더 뛰어난 능력을 발휘한다고 하면서 세계가 경제 위기와 상관없이 빈곤에서 벗어나려면 정주영 같은 기업가 정신이 필요하다고 강조했다.

▶ ▶ ▶ ▶ ▶

한국에 시집오는 호찌민의 딸들

지난주 호찌민(옛 사이공) 시에서는 반팔을 입고 다녔는데, 하노이의 기온은 한국처럼 쌀쌀했다. 한국 기업인들의 출입이 잦은 호찌민 시와 달리 하노이에는 할롱베이 관광객이나 늦장가를 가려는 농촌 총각들이 주로 들른다. 나는 호찌민 시에서 기업인 일행과 헤어져 혼자 하노이 공항에 내렸다. 영어 가이더인 투엇 씨(27)는 내게 "35세쯤 돼 보인다"며 "신붓감을 구하러 왔느냐"고 물었다. 그는 "할롱베이 관광객은 40~50명씩 남녀가 단체로 와 버스를 타고 다닙니다. 혼자 온 한국인은 십중팔구 신붓감을 찾는 노총각이죠"라고 말했다.

시내로 들어오는 차 안에서도 베트남 신부 이야기가 이어졌다. "한국 농촌으로 시집 간 베트남 여성들은 논밭에 나가 힘든 일을 한대요. 베트남 여성들이 한류의 영향으로 한국을 동경하지만 영화와 드라마에 나오는 장면은 잘사는 도시거든요. 이런 이야기가 신문에 많이 나는 바람에 하노이, 호찌민 같은 도시 여성들은 한국으로 시집가기를 꺼리죠. 그렇지만 베트남 농촌에서는 중개인을 통한 매매혼賣買婚이 성행합니다. 3000달러만 쥐고 농촌에 가면 맘에 드는 여성을 고를 수 있어요. 부모에게 2000달러가 돌아가고, 중개인이 1000달러를 챙깁니다."

한류 동경한 결혼의 두 모습

투엇 씨를 따라간 하노이 식당에서는 양 볼에 여드름이 귀엽게 난 21세 여성이 음식을 날랐다. 부산으로 시집간 언니는 그녀의 역할 모델이었다. 언니는 컴퓨터 회사에 다니고 형부는 운전사로 맞벌이를 해 꽤 행복하게 산다고 했다. 한국말을 배우고 있는 이 여성은 "장동건을 좋아한다"고 말했다.

다음 날 아침 호찌민 대묘大墓를 찾았다. 호찌민 대묘는 김일성의 미라가 안치된 북한의 금수산 기념궁전의 웅장함이나 호화스러움에 비할 바는 못 됐다. 흰색 인민복을 입고 누워 있는 호찌민 미라의 네 귀퉁이에 의장병이 서 있었다. 북한처럼 미라를 향해 고개를 숙이라고 강요하지는 않았다. 모자만 벗으면 그만이었다.

호찌민은 유언장에 시신을 화장해 조국의 북부, 중부, 남부 세 곳에 나누어 뿌리라는 내용을 담았지만 당 지도부가 유언을 무시하고 소련 기술로 미라를 만들었다. 호찌민이 죽기 전까지 살았던 방 두 칸짜리 집은 검소했다. 별채 부엌에는 특이하게 침대가 놓여 있었다. 호찌민은 미국 공군기의 하노이 폭격이 있는 날에는 부엌 침대에서 자다가 바로 옆 방공호로 대피했다.

호찌민은 젊은 시절 30년 동안 세계 각국을 돌아다니며 해외 문물을 공부하고 항불抗佛 독립운동을 벌였다. 프랑스어, 영어, 러시아어, 중국어, 캄보디아어 등 6개 국어를 했다. ≪호찌민 평전≫을 쓴 윌리엄 듀이커William J. Duiker는 "반은 간디고, 반은 레닌이었던 인물"이라며 "지도자로서 놀라운 재능을 결함 많은 이데올로기에 바친 것이 호찌민의 비극"이라고 논평했다. 그것은 또 베트남 인민의 비극으로 이어졌다.

베트남에서는 호찌민에 대한 국가적 숭배가 이루어지고 있다. 모든 지폐의 액면額面에 호찌민 초상이 들어 있다. 베트남 역사에는 몽골을 물리친 쩐흥다오 장군도 있고, 15세기 초 중국 명나라를 격퇴하고 다이비엣大越이라는 나라를 세운 레러이도 있다. 그러나 어떤 지폐에서도 호찌민 아닌 다른 영웅들의 초상은 보이지 않았다.

이념에서 멀어지는 젊은이들

베트남은 1986년 사회주의 시장 경제 노선을 채택하고 도이머이 개방 정책을 펴기 시작한 이래 빠르게 변모하고 있다. 젊은 세대는 정치 이념보다는 경제에 관심이 높다. 자본주의 시장 경제의 물결이 밀려오면서 매춘, 에이즈, 마약도 늘어난다. 호찌민 숭배는 이 같은 시대의 변화에 흔들리지 않고 사회주의 체제의 정통성을 유지하려는 국가 의례로 보였다.

나는 남은 시간에 혁명박물관을 보자고 재촉했지만 투엇 씨는 미적거리다가 문 닫기 30분 전에 데리고 갔다. 혁명박물관은 베트남 공산당의 역사와 베트콩들의 투쟁 그리고 미군기 폭격의 참상을 전시하는 곳이다.

투엇 씨는 혁명박물관 대신 새로 개장한 대형 쇼핑몰 '빈컴'을 보여 주고 싶어 했다. 빈컴 4층 가전제품 매장에는 삼성, LG 제품이 한가운데 놓여 있었다. 세계 유명 브랜드가 집결한 신흥 명소 빈컴은 하노이의 새로운 얼굴이었다. 그러나 통일 베트남의 수도 하노이는 경제 발전 면에서 사이공 시절로 돌아가고 있는 호찌민 시보다 썰렁하게 느껴졌다. 나는 투엇 씨와 함께 빈컴 6층 극장에서 액션 스릴러 영화 <테이큰*Taken*>을 관람하고 밤 비행기로 하노이를 떠났다.

2009. 3. 8

베트남전쟁 기행

호찌민 시(구 사이공)와 하노이를 1주일가량 둘러보며 베트남 전쟁의 유적과 기념관을 찾아다녔다. 호찌민 시 통일궁(과거 남베트남의 대통령궁) 지하 워룸War room에는 1968년 6월 29일 베트남에 주둔한 외국군의 현황표가 전쟁 당시 그대로 붙어 있었다. 미군 54만 1933명 다음으로 '따이한Dai-han'이 5만 355명으로 두 번째로 많았다. 필리핀, 호주, 뉴질랜드, 태국, 대만, 스페인군은 모두 합해 1만 2000명을 조금 넘었다.

베트남 정부는 '미국 전쟁범죄기념관'을 미국 관광객들의 기분을 고려해서인지 명칭을 전쟁기념관으로 바꾸었다. 그러나 아직도 박물관 입구에는 '침략 전쟁 범죄*aggression war crimes*'라는 팻말이 붙어 있었다. 전쟁에서 병사들은 살아남기 위해 적을 죽여야 한다. 평상시 인간으로서 상상할 수 없는 잔혹한 행위들이 벌어지는 것이 전쟁터다.

기념관에는 끔찍한 사진들이 가득했다. 미군들이 목을 자른 '베트남 애국자'(기념관은 사진 설명에서 베트콩을 이렇게 표현)들의 머리를 들고 찍은 사진, 트럭 뒤에 베트콩들을 매달고 달리는 장면, 잔인한 고문, 고엽제 후유증으로 태어난 기형아들, 네이팜탄에 불탄 민간 희생자, 미라이 학살 사건의 피살자…….

기념관 입구에는 미국 독립선언서의 한 구절이 쓰여 있었다. “우리들은 다음과 같은 것을 자명한 진리라고 생각한다. 즉 모든 사람은 평등하게 태어났으며, 조물주는 몇 개의 양도할 수 없는 권리를 부여했으며, 그 권리 중에는 생명과 자유와 행복의 추구가 있다.” 미국 독립선언서의 이상이 베트남 인민들에게는 적용되지 않았다는 비난인 셈이다. 호찌민은 미국 독립선언서의 이 대목을 베트남 독립선언서를 쓸 때 차용했다.

전쟁기념관의 ‘역사적 진실Historical truth’ 전시실 입구에는 로버트 맥나마라 미 국방장관의 회상록 구절이 붙어 있었다. 맥나마라 장관은 ‘베트남의 비극과 교훈’이라는 부제가 붙은 회상록에서 “우리는 잘못됐다. 아주 잘못됐다. 우리는 미래 세대에 그 이유를 설명할 의무가 있다”고 고백했다. 역사적 진실관에는 “한국군이 1964년 8월 19일 베트남에 도착해 1973년 3월 22일 철군했다. 32만 8000명이 파병돼 5000명 이상 전사했고 1만 1000명가량이 부상했다”고 기록돼 있다.

호찌민 시에서 60km 가량 떨어진 구찌 터널은 전쟁이 끝난 후 관광명소가 됐다. 베트콩들은 호미와 소쿠리로 땅굴을 파서 밤에 강에 버렸다. 구찌 터널은 미군 부대 지하로도 통했고, 베트남 경찰분소로도 이어졌다.

미국인 아버지와 베트남인 어머니 사이에서 태어났다는 안내인은 미군 군견을 죽이는 부비트랩에 대해 설명했다. 미군 군견 300여 마리는 땅굴과 밀림 속에 숨어 있는 베트콩들에게 골치 아픈 존재였다. 베트콩들은 구찌 터널을 타고 미군부대에 들어가 햄버거용 쇠고기를 훔쳐 와 날카로운 쇠꼬챙이를 설치한 부비트랩을 만들어 개들을 유인했다. 미군 군견은 베트남 음식의 냄새를 적의 냄새로 인식하도록 훈련받았지만 햄버거용 쇠고기 냄새를 향해서는 주저 없이 달려들었다가 죽음을 당했다.

프랑스 꼭두각시 정부의 사생아인 남베트남 정부는 북의 독립 영웅

호찌민처럼 민심을 얻지 못했다. 미국이 패배할 수밖에 없는 전쟁이었다. 미국은 베트남의 공산화를 방치할 경우 인도차이나를 포함한 아시아가 공산화할 것이라는 두려움에서 전쟁에 끌려 들어갔다. 아시아에서는 중국이 공산화했지만 한국에서 공산 침략을 막아낸 것처럼 베트남의 공산화를 저지해야 한다고 판단한 것이다. 베트남 공산화 이후 우려했던 공산화 도미노는 일어나지 않았다. 10여 년 후 거꾸로 동유럽에서 공산주의가 무너져 내렸고 공산주의 종주국 소련도 해체됐다. 중국과 베트남에는 시장 경제의 물결이 넘실거리고 있다.

베트남 전쟁에서 미군은 5만 5000명 이상 전사했지만 베트남군은 남북을 합쳐 100만 명 이상이 죽었다. 부산외국어대 베트남어과 배양수 교수는 "민간인을 합치면 사망자가 400만 명을 넘을 것이라는 추정도 있다"고 말했다.

수많은 인명을 희생시키고 통일을 이룬 호찌민과 그의 동지들에 대해 베트남 역사의 평가는 계속 긍정적으로 남아 있을 것인가. 점점 자본주의 경제를 닮아 가는 남베트남의 모습을 보노라면 전쟁을 통한 통일에 대해 부정적인 생각을 가질 수밖에 없다.

* 출처: 황호택, "베트남 기행," <신문과 방송>, 2009년 4월호.

▶ ▶ ▶ ▶ ▶

인간 도살자의 눈물

캄보디아에서는 크메르 루주 치하에서 강제 수용소 소장을 지낸 두치에 대한 재판이 열리고 있다.* 1만 5000명을 사법 절차도 없이 처형한 두치에게 국제적으로 공소시효가 없는 '반인도적 범죄*Crime against humanity*' 혐의가 적용됐다. 유엔이 지원하는 이 법정에서 사형 판결은 없다. 유엔은 사형 유예 결의안을 2007년 12월 채택한 바 있다.

두치 수용소의 희생자들은 체포된 후 가족을 단 한 차례도 만나보지 못하고 잔인하게 학살당했지만, 두치는 감방, 음식, TV 시청, 면회 등에서 국제 기준에 따른 권리를 누리고 있다. 얼마 전 사법당국이 프놈펜 교외에 있는 두치 수용소 자리로 그를 데리고 갔다. 그는 여기서 눈물을 떨어뜨리며 참회의 말을 했다. "여러분의 용서를 구합니다. 여러분이 용서할 수 없다는 것을 잘 알지만, 용서할지도 모른다는 희망을 내게 남겨 주십시오."

도살자屠殺者는 극형이 필요하지 않을 만큼 충분히 교화된 것일까?

크메르 루주 치하에서 희생된 100만 명이 재판을 지켜보고 있다고 생각하면 누구도 이 질문에 쉽게 대답할 수 없을 것이다.

사형 면하는 1만 5000명 학살자

연쇄살인범 강호순의 범죄 행각이 속속 드러나면서 사형 제도를 둘러싼 논란이 뜨겁다. 김경한 법무부 장관은 국회에서 "흉악범에 대한 사형 집행의 재개를 놓고 심각하게 고민하고 있다"고 답변했다. 이와 달리 안경환 국가인권위원장은 "사형 집행 재개는 인권 후진국으로 후퇴하는 것"이라고 말했다.

김수환 추기경 회고록(2004)에는 가톨릭으로 개종한 강도살인범이 교수대 앞에서 신부 시절의 추기경에게 세례를 받는 이야기가 나온다. 체중이 무거운 사형수가 교수대에 매달린 잠시 후 '쿵' 하는 소리가 들렸다. 낡은 교수대가 사형 집행 도중 부러져 사형수가 다시 살아난 것이다. 교도관들이 사형대를 급히 수리하고 나서 다시 사형 집행을 했다.

김 추기경은 두 번 사형 집행을 당하는 젊은이의 마지막을 지켜본 충격과 애처로운 마음을 기술하면서도 사형 제도의 찬반에 대해서는 회고록에 직접 언급하지 않았다. 로마 가톨릭의 공식 견해는 사형 반대다. 김 추기경도 2001년 국회를 방문해 "사랑으로 사형제를 폐지해 달라"고 요청한 적이 있다.

우리나라에서 사형 집행이 중지된 것은 김대중(DJ) 정부 때부터였다. 사형수로서의 개인적 체험이 영향을 미쳤다. 1980년 전두환 신군부는 DJ를 처형하려는 의지를 갖고 있었다. 신군부는 <동아일보>에 DJ의 사형 집행을 지지하는 모 법대 교수의 원고를 게재하라고 압박했다. 고 신용순 편집국장은 계엄사령부의 검열을 받아 신문을 제작하는 어려운 여건에서도 "정치인을 사형시키라는 글을 실을 수는 없다"고 버텨 원고를 끝내 싣지 않았다.

전 씨는 후일 "이승만 대통령은 죽산 조봉암을 처형했지만 나는 DJ를 살려 주었다"고 넓은 도량을 과시하듯 말했다. 죽산은 억울한 죽음을 당했다. 진실 화해를 위한 과거사 정리위원회는 2007년 진보당 사건은 조작됐다고 결론을 내렸다.

중앙정보부의 고문 수사를 통해 민청학련과 엮인 인혁당 관련자 8명은 1975년 대법원에서 사형 판결이 내려진 지 18시간 만에 교수형을 당했다. 이들은 32년이 흐른 2007년에야 비로소 재심을 통해 무죄 판결을 받았지만 재심 판결이 생명을 되살릴 수는 없었다.

"사형 집행은 예방 효과 있다"

정치범이나 양심범을 처형하는 나라는 민주주의 국가라고 할 수 없다. 그러나 두치 같은 반인도적 범죄자나 다수의 인명을 살상한 흉악범의 인권을 정치범이나 양심범과 동일선상에 놓고 논할 수는 없다. 2008년 하토야마 구니오鳩山邦夫 일본 법무장관은 '사신死神'이란 말을 들으면서도 흉악범 13명의 사형을 집행했다.

계량경제학자들의 연구 결과는 사형 집행에 상당한 범죄 예방 효과가 있음을 보여 준다. 미국 버펄로대 아이작 에리히 교수는 "미국에서 집행한 사형 1건당 대략 8건의 살인을 예방하는 효과가 있다"는 결론을 도출했다. 흉악범은 사형이라는 페널티에 반응하는 것이다.

김성호 전 법무부 장관은 "장관 재직시 힘이 약한 여성, 노인, 장애인 등 21명을 살해한 유영철에 대한 사형 집행을 한때 검토한 적이 있지만, 당시 정부는 사형 집행을 재개할 만한 분위기가 아니었다"고 말했다. 유영철의 사형 집행이 유보되는 사이에 강호순이 등장했다. 반인도적 반인륜적 범죄자들이 극형을 피하게 되면, 같은 성향의 잠재적 범죄자들에게 인센티브로 작용할 수 있다고 계량경제학자들은 말한다.

2009. 2. 22

* 본명이 카잉 구에크 에아브인 두치는 수학 교사 출신으로 크메르 루즈에 가담했고, 크메르 루즈의 캄보디아 통치 당시 악명 높았던 툴슬렝 수용소 소장으로 근무했다. 두치는 전쟁 당시 그의 별명이었다. 고등학교를 개조해 만든 툴슬렝 수용소에는 주로 지식인들이 수감되었다. 2010년 7월 26일 유엔이 후원한 캄보디아 특별재판소(ECCC)는 두치에 대해 살인, 고문, 성폭행, 반인도적 범죄 등의 혐의로 35년형을 선고했다.

▶▶▶▶▶

미네르바와 피카소

포털 다음의 '미네르바 글 모음'을 읽어 보면 그의 섣부른 예측은 운 좋게 들어맞은 것보다 틀린 것이 압도적으로 많다. 누리꾼들은 내용의 정확성이나 전문성보다는 거침없는 직설直說, 독설 그리고 욕설에 매료됐던 것 같다. 그가 미디어의 인터뷰 요청을 거부하며 검찰에 붙잡히기까지 익명 속에 계속 숨어 지낸 것은 실체가 드러나는 순간 허상이 하루아침에 무너질 것임을 스스로 잘 알았기 때문일 것이다.

미네르바 현상은 전문가와 학자들의 침묵에도 책임이 있다. 권위 있는 경제전문가와 학자들이 경제 현안을 분석하고 진단하는 글을 미디어에 수시로 올렸더라면 미네르바 같은 거짓 예언자가 발붙이기 어려웠을 것이다.

작년 노벨 경제학상을 수상한 미국 프린스턴대 폴 크루그먼Paul R. Krugman 교수는 <뉴욕 타임스>에 1주일에 두 차례 칼럼을 쓴다. <뉴욕 타임스>의 사내社內 칼럼니스트와 같은 빈도다. 그리고 뜨거운 경제 현안에 대한 진단을 거의 매일 블로그(krugman.blogs.nytimes.com)에 올린다. 짧은 글이긴 하지만 하루에 세 편 올릴 때도 있다.

전문가 침묵 '거짓 예언자' 키웠다

미네르바는 포털 다음의 '아고라'를 무대로 활약했다. 촛불시위 때 <동아일보>, <조선일보>의 광고주들에 대한 협박의 진원도 아고라다. 고대 그리스에서 아고라는 공개된 토론 광장을 의미했는데, 한국의 인터넷 아고라는 언론 자유를 억압하고 비과학적 괴담을 유포하는 근거지가 돼버렸다.

누리꾼들은 인터넷에서 정보 검색을 하고, 리포트를 쓰고, 댓글을 올리고, e메일을 교환한다. 그러나 텍스트의 시의성, 정확성, 적절성을 따지고, 의견과 사실을 구분하고, 사이트의 신뢰도를 파악하는 비판적 분석 능력*critical literacy*을 갖추지 못하면 미네르바 같은 가짜에 속아 넘어가기 쉽다.

작년에 촛불 소녀들도 인터넷에 떠도는 비과학적인 선동에 홀려 거리로 쏟아져 나왔다. 미국산 쇠고기를 '광우병 독극물'이라고 성토하며 누리꾼을 선동했던 세력은 촛불이 꺼지자 광우병의 진실을 과학적으로 규명하는 작업에 흥미를 잃은 모양이다.

피카소(인터넷 ID)는 포스텍의 생물학연구정보센터(Bric) 사이트에 글을 올리는 개업 의사다. 전공 분야는 뇌질환 및 신경계, 근골격계 질환. 피카소는 촛불시위가 뜨거워지자 국내외 학계의 최신 성과물인 200여 편 이상의 논문과 영국 정부가 2000년에 발행한 5000쪽 분량의 <광우

병 백서>를 바탕으로 브릭에 글을 계속 올렸다. 황우석 씨의 줄기세포가 처녀생식일 가능성을 제기한 것도 그였다.

그가 이번에 브릭에 쓴 글을 토대로 ≪과학이 광우병을 말하다≫(지안출판사)라는 책을 펴냈다. 이 책의 결론은 (1) 광우병은 영국(미국이 아님)이라는 나라와 특별한 관련이 있고, (2) 발생 경로가 규명돼 사료를 통제하면서 광우병 소가 급격히 감소하고, 인간 광우병 환자가 거의 나오지 않고 있으며 (3) 예방 조치가 중요하지만 걸릴 가능성이 희박하기 때문에 위험성을 부풀려선 안 된다는 것이다.

그는 가명(유수민)으로 책을 내고 학력 경력도 숨겼다. 출판사를 통해 연락이 닿은 그는 매우 조심스러운 사람이었다. 그는 "책을 팔아 벌 돈은 조금밖에 되지 않을 텐데, 신원이 드러나면 병원 문을 닫아야 할 겁니다"라고 말했다. 미네르바 영장 판사와 메이저 신문 광고주들이 당한 사이버 공격을 생각해 보면 그의 우려도 이해할 만하다.

과학적 진실 외면하는 편견

윤평중(철학) 한신대 교수는 계간 <철학과 현실> 2008년 겨울호에서 "촛불의 대대적 확산을 가져온 가장 기본적인 출발점이자 귀환점은 '독극물 비슷하게 여겨진 미국산 쇠고기의 광우병 위험성'에 대한 대중의 공포와 분노였다"고 분석했다. 그는 피카소의 책을 근거로 "미국산 쇠고기의 광우병 위험성은 왜곡과 과장의 혐의를 받기에 충분할 정도로 부풀려졌고 오도됐다"고 단언했다. 생명과학의 문제를 흥미롭게 다룬 피카소의 책은 고작 2500부 팔렸다. 촛불을 들고 아고라를 메우고,

미네르바에 열광하는 사람들은 신념(또는 편견)에 배치되는 진실엔 관심이 없는 모양이다.

대중의 미몽迷夢을 깨우쳐야 할 책무가 있는 전문가와 학자, 저널리스트들 가운데 일부는 미네르바 현상을 부추겼다. 대다수는 미네르바가 가짜인 줄 알면서도 침묵했다. 촛불 소녀를 '올해의 인물'로 선정하며 미화하는 미디어들도 있다. 저널리즘과 아카데미즘이 추구해야 할 최고 가치는 정확한 사실이요, 과학적 진실일 것이다.

2009. 1. 19

▶▶▶▶▶

'물류 대운하' 깨끗이 잊고 4대강 치수治水 성공을

한강과 낙동강을 운하로 잇자면 해발 표고標高의 차가 커 갑문을 20여 개 만들어야 한다. 배가 갑문 하나를 통과하는 데 30분가량 걸린다. 갑문 통과에만 10시간 넘게 걸리는 운하로는 수송 시간과 비용에서 철도, 도로, 해운과 경쟁할 수 없다. 물동량이 적은 금강, 영산강 운하는 더 논할 가치도 없다. 대운하를 만드는 것보다 4대강의 둑을 보강해 철도와 도로를 개설하면 훨씬 효율성 높은 운송 수단이 될 것이라고 전문가들이 말할 정도다. 운하를 굳이 해보겠다면 굴포천 방수로를 연장해 한강과 서해를 잇는 경인운하 하나면 족하다.

정종환 국토해양부 장관은 그제 KBS 인터뷰에서 "4대강 정비 사업은 강을 강답게 살리자는 프로젝트로 물류物流가 목적인 대운하와는 다르다"며 "국민이 원치 않으면 대운하를 안 하겠다"고 말했다. 아직도 야당과 환경 단체들은 4대강 정비가 대운하의 기초 작업이라는 의심의 눈초리를 거두지 않는다. 소모적 논란을 피하려면 MB(이명박) 정부가 대운하에 대한 미련을 깨끗하게 버리고, 4대강 정비 사업도 치수治水, 즉 수자원 관리에 집중해야 할 것이다.

4대강 물, 엄청난 자원이다

우리나라의 면적당 강수량은 세계 평균보다 많지만 국민 1인당 연 강수총량은 2591m³로 세계 평균의 8분의 1에 불과하다. 연 강우량의 85%가 6~9월에 쏟아진다. 국토가 동고서저東高西低의 지형으로 하천의 경사가 급해 여름철 한강 상류에 쏟아진 빗물은 14~19시간이면 서해로 빠져나간다. 사계절의 수량이 비슷한 프랑스 센 강, 독일 라인 강과 달리 낙동강이나 영산강은 여름에는 홍수가 나고 갈수기渴水期에는 강물이 말라붙어 바닥을 드러낸다.

북한강계 화천댐에서 물을 1억 톤 방류하면 춘천댐, 의암댐, 청평댐을 거쳐 팔당댐까지 50억 원어치의 전력을 생산하고 수도권 주민의 생활용수로 활용된다. 그러나 남한강계는 충주댐에서 물을 방류하면 부가가치를 생산하지 못하고 서해에 다다른다. 한강 수계에서 최근 10년간 쓸모없이 서해로 방류된 물이 한국에서 가장 큰 충주댐 저수량의 4배에 이른다(한국수력원자력㈜ 전 경영관리본부장 윤종근 '수도권과 지방이 공생 발전하는 4대강 정비 추진 방안' 참고).

물은 삶의 질과 직결되고 경제 활동과 밀접한 관련이 있다. '물 부족' 국가를 면하려면 여름에 집중적으로 쏟아지는 빗물을 받아 두는 그릇이 많이 필요하다. 4대강 본류와 지류 일대에 댐, 저수지, 수중보를 설치하면 귀한 물을 서해 바다에 쓸어 넣는 자원 낭비를 피할 수 있다.

황의철 ㈜종선이앤씨 대표는 "대운하를 포기해도 4대강의 물길을 잇는 사업은 해볼 만하다. 집중호우가 내린 강의 물을 가뭄이 든 강으로 흘려보내면 수질을 개선하고 용수난을 해소할 수 있다"고 말했다. 낙동강 하류에서 취수하는 부산시는 갈수기마다 원수의 수질이 급격히 악화돼 어려움을 겪고 있다. 우리의 토목 기술 수준이면 한강 물을 낙동강으로 보내거나 거꾸로 낙동강 물을 한강으로 보내는 데 아무런 어려움이 없다. 물길 잇기는 대운하와 근본적으로 다르다. 동아건설이 시행한 리비아 대수로 공사를 떠올리면 된다.

물 관리에만 성공해도 큰 치적

지금도 수도권 서쪽에 생기는 신도시들은 물 부족을 겪는다. 팔당호의 물 부족에 대비해 동강댐을 추진하다가 김대중 정부 때 환경 단체와 주민 반대에 부닥쳐 무산됐다. 수도권의 상수원인 팔당호는 축산 하수와 생활 폐수가 날로 늘어 수질이 갈수록 떨어지고 있다. 주명건 세종연구원 원장은 "수도권 주민의 상수원을 저수량이 풍부한 소양호나 충주호로 옮겨야 한다"는 의견을 제시했다.

미국 뉴욕 시의 경우 허드슨 강에서 취수하지 않고 19개 저수지에서 도수관로를 통해 물을 공급받는다. 캣스킬 산맥에 있는 저수지들은 뉴욕에서 120～161km나 떨어져 있다. 소양호는 팔당댐에서 직선거리로 67km밖에 되지 않는다. 오스트리아 수도 빈도 다뉴브 강에서 취수를 하다 120km가량 떨어진 알프스 산맥의 저수지로 취수원을 옮겼다.

수도권의 취수원을 소양호와 충주호로 옮기면 경관이 빼어난 팔당호 주변을 관광 및 주택 단지로 개발할 수도 있다. 팔당호 주변은 작년 12월부터 전철이 연장 개통돼 용산역에서 50분이면 닿는다. 팔당호 일대에 지원하는 수도권 주민의 물이용 부담금을 소양호와 충주호 지역으로 돌린다면 수도권과 지방이 상생하는 공약수를 찾을 수 있을 것이다.

물은 자원이고 전력이고 돈이다. 물은 삶의 질이고 환경이다. 깨끗하고 풍부한 물을 확보하는 것은 미래를 위한 투자다. MB 정부가 4대강을 잘 정비해 물 관리에 성공한 정부라는 말만 들어도 후세에 치적으로 남을 것이다.

2009. 1. 4

▶ ▶ ▶ ▶ ▶

'기적의 역사'를 보는 두 개의 안경

미주개발은행(IDB)의 에두아르도 페르난데스 박사는 미국 버클리 캘리포니아대에서 경제학 박사 학위를 취득하고 워싱턴에 있는 IDB에서 20년가량 근무했다. 그는 중미 카리브해 경제인협회(회장 김종건)가 주최한 국제 세미나에서 주제 발표를 하기 위해 부인과 함께 방한했다. 서울에 처음 와본 그의 부인은 한국의 첨단 정보 기술(IT) 문화에 놀라움을 연발했다.

부인은 외국에 갈 때마다 박물관을 찾는다고 했다. 유럽 박물관의 안내기案內機는 전시물에 붙은 번호를 관람객이 눌러야 해설을 들을 수 있는 수동인데, 용산 국립중앙박물관에서는 모바일 안내기를 목에 걸고 걸어가면 자동으로 유물을 인식해 영어로 설명이 나온다며 감탄했다.

택시를 타고서는 더 놀랐다. GPS와 DMB, 호출(콜) 기능을 통합한 내비게이션에다 크레디트카드 단말기를 갖추고 있었다. 운전사는 휴대전화로 무료 통역(피커폰)을 연결해 영어, 중국어, 일본어로 외국인 승객과 목적지나 요금에 관해 의사를 소통할 수 있었다. 부인은 자신이 쓰는 삼성 휴대전화를 내게 보여 주며 "한국의 IT 문화가 인터넷을 발명한 미국보다 더 발전돼 있다"고 찬사를 보냈다.

부인은 남편의 한글 무늬 넥타이를 가리키며 "한글은 참 신기한 문자"라고 말했다. 부인은 전통 문화의 거리인 서울 인사동을 구경하고, 외관이 멋진 삼성증권 빌딩 꼭대기 층에서 식사를 하고, 롯데백화점에 들렀던 이야기를 신이 나서 늘어놓았다. "중국과 일본 사이에 끼인 작은 나라"에 대한 인상이 강렬한 것 같았다.

외국인이 놀란 첨단 IT 문화

부인은 "미국 명문 고교와 대학에 가보면 한국 학생들이 우등생 대열에 반드시 포함돼 있다"면서 "재미 한국인은 힘들게 돈을 벌어 자녀 교육에 아낌없이 쓴다"고 말했다. 이 대목에서 남편이 끼어들어 "그것은 이민자 사회에서 나타나는 보편적인 특성"이라고 토를 달았다. 부인이 "남미 이민자들은 그렇지 않다"고 반박하자 버클리 캘리포니아대 경제학 박사도 입을 다물었다. 남편은 우루과이 국적이다. 나는 "한국인의 DNA에 가까운 교육열이 경제 기적을 이루는 밑받침이 됐다"고 거들었다.

부인은 나와 동갑이었는데 생일이 몇 달 빨랐다. 나이 이야기가 나온 김에 한국의 베이비 부머에 관한 설명을 곁들였다. "우리는 한국전쟁에서 살아남은 남자들을 아버지로 두었다. 우리 세대는 적빈赤貧의

나라가 기적 같은 경제 성장을 달성하는 과정을 죽 지켜보았다."

전후戰後 베이비 붐 세대인 나는 교육과학기술부가 만든 현대사 교육 보조 교재 <기적의 역사> DVD를 시청하면서 추억의 앨범을 들추는 기분이 들었다. 모두 가난했던 시절 서독으로 떠나는 간호사와 광원, 베트남 파병 군인들은 우리의 누나이고 형이었다. 경부고속도로를 뚫고 모래벌판에 포항제철과 현대중공업을 건설하는 장면은 다시 봐도 가슴 뭉클했다.

대한민국이 북한보다 정통성이 취약하다거나, 기회주의자가 득세한 부끄러운 역사라고 주장하는 친북좌파의 역사관이 중고교 교단을 풍미했다. 교과부가 좌左편향의 현대사 교과서를 수정하고, <기적의 역사>와 같은 멀티미디어 교재를 보급하는 것은 바른 방향이라고 본다. 건국 60년사에서 부끄러운 대목도 많았지만 우리는 후진성을 짧은 기간에 극복하고 산업화와 민주화를 이룩했으며 이제는 정보화에서 세계 첨단을 달려 외국인들도 찬탄을 금치 못한다.

"좌편향도 우편향도 극복 대상"

그러나 <기적의 역사> DVD는 '대한뉴스'를 주로 편집한 탓에 또 다른 편향의 문제를 안고 있었다. 1980년대 자료는 그 시절 텔레비전만 켜면 나오던 '땡전全 뉴스'와 다를 바 없었다. 전두환 씨가 자행한 군사 반란, 광주학살, 헌법과 기본권 유린, 천문학적인 뇌물수수에 대해서는 어느 구석에서도 언급이 없었다.

한영우 서울대 명예교수는 '광화문 문화포럼'(회장 남시욱) 특강에서

"한국인의 역사 의식은 극단적인 좌우 이념의 안경을 쓰고 있다"고 지적했다. 좌파는 계급 투쟁과 민주화만 강조하고 북한에 지나치게 우호적이라는 것이다. 이에 비해 일부 뉴 라이트가 자유민주주의와 시장경제의 장점을 강조하는 것은 좋지만, 전통 문화와 도덕성에 대한 배려가 부족하고, 일제강점기의 경제 발전을 강조한 나머지 일본 극우 세력에 면죄부를 줄 수 있다고 비판했다. 한 교수는 "좌파든 우파든 역사해석에 지나치게 이념을 투입하면 역사의 진실을 왜곡할 위험성이 있다"고 말했다.

부끄러운 장면을 삭제하거나 일방적으로 미화하는 것은 올바른 역사 서술이 아니다. 대한민국 현대사에서 어두운 부분도 있었지만 우리는 이를 자랑스럽게 극복했다. 후세대가 올바른 미래 비전을 설정할 수 있도록 균형 잡힌 시각에서 역사를 가르쳐야 한다.

2008. 12. 19

▶ ▶ ▶ ▶ ▶

오바마의 DNA, 교육 그리고 자유 의지

인간의 형성에서 타고난 유전자가 중요하냐, 후천적인 성장 환경과 교육이 중요하냐는 과학계의 오래된 논쟁거리다. 이 논쟁의 양쪽 극단에 나치즘과 마르크시즘이 있다. 나치즘은 '나쁜 DNA'를 지닌 유대인과 동성애자를 멸종시키고, 인종적으로 우수한 아리아인의 세상을 만들어야 한다고 믿었다. 마르크시즘은 교육과 훈련을 통해 인간의 이기적인 본성을 개조할 수 있다고 보았다.

부모로부터 전달된 유전자와 후천적 교육이나 성장 환경은 서로 대립하는 관계가 아니다. DNA도 주변 환경에 따라 다르게 반응한다는 것이 유전학의 최근 연구 결과다.

미국 대통령 당선인 버락 후세인 오바마 2세는 말도 잘하지만, <뉴욕 타임스>가 "글을 쓸 수 있는 드문 정치인"이라고 했을 만큼 글도 잘 쓴다. ≪담대한 희망≫은 그가 대통령 선거를 준비하면서 출간한 책이다. 어느 나라나 대통령 후보들이 펴내는 책은 가공이 많아 한 인간의 진실을 파악하는 데 별 도움이 되지 않는다. '아버지로부터의 꿈'은 오바마가 하버드대 로스쿨에 진학해 흑인 최초로 <하버드 로 리뷰*Havard Law Review*>의 편집장이 됐던 34세 때 출판사의 권유로 펴낸 자서전이다. 대통령 후보가 된 오바마는 재판再版 서문에서 "경솔한 감정 표현이 많고, 어떤 부분은 정치적으로 적절하지 못해 꼬투리를 잡힐 수 있다"고 걱정했지만 그의 퍼스낼리티 연구에 유용한 일화를 풍부하게 담고 있다.

아버지 DNA, 어머니 교육

어머니 더넘은 오바마에게 "너는 아버지와 두뇌와 성격 그리고 눈썹까지도 닮았다"고 말했다. 오바마는 케냐 출신 아버지의 이름을 그대로 물려받았다. 아버지 버락 후세인 오바마 1세는 토머스 음보야 장학금을 받고 하와이대에 유학했다가 더넘을 만나 결혼했다. 케냐 고향 마을에는 비행기를 타본 사람은커녕 비행기를 타본 사람의 이야기를 들어본 사람도 없던 시절이었다. 아프리카 청년은 하와이대를 졸업하고 장학금을 받아 하버드대에서 경제학 석사 학위를 받았다. 케냐의 친척들은 "버락 1세가 학교 다니길 싫어했지만 시험을 봤다 하면 언제나 1등이었다"고 회고한다.

아버지 버락 1세는 결혼과 이혼을 반복하며 씨만 뿌려 놓고 자녀 교육에는 소홀했다. 어머니의 교육열이 아니었더라면 오늘의 오바마는 존재하지 않았을 것이다. 어머니는 오바마가 인도네시아에서 초등학교 다닐 때 매일 오전 4시 반에 깨워 세 시간 동안 영어를 가르쳤다. 오바마가 열 살이 되자 어머니는 '미국 학교에서 미국 아이들과 똑같은 과정을 공부할 필요가 있다'며 아들을 하와이 외가로 보냈다. 오바마는 은행원이던 외할머니의 도움으로 부잣집 백인 아이들이 다니던 명문 사립학교 푸나호우 5학년에 입학했다.

오바마의 말솜씨도 아버지로부터 물려받은 DNA 같다. 아버지 버락 1세가 하와이 술집에서 장인과 함께 술을 마시다가 백인 남자로부터 "깜둥이 옆에서는 술을 마실 수 없다"는 모욕을 당한 적이 있다. 그는 한판 붙는 대신에 인간이 가진 보편적 권리를 길게 설명했다. 버락 1세의 말이 끝나자 백인 남자가 미안해하며 "술값을 내라"며 100달러를 주었다. 그는 이 돈으로 술집에 있던 손님들의 술값을 다 내주고 남은 돈으로 그달치 집세를 냈다. 더넘과 이혼한 버락 1세는 10년 만에 처음으로 하와이를 방문해 아들이 다니던 푸나호우 학교에서 케냐를 소개하는 강의를 했다. 오바마에게 아버지의 자부심을 심어준 명강의였다.

꿈과 자유 의지는 유전 안돼

오바마가 받은 우수한 DNA와 교육도 그의 꿈과 실천 의지가 없었더라면 꽃을 피우지 못했을 것이다. 그는 뉴욕 컬럼비아대를 졸업한 뒤 다국적 기업을 상대로 하는 월가의 컨설팅 회사에서 잘나가는 금융 담당 직원이 됐다. 그러나 2년 만에 직장 생활을 접고 최초로 흑인 시장을 배출한 시카고로 갔다. 그는 악취가 풍기는 가난한 동네에서 주거와 교육 환경을 개선하는 빈민 운동에 뛰어들었다. 성실과 열정으로 시카고 운동가들 사이에 이름을 각인시켜 놓은 뒤 한 단계 더 높은 도약을 위해 하버드 로스쿨에 진학해 변호사가 됐다.

케냐에서 경제 관료를 했던 아버지 버락 1세는 정치적 소용돌이에 휘말리고 성격 문제와 지나친 음주로 좌절해 실의에 젖은 삶을 살다가 46세에 교통 사고로 생을 일찍 마감했다. 오바마는 한때 흑인으로서의 정체성을 고민하며 술과 마약에 빠져들었지만 결단력을 발휘해 끊고 철저한 자기 관리로 47세에 미국 대통령이 됐다. 꿈을 실천하기 위해 자신의 행동과 결정을 통제하는 자유 의지는 유전되지 않는다. 버락 1세와 2세의 삶에서 차이가 나는 점이다.

2008. 11. 7

▶ ▶ ▶ ▶ ▶

레이거노믹스와 대처리즘의 종착역인가

로널드 레이건 대통령이 임명한 앨런 그린스펀 전 연방준비제도이사회(FRB) 의장은 2006년까지 18년 동안 경제 대통령 노릇을 했다. 그는 취임 직후의 '블랙 먼데이' 증시 폭락과 2000년 3월 닷컴 버블 폭발을 잘 수습해 '마에스트로(巨匠, 거장)'라는 찬사를 들었다. 그러나 이번에 금융 위기를 부른 파생 상품 규제에 대해 재임시 앞장서 반대했던 그는 미 하원 청문회에서 "40년간 잘 들어맞았던 이론에서 허점을 발견해 충격을 받았다"고 고백했다.

폴 크루그먼 프린스턴대 교수는 "그린스펀은 닷컴 버블을 집값 버블로 대체해 놓았다"며 "금융 위기 사태에 책임이 가장 큰 사람"이라고 공박했다. 노벨 경제학상을 탄 조지프 스티글리츠Joseph E. Stiglitz 컬럼비아대 교수는 "그린스펀은 금융 시스템의 무절제가 뚜렷해졌는데도, '자율 규제'만 외쳤다"고 비판했다. 스티글리츠는 "지난 30년 동안 시장 경제는 전 세계에서 100번도 넘는 위기를 맞았다. 시장 그 자체는 충분하지 않다. 정부 규제와 감독은 시장 경제를 작동시키는 필수 요소"라고 말했다.

한 시대를 풍미하는 경제 이론도 특정한 시대적 배경 속에서 탄생한다. 시대 상황이 바뀌면 한때 참신했던 이론도 고색창연한 독단이 될 수 있다. 국제 금융 위기가 닥치면서 1980년대 이후 세계 경제를 주도했던 레이거노믹스와 대처리즘이 종착역에 다다랐다는 진단이 보수적인 경제학자들 사이에서 나오고 있다. 최근 <뉴스위크>지는 레이건 대통령의 초상화가 여기저기 찢긴 풍자 만화를 실었다.

죄인된 '마에스트로' 그린스펀

레이건 대통령은 정부 지출 감축, 세금 감면, 규제 완화를 경제 성장의 엔진으로 삼았다. 비슷한 시기에 집권한 마거릿 대처 영국 총리도 자유 시장 경제와 민영화, 직접세 감면, 노동조합 반대, 복지의 축소 정책을 밀고 나갔다. 레이건과 대처는 노동조합의 불법 파업을 강경 진압하고 기업이 근로자를 쉽게 해고할 수 있도록 했다. 레이건 대통령이 소련과 동유럽 공산주의 몰락을 끌어낸 후 레이거노믹스와 대처리즘은 불멸의 진리 같은 반열에 올랐다. 그러나 그늘도 있었다. 대처 집권 기간 소득 불평등 정도를 나타내는 지니 계수는 1979년 0.25에서 1990년 0.34로 악화됐다. 레이건의 감세 정책도 무역 적자와 연방 재정 적자를 촉진해 국가 부채를 심각하게 증대시킴으로써 현재 미국 경제 위기의 근원을 만들었다는 비판을 받고 있다.

'자유 민주주의를 인류 이데올로기 진화의 종점'이라고 평가했던 국제 정치 경제학자 프랜시스 후쿠야마Francis Fukuyama는 최근 <뉴스위크> 기고문에서 레이거노믹스와 대처리즘이 시대적 소명을 다했다고 선언했다. 세금 감면은 성장을 충분히 자극하거나 세수 증대를 가져오지 못했고, 시장과 보조를 맞추는 데 실패한 규제 완화는 지금 목격하는 것처럼 엄청난 대가를 치르고 있다는 것이다.

후쿠야마 교수는 규제가 가벼울수록 실리콘밸리에는 유익하지만 월스트리트에 대해서는 투명성과 당국의 감독을 강화했어야 한다고 말했다. 금융 부문의 붕괴는 전 국민에게 무차별 피해를 주기 때문이다. 국내 총생산(GDP)의 9배에 해당하는 은행 부채를 짊어지고 국가 파산 지경에 이른 아이슬란드를 보더라도 탐욕스러운 금융 시장을 자율에 맡겨 둘 수만은 없다.

만고불변의 경제 이론은 없다

올해 노벨 경제학상을 받은 크루그먼은 <뉴욕 타임스>에 일주일에 두 차례씩 칼럼을 쓰며 왕성한 언론 활동을 하고 있다. 그는 2005년경 칼럼을 통해 금융 위기를 부른 집값 버블을 수차례 경고한 몇 안 되는 경제학자여서 더욱 권위가 높아졌다. 그는 ≪진보주의자의 양심*The Conscience of a Liberal*≫이라는 저서를 통해 미국에서 나타나고 있는 극심한 양극화를 극복하기 위해서는 시장에 맡겨 놓을 수만은 없고, 프랭클린 루스벨트 대통령과 같은 강력한 개입 정책을 펴야 한다고 주장했다. 그는 최근 칼럼에서는 비금융 부문의 실물 경기까지 위협받는 상황에서는 감세減稅보다는 정부 지출을 늘려서 최악의 경기 침체를 막아야 한다고 주장했다.

그러나 에드워드 프레스콧Edward C. Prescott(2004년 노벨 경제학상 수상자)은 "높은 세율은 창발성, 위험 감수 정신, 생산성을 짓누르는 확실한 방법"이라며 "게임의 룰을 너무 극적으로 바꾸면 의도하지 않은 결과를 낳을 수 있다"고 경고했다. 에릭 매스킨Eric S. Maskin(2007년 노벨 경제학상 수상자)은 "많은 시장은 외부의 간섭이 적거나 없어야 최선을 다할 수 있다"며 다만 금융 시장은 정부의 '돕는 손'이 필요하다고 말했다. 만고불변萬古不變의 경제 이론은 존재하지 않는다. 우右의 적폐가 심해지면 좌左로, 좌가 실패하면 우로 바뀌는 것이 민주주의의 강점이기도 하다. 시대적 환경과 국가가 처한 현실에 따라 경제 위기를 극복하는 방법론도 달라질 수밖에 없다.

2008. 10. 24

part 4

광화문의 국격

교보문고, 영풍문고 같은 대형 서점은 활자 문화를 풍요롭게 하는 인프라다. 광화문에 들렀다가 서점을 찾는 여유로움이 우리 문화를 살찌운다. 세종문화회관과 일민미술관, 신문박물관도 광화문의 문화 지표를 높여 주는 장소다. 덕수궁, 경복궁 같은 고궁은 고도古都의 정취를 돋운다. 강남이 아무리 불야성을 이루어도 광화문이 갖는 국가 상징성을 넘보기는 어렵다.

▶▶▶▶▶

로무혀니즘의 불확실한 미래

노무현 전 대통령은 국민장 7일 만에 '피의자'에서 '순교자'로 바뀐 듯하다. 봉하마을과 덕수궁 분향소에는 연일 추모객이 줄을 이었다. 분향소 주변에서 손수건으로 눈가를 훔치는 젊은 여성들도 눈에 띄었다. 수업을 빼먹고 봉하마을에 다녀오는 대학생들도 있었다고 교수들은 전한다. 경제적 어려움과 현 정부에 대한 불만, 그리고 경위야 어찌됐든 망자亡者에 대한 연민이 겹치면서 추모 군중이 늘어났다. 그의 정치 노선과 이념을 지지하는 사람들도 작년 촛불 이후 다시 응집할 기회가 생겼다. 하지만 일상에서 만나는 사람들 중에는 '담담함' 또는 '비판적' 반응을 내보이는 사람이 많았다.

노 전 대통령은 살아서 그랬던 것처럼 죽어서도 조문객을 확연하게 갈라놓았다. 봉하마을 분향소에는 핵심 측근과 열성 지지자들이 모여 밤을 새웠다. 고인의 노선에 우호적이지 않았던 사람들은 발도 들여놓지 못했다. 덕수궁 분향소는 제2의 촛불을 기획하는 사람들의 전초 기지 비슷했다. 서울역사박물관 분향소에는 공식적 직함을 가진 조문객들이 주로 찾았다.

1980년대 이후 5, 6월에는 현대사의 흐름을 바꿔 놓는 격변이 일어난다. 1980년 5·18, 1987년 6월 항쟁, 그리고 작년 5월에는 촛불시위가 터져 석 달을 끌고 갔다. 이제 해마다 5월이면 노 전 대통령에 대한 추모식이 열릴 것이다. 추모 열기를 6월 10일까지 이어가려는 움직임도 있다.

피의자를 '순교자'로 바꾼 국민장

검찰 수사의 압박감과 수치심이 그를 죽음으로 몰고 갔다고 보는 것은 지나치게 단순한 시각이다. 그의 자살은 '640만 달러' 이후 이탈해 가던 지지자들을 다시 묶어 내는 효과를 냈다. 그는 본능적 판단에 따른 역逆발상과 승부수의 대가였다. 경남 출신이면서 호남당에 들어가 대통령의 꿈을 이루었다. 선거법을 위반하는 발언으로 탄핵을 자초해 총선에서 열린우리당 압승을 이끌어 냈다. 이런 맥락에서 가장 노무현스러운 죽음으로 보는 시각도 있다. 법정의 피의자로 쇠잔衰殘해 가는 일은 그로서는 견디기 어려운 선택이었을 것이다. 사즉생死卽生으로 절벽 아래로 한 몸 던지면 자신이 일으켜 세워 보존해 가고자 했던 가치와 이념을 살려낼 수 있다고 판단했을지 모른다.

애도 분위기에 편승해 '정치 검찰, MB, 메이저 신문이 고인을 정치적으로 타살했다'는 주장이 나온다. 노 전 대통령이 알았든 몰랐든 640만 달러를 받은 사람은 결국 아내와 아들이라는 점에서 법적, 도의

적 책임이 따른다. 무의미한 가정법이고 결과론이지만 검찰이 구속이든 불구속이든 그를 빨리 재판에 회부했더라면 하는 아쉬움이 남는다. 검찰이 사법적 결정을 미루고 질질 끌다가 법정에서 진실이 규명될 기회를 영영 놓치고 말았다. 노 전 대통령이 임명한 검찰총장에게 애초부터 도급都給 수사를 맡길 일이 아니었다. 빈대 잡다가 초가삼간 태우는 검찰도 우리 사회의 숙제가 돼 가고 있다.

정확히 말하자면 주류 신문은 가해자가 아니라 피해자이다. 그는 5년 동안 정부 기구와 홍위병 단체들을 동원해 비판 언론을 고사시키려고 했다. 신문을 향해 저주의 말을 퍼붓거나 이미지를 훼손하는 발언을 일삼았다. 민주주의 선진국들은 사양길에 든 제4부를 살려 내기 위해 정책적 지원을 쏟아 붓는 터에, 그는 자유 언론에 대한 공부가 부족했던지, 사감私感이 깊었던지, 신문을 짓밟고 기자실을 대못질해 취재를 방해했다. 고인이 종내 신문과 화해하지 못하고 저세상으로 간 것은 불행한 일이다.

이상 추구의 아이콘으론 한계

레이거니즘, 대처리즘처럼 '노무현'의 영어 표기에 '이즘'을 붙이면 로무혀니즘*Rohmoohyunism*이 된다. 노 전 대통령은 풍운아처럼 살다 충격적으로 세상을 버렸지만 그가 추구하던 이념은 살아남을 것인가. 로무혀니즘이 이상理想을 추구하는 젊은이들의 아이콘이 되기에는 강점과 함께 약점도 많고 한계도 있다는 생각이다.

최초로 낙향한 대통령이 되어 밀짚모자를 쓰고 막걸리를 마시고,

동네 꼬마들과 구멍가게에서 아이스크림을 사먹는 사진은 인터넷에서 쉽게 찾아볼 수 있다. 그는 대통령 재임시에도 강남 부자와 기득권 세력을 때리면서 '서민 대통령' 이미지를 만들어 내려고 했다. 그가 추구하던 가치는 권위주의 탈피, 기득권에 대한 도전, 평등주의, 지역 균형 발전, 지역주의 극복 같은 것으로 규정할 수 있다.

하지만 그는 집권 기간 수많은 안티를 만들어 냈다. 정제되지 않은 언행, 대한민국 현대사를 불의가 득세한 역사로 보는 인식, 실용과는 거리가 먼 좌향좌, 노선과 생각이 다른 사람들에 대한 적대 행위……. 그의 정신과 가치를 계승하려는 사람들도 그를 갈등과 분열의 아이콘으로 만들어서는 어떤 일도 성공하기 어려울 것이다.

2009. 5. 31

▶ ▶ ▶ ▶ ▶

'대통령 형님'들의 5년 뒤

서울구치소에 구속 수감된 노건평 씨는 세종증권 사건이 불거진 초기에 "동생에게 세 번이나 전화를 걸었는데 통화가 안 됐다. 비서관이 나중에 전화를 걸어 '전화하지 마시라' 하고 끊더라"며 섭섭한 감정을 표현했다. 그만큼 동생이 분노하고 있었다는 해석도 가능하다.

노무현 전 대통령의 큰형이 교통 사고로 세상을 뜬 후 둘째 형인 노건평 씨가 세무 공무원을 하며 동생 뒷바라지를 하고 집안을 돌봤다. 대통령 리더십 연구자인 최진 씨는 "각종 기록과 증언을 모아 보면 두 형제는 할 말, 안할 말 가리지 않을 정도로 끈끈한 사이였다"고 말했다. 노 전 대통령이 고시 공부를 한 네 평짜리 토담집 '마옥당磨玉堂'도 형제가 함께 지었다.

노건평 씨는 노 대통령 집권 초기에 몇 차례 물의를 일으켰다. 국세청장 후보로는 아무개가 좋다고 말하는가 하면 남상국 대우건설 사장에게서 연임 청탁과 함께 3000만 원을 받았다. 노 전 대통령은

"많이 배운 사람들이 시골 형님 좀 가만 놔두라"고 큰소리를 치면서도 막후에서는 형님에게 "그러다가 5년 뒤에 큰일 납니다"라고 단단히 충고했을 것이다. 그러나 아들도 마음대로 안 되는 것이 세상사인데, 노 전 대통령이 남쪽 고향에 떨어져 사는 손위 형님을 완벽하게 묶어 놓기는 어려웠을 것이다.

노 전 대통령 '형님 통제' 실패

이번 계제에 은인자중하고 있는 이상득 의원을 거론하는 것은 결례가 될지도 모르겠다. 이명박 대통령의 친형인 이 의원은 노 씨와는 정치적 비중과 격格이 다르다. 6선 의원에 국회부의장을 지낸 이 의원은 정·관계의 생리를 꿰뚫고 있어 노 씨와 같은 실수는 하지 않을 것이다. 그러나 그도 이 대통령 집권 초기에 측근 그룹이 벌인 권력 투쟁의 와중에서 '만사형통萬事兄通'이니, '권력의 사유화'니 하는 직격탄을 맞았다. 스스로 "동생이 대통령이 되고 나서 들어온 부탁이 1000건은 된다. 이력서가 들어와서 교회를 못 가겠다"고 말한 적이 있을 정도다.

이상득, 명박 형제는 여섯 살 차다. 이 대통령은 필자와의 인터뷰(<신동아> 2003년 7월호)에서 "형이 (대학 진학으로) 서울에 올라갔을 때 나는 중학교 1학년이었고 같이 살지 않았습니다. 상득이 형이 공부를 잘하고 나는 어렸으니까 집안에서는 형 하나만 공부시키자고 했죠"라고 말했다. 어머니는 공부 잘하고 잘생긴 큰아들을 선택해 가정의 전 역량을 집중했다. 이 바람에 이 대통령은 고교 진학을 포기할 위기에 빠졌으나 담임 교사가 "야간 학교는 학비가 들지 않는다"며 어머니를 설득해 동지상고 야간부에 가까스로 진학할 수 있었다.

이 대통령에게 상득 형은 우상이었고 콤플렉스의 대상이자 역할 모델이었다. 형은 서울대 상대를 졸업하고 코오롱에 입사해 18년 만에 사장이 됐다. 동생은 고려대 상대를 졸업하고 현대건설에 입사해 12년 만에 사장이 됐다. 최고 경영자(CEO)를 거쳐 국회의원이 되는 길도 형이 4년 먼저 개척했다. 이상득이라는 역할 모델이 없었더라면 오늘의 이명박 대통령은 없었을지도 모른다.

'어려운 형님' 이상득 의원

이 의원을 잘 아는 인사는 "CEO 생활을 오래 하며 접대하는 습관이 몸에 붙은 사람"이라며 "지금도 식사를 하면 먼저 계산을 하러 간다"고 말했다. 그가 국회 재정경제위원회 위원장으로 있을 때 한 육사 선배가 전화를 했다(이 의원은 육사를 다니다 부상으로 중퇴했다). 이 위원장은 벼슬도 없던 선배에게 "제가 찾아가 말씀을 듣겠습니다"라고 말하고 전화를 끊은 뒤 사무실로 찾아와 수첩을 꺼내 놓고 이야기를 받아 적더라는 것이다. 이런 성품이 사인私人 간에는 인간적인 매력이겠지만 공인으로서는 약점이 될 수도 있다.

그가 여러 해 전 젊은 의원과 함께 러시아 모스크바를 방문했을 때의 일이다. 공식 일정이 끝나고 한잔하는 저녁 자리에서 젊은 의원이 술집에서 만난 러시아인의 아파트에 가서 한잔 더 하겠다고 말했다. 이 의원이 러시아의 치안 불안을 설명하며 말렸지만 젊은 의원은 듣지 않았다. 이 의원은 호텔로 혼자 가지 않고, 거의 아들뻘인 의원이 러시아인의 아파트에서 한잔 더 하고 나올 때까지 택시 안에서 기다렸다가 호텔로 데리고 돌아왔다. 그는 이렇게 정성으로 의원과 당인들의 마음을 사 동생의 대권 진입을 도왔다.

노 전 대통령과 '형님'의 관계에 비해 이 의원은 어느 모로 보나 이 대통령에게 '어려운 형님'이다. 스스로 절제하지 않으면 역대 대통령의 어떤 '형님'보다도 '파워풀한 형님'이 될 여건을 갖추고 있다. 70대 중반에 접어든 6선 의원이 '대통령 형님'으로서 정치 인생을 마무리할 것이라는 점에서 그의 처신은 세인의 주목을 피하기 어렵다.

2008. 12. 5

▶ ▶ ▶ ▶ ▶

대통령의 목사들

지구촌에서는 종교로 인한 분쟁과 테러가 그칠 날이 없다. 종교로 인한 전쟁은 보스니아 내전처럼 민족 청소, 강간 센터, 고문 같은 추악한 폭력을 동반한다. 이라크에서는 이슬람교 안에서 수니파와 시아파로 갈려 폭탄 테러로 살육전을 벌인다.

우리나라에서는 불교, 개신교, 천주교가 평화롭게 공존하는 전통을 유지했다. 천주교 정진석 추기경은 올해 부처님 오신 날에 "이 세상이 부처가 설파한 자비가 넘치는 사회가 되기를 바란다"고 축하 메시지를 보냈다. 조계종 총무원은 매년 크리스마스 때마다 성탄 축하 메시지를 보내고 '아기 예수님 탄생을 축하합니다'라는 현수막을 내건다.

이명박 대통령 정부 들어 우리 사회의 아름다운 전통이던 종교 간 화평이 깨지고 있어 걱정스럽다. 개신교 신자였던 이승만, 김영삼 대통령 때도 불교계가 이렇게 들끓었던 적은 없었다. 지역 갈등에다 종교 대립까지 일어난다면 국가 발전을 가로막는 악성 종양이 될 것이라는 우려가 나온다.

헌법은 정치와 종교의 분리, 그리고 종교의 평등을 선언하고 있다. 정교 분리政教分離의 원칙은 첫째, 국교國教를 부인한다. 둘째, 국가에 의한 종교 활동이 금지된다. 셋째, 국가에 의한 특정 종교의 우대 또는 차별이 금지된다(장영수, ≪헌법학≫). 공직자들이 이러한 종교적 중립 원칙을 엄격하게 지키면 대통령이 개인적으로 어떤 종교를 신봉하든 아무런 문제가 되지 않을 것이다.

종교 대립, 지역 갈등보다 악성

지난 대선에서 여론 조사 분석가들은 이명박 후보의 지지율이 여간해서 내려가지 않는 이유의 하나로 개신교 표심을 거론했다. 정치는 종교적으로 중립이어야 하지만 종교는 정치적 중립 의무를 지고 있는 것은 아니다. '청와대에서 찬송가와 기도 소리가 들리게 해 달라'는 개신교 신자들의 소망은 성취됐다. 그런데 거기서 멈췄어야 했다. 개신교의 신심信心이 대통령 취임 후 국정과 인사에까지 영향을 미치면 종교의 평등을 해치게 된다.

시중에서는 이 대통령이 다녔던 소망교회 인맥을 빗댄 '소망 대망大望'이라는 신조어가 유행한다. 한나라당 공천으로 국회의원에 당선된 사람이나 청와대 비서관 중에 개신교 인맥에 줄을 대 도움을 받은 사람이 있다는 말이 공공연하게 나돈다. 대통령과 가까운 목사들에 관한 이야기는 근거 없는 괴담 수준으로 치부하기에는 상당히 구체성을 띠고 있다. 정부의 종교 편향에 반발하는 민심이 악화되면 불교계는 물론이고 세속의 비非신자들까지도 등을 돌리게 될 것이다. 개신교 대통령 만들기에 앞장섰던 목사와 신도들도 이 대통령이 모든 종교인들로부터 고루 지지를 받을 수 있도록 이제는 한 걸음 뒤로 물러서야 한다.

개신교 케이블 TV에서 만담식 설교로 인기를 끄는 장경동 목사가 석가모니와 스님들을 모독하는 설교를 해 파문을 일으켰다. 불교계를 격앙시킨 그의 설교 내용을 일일이 논박할 필요성을 못 느끼지만 '불교가 들어간 나라는 다 못산다'는 주장은 사실과도 배치된다.

막스 베버는 ≪프로테스탄티즘(개신교)의 윤리와 자본주의 정신≫을 비롯해 몇 권의 저작을 통해 근면, 성실, 정직 같은 개신교 윤리와 신도들 사이의 결속력은 유럽과 미국에서 자본주의 발전을 가져오는데 기여했다고 논증論證했다. 그러나 종교적 문화가 경제 발전에 필요한 유일한 요소는 아니다. 수학, 과학을 존중하는 합리주의, 교육 제도, 법체계, 정치 지도자의 의지, 정부 행정과 기업가 정신 같은 요소가 경제 발전과 밀접한 관련이 있다. 일본에서 기독교 인구는 전체의 1~2%에 불과하고, 신도神道와 불교 신자가 대부분이지만 세계 제2위 경제대국이다. 가톨릭 국가 중에서도 남미 국가들은 가난하지만, 아일랜드는 기적 같은 경제 성장을 이루었다.

타 종교에 대한 배타성 버려야

같은 종교인들끼리의 결속력이 도를 넘어서면 다른 종교와 비非신자에 대한 배타성으로 연결되기 쉽다. 다른 종교를 인정하고 그 신앙체계를 존중하는 것이 곧 내가 믿는 신앙을 약화시키는 일은 아니다.

미국의 신학자 폴 니터Paul Knitter는 종교의 관계가 '적자생존'에서 '협력자 생존'의 관계로 나아가야 한다고 주장했다. 정치적 억압, 경제적 불의, 도덕적 쇠퇴, 생태계 파괴 등 인류가 당면한 위기 앞에서 모든 종교가 독선적 아집이나 환상에서 벗어나 난국에 공동으로 대처하는 지혜를 발휘해야 한다는 것이다.

주변 산수가 아름다운 사찰마다 정부의 종교 편향을 규탄하는 플래카드가 내걸려 있다. 6만(경찰 추산) 불자가 서울에서 집회를 연 것은 유사 이래 처음이다. 불심佛心이 화가 나 있다는 뜻이다. 불교계는 분명한 의사 표시를 한 만큼 정부가 종교적 중립을 실천하는지 지켜보면서 청정도량淸淨道場의 모습을 되찾았으면 좋겠다.

2008. 08. 29

▶ ▶ ▶ ▶ ▶

광화문의 국격

정부 수립(건국) 60년, 광복 63년을 맞아 광화문 거리는 교통이 통제되고 다양한 경축 행사가 펼쳐졌다. 베이징 올림픽의 메달 순위도 중국, 미국, 독일 다음으로 4위를 기록해 광복절을 경축하는 듯하다. 광화문에서 끈질기게 시위를 이어 가던 사람들도 집에서 올림픽 경기를 시청하는지 요즘엔 나타나지 않는다. 경복궁을 정면에서 바라보는 광화문 세종로는 국가를 상징하는 거리다. 대한민국과 수도 서울을 움직이는 주요 기관과 외국 대사관들이 모여 있다. 역사가 오랜 신문사들도 있다. 촛불시위가 광화문에서 시작된 것도 이곳에서 시위를 해야 파급 효과와 상징성이 크다는 생각 때문일 것이다. 1987년 민주화를 가져온 6월 민주항쟁의 중심지도 광화문이고, 2002년 월드컵 때 붉은악마의 화려한 응원이 펼쳐졌던 거리도 이곳이다.

새로 조성된 청계광장에서 각종 대중 문화와 예술 행사가 이어지면서 이 일대 빌딩에 근무하는 사람들은 행복 지수가 높아졌다. 하지만 광장의 안온한 행복과 평화는 오래가지 않았다. 석 달 전부터 오후 7시 무렵이면 광화문 일대는 성난 시위대와 전경이 밀고 밀리는 황량한 거리로 바뀌었다. 출근길에 만나는 '닭장차'들은 만신창이가 된 몰골로 한밤의 격전 상황을 전해 줬다.

황량한 시가전市街戰 석 달

1980년대 한국에서 격렬한 시위 장면을 목격한 리콴유 당시 싱가포르 총리는 회고록에 자세한 인상기를 남겨 두고 있다.

> "한국인들이 시위를 할 때는 중세의 검투사처럼 플라스틱 방패를 들고 보호구를 얼굴에 쓴 전투 경찰만큼이나 매우 조직적이고 훈련이 잘돼 있었다. 노동자와 학생들이 거리에서 경찰들과 싸울 때, 그들은 흡사 전쟁터의 병사들처럼 보였다. 그들은 타협하지 않는 격렬한 사람들이었고 거세고 폭력적으로 행동한다는 인상을 주었다."
>
> "한국의 노동조합은 태업, 농성, 파업을 일삼았으며 과격했다…… 일본의 노동조합은 사용자들과 아무리 격렬한 논쟁을 벌이더라도 자기 회사의 대외적인 경쟁력에 타격을 입히지는 않는다."

리콴유 총리는 한국은 군부 통치에서 민주 정치로의 이행이 갑작스럽게 이뤄져 대중 집회와 노조의 불법 파업을 통제할 수 있는 법적인 규제의 전통이 확립되지 못했다고 지적했다. 1965년 말레이연방에서 독립한 싱가포르를 일류 국가로 만들어 놓은 지도자의 분석이 예사롭지 않다. 1인당 국민 소득은 1만 달러에서 거북이걸음으로 12년 만에 2만 달러를 돌파했지만 시위 문화와 노사 관계는 리콴유 총리가 목격한 1980년대에 시곗바늘이 멈춰 진전이 전혀 없다.

서울시는 청계광장과 경복궁 광화문을 연결해 프랑스 파리 개선문 앞의 샹젤리제처럼 국가 상징 거리로 만들 계획이다. 차도 16차선을 10차선으로 좁히고 그 공간에 광화문광장을 만드는 공사가 한창 진행 중이다. 그러나 1980년대식 시위 문화가 바뀌지 않으면 거리의 싸움꾼들에게 멍석을 하나 더 깔아 주는 꼴이 되고 말 것이다.

도심의 아름다운 시심詩心

광화문에는 여유로운 마음을 가진 사람들의 눈에만 보이는 글판이 하나 있다. 광화문 사거리 교보빌딩 글판에는 철따라 아름다운 시어詩語가 걸린다.

> "버려야 할 것이 / 무엇인지를 아는 순간부터 / 나무는 가장 아름답게 불탄다"(도종환, '단풍드는 날')
>
> "떠나라 낯선 곳으로 / 그대 하루하루의 / 낡은 반복으로부터"(고은, '낯선 곳')
>
> "어머니 저를 일찍 깨워 주세요 / 모든 새해 중에서 / 내일은 가장 행복한 시간이 될 거예요"(앨프리드 테니슨, '5월의 여왕')

살벌한 전투적 구호와 싸가지 없는 막말이 난무하는 시절인지라 도심의 아름다운 시어가 더욱 돋보인다. 교보빌딩 글판은 1991년 교보생명 창립자 고 신용호 회장의 아이디어로 시작됐다. 신 회장은 어린 시절 병마와 싸우느라 초등학교에 들어갈 기회를 놓치고 평생 독서로 지식을 연마했다. 배움과 독서에 대한 시골 소년의 갈증은 한국에서 가장 큰 책방인 교보문고와 광화문 글판으로 이어졌다.

교보문고, 영풍문고 같은 대형 서점은 활자 문화를 풍요롭게 하는 인프라다. 광화문에 들렀다가 서점을 찾는 여유로움이 우리 문화를 살찌운다. 세종문화회관과 일민미술관, 신문박물관도 광화문의 문화 지표를 높여 주는 장소다. 덕수궁, 경복궁 같은 고궁은 고도古都의 정취를 돋운다. 강남이 아무리 불야성을 이루어도 광화문이 갖는 국가 상징성을 넘보기는 어렵다.

1인당 국민 소득이 3만 달러를 넘더라도 국격國格이 선진국 수준으로 높아지지 않으면 천박한 졸부 국가에 불과하다. 새로 조성하는 광화문광장에서는 확성기 시위와 닭장차가 사라졌으면 좋겠다. 조용조용하게 말하는 사람들이 모여 긍정의 언어로 희망을 노래하는 시심詩心이 활짝 꽃피기를.

2008. 08. 15

▶ ▶ ▶ ▶ ▶

금강산 총격은 북의 '체제 범죄'다

북한군은 금강산 관광객 박왕자 씨를 100m 이내 거리에서 조준해 사격한 것으로 정부 합동조사단에 참여한 국립과학수사연구소가 모의 실험을 통해 결론을 내렸다. 100m 이내에서 두 발을 명중시킬 정도라면 박 씨가 치마를 입고 있었으므로 북한군 초병은 해변에 산책 나온 여성 관광객임을 알아봤을 것이다.

'개성공업지구와 금강산관광지구의 출입 및 체류에 관한 합의서'에 따르면 관광 지역을 이탈한 관광객에 대해서는 신원을 확인하고 범칙금을 부과하면 된다. 군사 지역에 들어왔던 여성이 검문을 받지 않고 나갔더라도 결국 북한군의 손바닥 안에 있었다. 뒤에 신원을 확인할 방법이 얼마든지 있었다.

민간인의 출입을 엄중하게 통제해야 할 중요 군사 시설이었다면 엉성한 플라스틱 펜스가 아니라 접근 자체가 불가능하게 철조망을 치고 입구에 초병을 세워 외부인이 못 들어오게 사전에 차단했어야 옳다.

표지판도 제대로 세워 놓지 않아 산책을 하다 부지불식不知不識간에 군사 지역에 들어간 관광객을 초병이 조준 사격한 이 사건은 북의 주장대로 '17세 소녀 신병의 우발적 사고'가 아니라 '체제體制 범죄'에 해당한다. 체제 범죄는 독재 국가가 그 체제를 유지, 존속시키기 위해 자기네 스스로는 처벌하지 않지만 인륜이나 국제 기준에 비추어 범죄에 해당하는 경우를 일컫는다.

여성 관광객 알고도 조준 사격

통일 독일은 동독의 체제 범죄를 찾아내 모두 재판에 회부했다. 동독 군인들은 동베를린에서 철조망을 넘어 서독으로 탈출하려는 주민을 사살했다. 동독 초병의 총격은 독일사회주의통합당(SED) 서기장이었던 에리히 호네커와 국방위원들의 명령에 따라 이루어졌다. 동독 주민의 서독 탈출을 저지함으로써 체제 붕괴를 막기 위한 것이었다. 독일이 통일된 뒤 월경越境하는 주민에게 총을 쏜 초병들은 '명령을 기계적으로 수행한 도구'라는 주장에도 불구하고 대부분 기소돼 유죄 판결을 받았다. 무단 월경자를 체포해 벌금을 물리거나 징역을 살리는 것은 몰라도 생명을 빼앗은 것은 반反인륜 체제 범죄였기 때문이다

동독 붕괴 후 호네커를 기소한 주요 혐의도 바로 국경 지역 탈출자들에 대한 총격 명령이었다. 그는 모아비트 구치소에 수감돼 12회에 걸친 공판을 받았다. 그러나 판결이 선고되기 전에 사망할 것이 확실한 말기 간암 환자에 대해 재판을 계속하는 것은 인간의 존엄성에 배치된다는 이유로 헌법재판소가 위헌 결정을 내렸다. 그는 구치소에서 석방돼

칠레 산티아고로 떠난 지 1년 4개월 뒤 사망했다. 최은희・신상옥 부부 납치, 외교 순방 중인 대통령 일행에 대한 버마 아웅산 테러, KAL 858기 공중 폭파도 북의 체제 범죄에 해당한다. 현행 북한 체제에서 이런 사건의 수사나 공정한 재판이 이루어지는 것은 불가능하다. 따라서 체제 범죄는 그 범죄를 저질렀거나 감싸는 독재 정권이 무너질 때까지 시효가 정지된다고 보는 것이 문명국의 공통된 법률 해석이다. 군사 반란과 광주학살을 저지른 전두환 군부 세력이 시효 15년이 지난 뒤 처벌받은 것도 그들의 집권 기간에는 시효가 정지된다고 본 법률 논리에 따른 것이다.

통일 후 처벌받은 동독 초병들

통일 독일이 동독 정권에서 반인륜 체제 범죄의 수립과 실행에 가담한 자들을 처벌할 수 있었던 것은 서독 중앙법무기록보존소의 활동 덕분이었다. 법무기록보존소는 동독의 체제 범죄를 계속 수사하고 기록을 보존했다. 빌리 브란트 총리가 동방정책을 활발하게 펼칠 때 동독 권력층은 집요하게 법무기록보존소의 폐지를 요구했다. 동독 권력자들은 언젠가 통일이 된 후 자신들의 죄과를 따질 기록이 차곡차곡 법무기록보존소에 쌓이는 것에 심리적 압박감을 느꼈다. 동독 권력층은 법무기록보존소의 활동이 내정 간섭이라고 주장하며 끈질기게 폐쇄를 요구했다. 그러나 브란트 총리는 동독에 '퍼주기' 원조를 하면서도 법무기록보존소 폐지 요구는 들어주지 않았다(김하중 서울중앙지검 부장검사의 박사 학위 논문 <체제불법 청산방안에 관한 헌법적 고찰>에서 인용).

북이 금강산 총격의 현장 공동 조사 요구에도 응하지 않는 걸 보면 총을 쏜 초병과 지휘 감독 책임이 있는 상급자를 처벌하리라고 기대할 수 없다. 무고한 관광객에게 총격을 가한 이 사건 관련자들도 통일이 된 뒤 법의 심판을 받아야 한다. 그러기 위해서는 우리도 국가정보원 안에 독일의 법무기록보존소 같은 기구를 만들어 통일 후의 수사와 재판을 위한 기록을 작성해 계속 보존해야 한다. 이 같은 기구가 존재하는 것만으로도 주민 인권 유린과 체제 범죄를 밥 먹듯이 저지르는 북한의 권력 집단과 하수인들에게 상당한 압박 수단이 될 것이다. 반인륜 체제 범죄의 처벌에 시효가 없음을 북한의 권력층과 군부에 똑바로 인식시킬 필요가 있다.

2008. 08. 01

▶ ▶ ▶ ▶ ▶

미래를 바꾸는 발명의 힘

1899년 미국 특허청장 찰스 듀얼은 "발명되어질 수 있는 모든 것은 다 발명됐다"는 말과 함께 대통령에게 특허청 폐지를 건의하고 사임했다고 알려져 두고두고 비웃음거리가 됐다. 이로부터 4년 뒤인 1903년 라이트 형제가 동력 비행기를 만들어 조종했고, 9년 뒤인 1908년 헨리 포드가 모델 T 자동차를 제작했다. 컴퓨터, 인터넷, 텔레비전, 페니실린, DNA 같은 발명과 발견은 20세기에 이루어졌다.

김도연 교육과학기술부 장관은 10일 대전에서 있은 제30회 전국학생과학발명품경진대회 축사에서 듀얼이 했다는 이 말을 인용했다. 필자는 듀얼에 관한 자료를 찾아보다가 그가 억울한 누명을 썼음을 알게 됐다. GE에서 사서司書로 근무하던 새뮤얼 사스는 1989년 각종 자료를 추적해 듀얼이 실제로 이런 말을 한 적이 없음을 밝혀냈다. 그럼에도 이 허구는 여전히 기업 광고나 명사들의 연설에서 자주 인용되고 있다. 빌 게이츠가 1995년 저서 ≪미래로 가는 길≫에서 듀얼의 허구를 사실처럼 기술하는 바람에 이 말은 더욱 유명해졌다. 듀얼은 "미국에서 미래의 진보와 번영은 과학 산업, 상업의 확대를 통해 다른 나라를 따라잡는 데 달려 있고, 그러기 위해서는 발명에 집중해야 한다"는 글을 남겼다. 발명이 종료됐다고 생각하는 사람이라면 할 수 없는 얘기다. 발명왕 토머스 에디슨(1847~1931)이 한창 활동하고 있을 때 특허청장이 이런 말을 했을 리도 만무하다.

과학 대중화 이끄는 발명대회

동아일보사와 교육과학기술부가 주최하는 학생과학발명품경진대회 수상작 중에는 단순히 생활의 지혜를 넘어 기술 혁신의 실마리를 제공하는 작품들이 많다. 대전 노은고 1학년생 박혜민 군은 충남 태안군 앞바다 기름 유출 사고에서 아이디어를 얻은 작품을 출품했다. 태안 앞바다에서는 유화제와 흡착포로 기름을 제거했다. 박 군이 발명한 장치는 회전하는 통 속에 기름이 섞인 바닷물을 넣어 원심력을 이용해 비중이 다른 물과 기름을 분리한다. 이 장치를 대형화해 배에 부착하면 기름 유출 사고 현장에서 신속하게 기름을 제거할 수 있을 것이다. 충남 상곡초등학교 5학년 오혜성 군이 출품한 '야적 농산물 지킴이'도 눈길을 끌었다. 오 군의 할머니는 고추 가마니를 도둑맞은 적이 있다. 가슴 아픈 이 경험이 발명으로 이어졌다. 야적 농산물 밑에 전자 장치가 부착된 '지킴이'를 놓아두면 도둑이 훔쳐가기 위해 농산물을 드는 순간 주인과 이장 집의 앰프로 전달돼 경고 방송이 나온다.

해마다 비슷하지만 올해도 지방 예선에서 모두 15만 5000여 점이 경쟁을 벌여 298점이 본선에 올랐다. 전국 초중고교의 학생 교사, 학부모가 함께 대회를 준비하고 협력하는 과정은 과학 대중화와 과학 교육에 유익한 밑거름이 될 것이다. 한국야쿠르트는 1979년 이 대회가 창설된 이래 30년 동안 대회를 협찬했다. 첫해 8000만 원을 내놓은 것을 시작으로 30년 동안 50억 원가량을 썼다.

기업의 후원으로 과학적 창의력을 기른 학생들은 후일 발명과 연구를 통해 기업과 국가에 기여하게 된다. 새로운 발명은 새로운 기술로 이어지고, 새로운 일자리를 만들고 궁극적으로 삶의 질을 개선한다. 발명은 자원을 개발하고 생산성을 높이며 질병을 치료하고 부담을 덜어주며 인생을 즐겁게 해준다. 발명의 힘은 미래를 우리가 상상할 수 없는 세계로 바꾸어 놓는다.

한국의 '베이비 노벨상'

세계에서 가장 유명한 과학 교육 영재 발굴 대회는 인텔 STS(Science Talent Search)이다. 1942년 웨스팅하우스가 이 대회를 시작했으나 인텔이 1988년 웨스팅하우스 발전 부문을 인수하면서 이 대회도 가져갔다. 매년 1600명이 경쟁에 나서 최종 40명이 선발돼 총장학금 125만 달러를 받는다. 1위 수상자의 장학금은 10만 달러(약 1억 원). 고등학생을 대상으로 한 이 대회는 '베이비 노벨상'이라는 애칭이 붙었다. 이 대회 수상자 가운데 6명이 과학 연구를 계속해 노벨상을 받았다. 2명은 수학의 노벨상이라는 필드상을 받았다.

제30회 학생과학발명품경진대회에서 대통령상은 신제주초등학교

1학년 김지영 양이 받았다. 지영이는 몽당 색연필을 꺼내 쓰기 편리하게 색연필 케이스 아래에도 뚜껑을 달았다. 초등학교 1학년 눈높이에 맞는 발명품이다. 비타민C를 추출한 공로로 1937년 노벨 의학생리학상을 수상한 얼베르트 센트죄르지Albert Szent-György는 "발명과 발견은 모든 사람이 보는 것이지만 아무도 생각하지 못했던 것을 생각해 내는 것"이라고 말했다.

한국의 '베이비 노벨상'이 지영이 같은 발명 꿈나무를 키워 내고 있다. 수상작은 대전 엑스포과학공원 첨단과학관에서 8월 20일까지 전시된다.

2008. 07. 18

▶ ▶ ▶ ▶ ▶

인터넷 문화 전쟁

이탈리아 출신 마르크스주의자 안토니오 그람시는 1920년 산업화된 유럽에서 프롤레타리아 혁명이 신속하게 진행되지 못하고 있는 것은 지배 계급이 장악한 문화 헤게모니 때문이라는 이론을 폈다. 선진 자본주의 사회에서 지배 계급이 대중 매체, 대중 문화, 의무 교육을 통해 노동자들에게 허위 의식을 주입함으로써 노동자 모두에게 이익이 되는 혁명 대신에 부르주아적 가치를 수용하게 된다는 논리였다. 그람시는 프롤레타리아 혁명을 위해서는 반反자본주의 운동 세력이 대중 매체와 대중 조직 교육 기관에서 문화 전쟁*culture war*을 벌여 주도권을 차지해야 한다고 주창했다.

그러나 동유럽의 공산화는 그람시의 문화 전쟁이 아니라, 소련군 탱크에 의해 이루어졌다. 세상의 진리를 독점한 것처럼 오만한 이론에 맞추어 세계의 역사가 움직인 적은 없다. 문화 전쟁은 마르크스주의자들이 만들고 사용한 말이지만 1990년대 이후 미국에서는 진보와 보수

사이의 정치 투쟁을 일컫는 용어로 쓰였다. 보수적인 근본주의 기독교 세력은 '문화 전쟁' 개념을 빌려 지방 교육위원회를 장악해 공립학교 교육 과정에서 진화론을 삭제하려고 들었다.

요즘 우리 사회에서는 88년 전 유럽에서 그람시가 주창한 문화 전쟁이 언론, 교육, 문화 분야에서 활발하게 전개되는 양상이다. 광우병 대책 회의가 주도하는 야간 시위와 좌파 인터넷 매체에서는 '조중동 폐간하라'는 구호가 울려 퍼진다. 이들은 <한겨레>, <경향신문>을 편들고 KBS, MBC의 현 경영진을 옹호하는 것만으로는 모자랐던지, <동아일보>, <조선일보>, <중앙일보> 광고주 협박에 나섰다.

언론, 교육, 문화 장악 운동

교육 현장에서는 전교조가 '미친 소,' '미친 교육' 반대 운동을 극성스럽게 펼친다. 신문방송학을 전공하는 한 교수는 "젊은 세대에 미치는 전교조의 부정적 영향력이 막대한데도 걱정하는 사람이 별로 없다"고 말했다. 그는 "대학 신입생들에게 질문을 던지면 어휘의 선택과 생각의 흐름이 친북반미를 기조로 스테레오타입의 답변이 나와 놀랄 때가 많다"고 토로했다. 전교조 교사들이 학생들에게 이른바 진보 신문 활용을 유도하고 보수 신문에 대한 적개심을 부채질한다는 얘기도 학교 현장에서 흘러나온다. 이 교수는 진보 신문만을 읽고 편향된 의견을 개진하는 학생들에게 "주류 신문을 함께 읽어 보고 사고의 폭을 넓히라"는 조언을 조심스럽게 하고 있다고 말했다.

21세기를 사는 젊은이들은 갈수록 평평해지는 세계에서 넓은 시야와 열린 생각을 가져야만 더 멀리 보고, 빠르게 바뀌는 세상의 물결에 더 신속하게 올라탈 수 있다. 젊은 세대는 다양한 세계와 의견을 들여다볼 수 있는 인터넷을 가졌다. 그런데 정작 인터넷에서는 '깃털이 같은 새'끼리만 모여 유유상종類類相從하고 조금이라도 깃털의 색깔이 다른 새에 대해서는 저주를 퍼붓는다. 다매체 다채널 시대의 도래로 뉴스의 소비자들은 선택권이 전례 없이 넓어졌지만 뉴스의 편식偏食은 이전 시대보다 오히려 심해졌다. 누리꾼들은 같은 생각을 가진 사람들이 모이는 사이트만 찾아다니며 자기 의견을 강화하기에 바쁘다.

민주노총 홈페이지에 들어가 보면 국가보안법폐지국민연대, 전국농민회총연맹, 한국진보연대, 노동네트워크, 전국민중연대, FTA저지범국본, 이라크파병반대국민행동, 민주노동당, 통일연대, 6·15남측위원회 등 15개 기관에 링크를 걸어 놓고 있다. 모두 최근 이슈와 관련해 똑같은 견해를 가진 단체들이다. 이들 사이트를 순례하다 보면 이명박 정부와 미국산 쇠고기, 한미 자유무역협정(FTA) 그리고 보수 신문을 지구에서 '아웃*out*'시키기로 합의한 느낌을 받게 된다.

다른 의견 저주하는 집단 사고

인터넷 사이트마다 그룹싱크(*groupthink*, 집단 사고) 현상이 심해지는 것은 오른쪽, 왼쪽 다 마찬가지다.* 그룹싱크에 빠져든 누리꾼들은 다른 의견을 경청하고 그 타당성을 검증하는 일에 소홀하다. 그룹 간에 균열이 더 깊고 넓어질 수밖에 없다. 민주주의는 여러 그룹의 사람이 다른 그룹과 서로 타협하는 과정에 의존한다. 자기 의견에 집착해 다양한 견해에 귀를 닫는 사고는 민주주의의 미래를 위협하게 된다.

민주노총, 전교조, 진보연대, 민언련, 아고라 회원들이 어떤 신문을 보고 어떤 사이트에 들어가서 활동하든 우리가 관여할 바는 아니다. 그들 나름대로 자기 생각과 취향에 맞는 신문을 구독할 자유와 권리가 있다.

마찬가지로 <동아일보>, <조선일보>, <중앙일보>를 좋아하는 수백만 독자의 선택도 존중할 줄 알아야 한다. 자기와 생각이 다른 기사와 논평이 실리는 신문이라고 해서 '폐간하라'고 악을 쓰며 소동을 피우는 '문화 전쟁'은 결코 성공할 수 없다. 민주주의와 언론 자유는 나와 다른 생각을 가진 사람을 증오하지 않는 것에서부터 출발한다.

2008. 07. 05

* 1972년 심리학자인 미국 예일대 어빙 재니스Irving Janis 교수는 미국의 외교 정책 중에서 잘못된 의사 결정 사례(케네디 정부의 쿠바 침공 결정 등)를 근거로 집단 사고 이론을 제안하였다. 집단 사고란 생각이 비슷하고 응집력*cohesiveness*이 강한 집단일수록 만장일치의 분위기가 팽배하여 다른 대안을 현실성 있게 평가하려는 동기를 억압해 생기는 사고 양식을 말한다.

과학과 이성

임지순 서울대 물리천문학부 교수는 한국인 중에서 노벨상에 가장 가까이 다가간 과학자라는 평을 듣는다. 탄소, 나노튜브, 반도체와 수소 에너지 저장 기술 연구는 세계 과학계의 주목을 끌고 있다. 임 교수는 학창 시절부터 여느 수재들이 쫓아가기 어려운 기록을 세웠다. 1970년 경기고 3학년 때 예비고사 전국 최고득점을 기록했고 서울대 입시 전체 수석을 차지했다. 1980년 미국 버클리 캘리포니아대에서 물리학 박사 학위를 받은 뒤 매사추세츠공대(MIT)와 벨연구소에서 연구원을 지냈다. 2006년에는 '국가 석학'으로 선정됐다.

동아일보와 IT전략연구원(원장 이각범)이 공동 개설한 '퓨처코드 CEO포럼'에서 임 교수는 촛불시위와 관련한 가족 이야기를 소개했다. 그는 대학생 자녀들이 촛불시위에 참가하고 오전 3시경 귀가한 것을 알고 깜짝 놀랐다. KAIST 대학원에 다니는 딸은 촛불시위에 참가하기 위해 일부러 대전에서 올라왔다. 임 교수는 한국산 닭고기와 미국산 쇠고기를 먹더라도 건강상 문제가 없다는 것을 아무리 강조해도 아내와 자녀를 안심시킬 수 없어 과학자로서 무력감을 느꼈다고 토로했다. 그는 "미국산 쇠고기에 관한 논의가 과학적이고 이성적이지 못한 데 놀랐다"며 "과학자로서 책임감을 느낀다"고 말했다.

"미국산 쇠고기 사태에는 정치와 반미 감정이 뒤섞여 과학만 분리해 말하기는 어렵지만 핵심은 식품의 안전성이라고 생각합니다. 그런데 굴욕 협상 같은 면만 부각되고 식품의 안전성에 대한 논의는 상대적으로 소홀합니다. 진실을 말할 수 없는 사회 분위기가 걱정스럽습니다."

자녀 설득 못한 과학자의 탄식

임 교수는 수의학 전공은 아니지만 과학 연구자의 시각에서 미국산 쇠고기 관련 자료를 살펴보고 "이만하면 안전하다"는 생각을 하게 됐다고 말했다. "수학에서는 하나만 예외가 존재해도 공식으로 성립되지 않지만 과학의 세계에서 절대적인 것은 없습니다. 식품의 안전도 상대적인 개념입니다. 우리가 일상적으로 먹은 음식도 '절대로 안전하다'고 말할 수는 없습니다."

이 칼럼이 나가면 임 교수가 '촛불시위 세력'으로부터 괴로움을 당할 수도 있어 필자가 전화로 의견을 다시 물었는데도 그는 주저 없이 소신을 말했다. 생물학연구정보센터(BRIC)의 젊은 과학자들이 황우석 박사 논문의 사진 조작을 밝혀냈듯이 지금은 전문가들이 용기 있게 발언할 때라고 생각한다. 과학이나 가축의 질병, 그리고 인간의 건강에 관한 진실은 다수결이나 여론 조사 또는 시위로 결정할 수 있는 것이 아니다.

정부가 촛불시위의 위세에 밀려 미국과의 협의를 통해 30개월 이상 쇠고기를 수입하지 않기로 했다. 미국에서 광우병위험물질(SRM)을 제거한 30개월 이상 쇠고기는 보통 햄버거에 들어간다. 촛불시위가 미국인들이 일상적으로 먹는 '햄버거 쇠고기'를 막는 데 성공한 것이라면 촛불을 켜들었던 사람들도 허망할 것이다. 요즘 촛불에서는 쇠고기가 떨어져 나가고 정치 운동만 남은 것 같기는 하지만….

필자는 사회학을 전공하는 A 교수와 논쟁을 벌인 적이 있다. 그는 <동아일보>, <조선일보>, <중앙일보>가 미국산 쇠고기의 광우병 전달 위험성을 사실대로 보도하지 않고 있다고 주장했다. 그는 자녀를 촛불시위 현장에 데리고 나간 경험을 말했다. 자녀를 동반한 부모의 상당수는 1987년 6월 민주항쟁의 거리에서 페퍼포그를 맡고 눈물 흘렸던 386세대라고 그는 자랑스럽게 전했다. 3대 신문이 신문 시장에서는 독자의 70%를 점유하고 있지만 인터넷 공간에서는 수많은 매체의 일부일 뿐이라며 적개심을 드러냈다.

시류 좇지 말고 과학적 진실 말해야

어린 자녀와 함께 촛불시위에 참여했던 386세대 교수는 쇠고기의 안전에 관해 과학이 아니라 정치와 언론 현상을 말하고 있었다. 그런데 촛불시위에 참가하고 귀가한 자녀와 대화를 나눈 과학자는 '과학적, 이성적 논의의 부재'를 걱정했다. 두 교수의 대조적 태도에서 학문의 경계선 같은 것이 느껴졌다. 우리 학문의 풍토에서 인문・사회과학은 수학・과학에 소홀하고, 수학・과학은 정치・사회 현상에 대한 고려가 부족하다.

지구 온난화, 대체 에너지, 배아줄기세포, 인간 DNA의 개량, 유전자변형(GM) 식품의 안전성 같은 국가적, 세계적 과제에 관한 결정을 과학자들에게 전적으로 맡겨 둘 수는 없다. 과학자들의 주창으로 시작된 식물 연료는 곡물 파동 같은 부작용만 일으키고 실패로 결말이 나고 있다. 그러나 과학과 이성에 입각한 논의가 실종된 사회는 국가적 어젠다에서 합리적 의사 결정을 해나가기 어렵다. 인터넷 포퓰리즘이 활개치는 세태에서 시류를 좇기는 쉽지만 과학적 진실을 말하는 데는 용기가 필요하다.

2008. 06. 21

▶ ▶ ▶ ▶ ▶

촛불시위 속의 내전

비가 간간이 내렸던 4일과 현충일인 6일 촛불시위 현장에 참여해 관찰을 했다. 인터넷 매체들은 촛불 집회를 실시간으로 중계하고 있었지만 촛불에 파묻혀 쓰는 기사만으로는 정확한 실체를 파악하기 어려웠다. 진보를 표방하는 신문들은 쇠고기 촛불시위를 21년 전 전두환 독재 정권 때 벌어진 6월 민주항쟁에 비유했다.

4일은 평일인데다 낮에 비가 와서 참석자는 2000명(경찰 추산) 정도였다. 우천雨天을 무릅쓰고 나온 열성파 '꾼'들이 많아 보였다. 그러나 6일은 휴일인 데다 비가 오지 않아 양상이 확연히 달라졌다. 엄마 손을 잡고 나온 초등학생도 있었고 어린 딸을 무동 태운 아빠의 모습도 보였다. 중고교생들도 많았다. 촛불을 들고 데이트를 즐기는 젊은 연인들도 있었다.

5일 서울시청 앞 서울광장에 7700여 개 위패를 설치했던 대한민국 특수임무동지회는 6일 위령제를 마치고 철수했다. 과잉 진압 시비에 시달리던 경찰은 광화문에서 숭례문까지 왕복 10차로를 완전히 촛불시위대에 내주었다. 고성능 스피커의 정치적인 구호만 없었더라면 가족 나들이를 나온 시민이 평화롭게 '차 없는 거리'를 즐기는 풍경이었다. 인터넷 매체는 참석자를 20만 명이라고 보도했으나 경찰은 5만 6000명으로 집계했다.

순수와 '꾼'이 뒤섞인 시위 현장

6일 집회가 시민의 동조 현상을 관찰할 수 있는 시위였다면 4일 집회에서는 주도 세력의 면면을 확인할 수 있었다. 시청 앞 '비상시국농성장' 텐트 안에는 오종렬 한국진보연대 공동 대표와 한상열(통일연대 상임의장) 목사가 눈에 띄었다. 그들 외에도 평택미군기지 이전 저지나 효순, 미선 양 추모 같은 친북반미집회에 단골로 나오는 얼굴들이 자리를 잡았다.

청계광장에서 무대로 사용되는 트럭은 민주노총 소유였고, 시청 앞 서울광장 트럭에는 화물연대 표지판이 붙어 있었다. 노점상은 촛불을 2000원에 팔고 있었는데 시위 현장에서는 무료로 나누어 주었다. 주황색 조끼를 입은 사람들이 필자에게도 촛불을 주었다. 주최 측은 참가자들에게 빵과 요구르트, 생수를 제공했다.

서울광장에는 철도노동조합, 민주노총공공노조, 민주노동당, 진보신당 깃발이 나부꼈다. 전국공무원노조 서울지역본부는 서울시의 무능공무원 퇴출 제도를 비난하는 대자보를 붙여 놓고 있었다. 전교조 서울지부는 영어 몰입 교육과 자사고 확대 그리고 광우병 쇠고기를 비난하는 손가락 모양의 부채와 팸플릿을 돌렸다. 한국대학총학생회연합(한총련) 산하의 서총련 깃발이 펄럭였다.

시위 현장의 무대 주변에는 KBS, MBC, YTN 중계차량이 몰려 있었다. 오마이뉴스 중계차와 진보신당 인터넷 방송 칼라 TV의 차량도 보였다. 주류 신문의 취재 차량은 찾아볼 수 없었다. 사회자가 동아, 조선, 중앙, 문화를 '미국으로 보내자'고 외치는 판에 현장에 접근하기 어려울 것이다.

전국언론노동조합의 <미디어 오늘> 651호가 시위 현장에서 무가지로 배포됐다. '촛불, 반反조중동 운동으로 번져'가 1면 톱기사 표제로 달려 있었다. 16면 거의 전부가 '아날로그 권력,' '올드 미디어' 운운하며 세 신문을 공격하는 내용으로 가득 찼다. 좌파 매체의 주류 신문 공격 기사를 읽다 보면 총성 없는 내전內戰이 벌어지고 있다는 느낌이 들었다.

주류 신문에 대한 공격 도 넘어

촛불시위가 30개월 이상 쇠고기에 대한 미국의 양보를 받아 내는 데 기여한 것도 사실이다. 그러나 시위가 한 달째로 접어들어서도 끝이 보이지 않자 일각에서는 피로감이 나타나고 있다. 시위 행렬에 갇혀 옴짝달싹 못하는 차량들은 짜증스럽게 경적을 울렸다. 광화문 일대의 식당들은 손님이 끊겨 3일 연휴 주말에 종업원을 휴가 보내고 문을 닫은 곳도 있다. 이명박 정부 출범 이후 침묵하던 보수 단체들까지 나설 예정이어서 이념 대결로 치닫는 양상이다.

촛불시위 주최 측은 6월 10일에 열릴 '100만 촛불 대행진' 홍보에 총력을 기울였다. 6·29선언처럼 이명박 정권의 항복을 받아 내자는 것일까.

자는 21년 전 덕수궁 앞에서 6월 민주항쟁의 현장을 지켜봤다. 6월 10일 정오 인근 빌딩에서 넥타이를 맨 회사원들이 몰려나와 민주화를 요구하는 함성을 질렀다. 거리를 지나는 차량들은 일제히 경적을 울렸다. 진보 매체들이 촛불시위를 6월 민주항쟁에 비유하는 것은 '과장이 심한 작문作文'이다. 촛불시위에 나온 젊은이들은 그해 6월을 체험하지 못한 젊은 세대가 대부분이다.

무능하고 안이한 '강부자,' '고소영' 정부에 대한 민심 이반은 재·보궐 선거에서 여실히 드러났다. 그러나 촛불시위가 한 달을 넘겨 무기한 지속되는 현상에 대해서도 걱정하는 시민이 늘어나고 있다.

2008. 06. 19

▶ ▶ ▶ ▶ ▶

청와대 '교수 비서실'

이명박 대통령이 취임 석 달 만에 고개를 숙여 대국민 사과를 하는 사태까지 벌어졌다. 미국산 쇠고기 파동은 일부 언론과 반미 세력의 '과학 테러*scientific terrorism*'가 여론을 악화시켰다지만 정부도 미국산 쇠고기 협상의 합의 시기와 민감성에 대해 충분한 고려가 부족했다. 비단 쇠고기뿐 아니라 청와대가 타이밍을 못 맞추거나 민심의 변화를 예측하지 못해 낭패를 겪는 경우가 잦고, 이것이 대통령의 인기 하락으로 이어지는 측면이 있다.

대통령이라는 자리는 얼리 버드*early bird*의 부지런함만으로는 충분한 것 같지 않다. 대통령 혼자서만 뛰는 인상을 주는 것도 능사는 아니다. 청와대 비서실의 정무 기능이 뒤떨어져 민심과의 소통은 물론이고 국회나 여당과의 관계도 원활하지 않아 보인다.

문민정부 이후 초대 청와대 비서실장은 모두 정치인 출신이었다. 김영삼 정부(박관용), 김대중 정부(김중권), 노무현 정부(문희상)가 다 그랬다.

새로 들어선 정권이 빨리 자리를 잡자면 관록 있는 정치인이 필요했기 때문이었을 것이다. 전두환 대통령 때 초대 비서실장은 고려대 교수 출신인 김경원 씨였지만 '전통全統'에 감히 이의를 제기하는 세력이 없던 시절이어서 비서실의 정무적 기능은 그다지 중요하지 않았다. 정치인 출신이라야만 민심과 소통을 잘한다는 의미가 아니다. 너무 단색單色으로 채워진 지금의 청와대 비서실이 다양한 민심과 진정한 소통을 하는 데 장애가 될 수 있다는 말이다.

보수 10년 공백 채운 무경험 교수진

청와대 대통령실장과 수석비서관 가운데 3분의 2가 교수 출신으로 채워진 것은 이명박 정부가 처음이다. '교수 비서실'이라고 불러도 될 만큼 교수 출신이 많다. 류우익 대통령실장을 필두로 수석비서관 8명 가운데 김병국 외교안보수석, 곽승준 국정기획수석, 이주호 교육문화수석, 박재완 정무수석과 중도 하차한 박미석 사회정책수석이 교수 출신이다. 이주호 박재완 수석은 17대 국회의원이지만 치열한 지역구 선거를 치르지 않은 비례 대표다. 교수 출신이 많아진 것은 김대중, 노무현 정부에서 소외됐던 주류 교수들이 대거 한나라당 캠프에 가담했고, 보수 10년 공백기에 공직 경험을 쌓은 사람이 부족한 데도 원인이 있을 것이다.

미국에서도 교수 출신이 국정의 주요 자리를 맡는 경우가 있지만 한국처럼 처음부터 장관이나 수석비서관 같은 고위직에 발탁되는 경우는 드물다. 국장 또는 차관보급에 기용된 후 민관民官을 돌며 능력을 인정받아야만 장관급으로 임명된다. 담당 영역과 교수 시절 전공 분야가 비슷한 콘돌리자 라이스 국무장관과 김병국 외교안보수석을 비교해 보는 것도 한미의 교수 출신 기용 방식을 이해하는 데 도움이 될 수 있을 것이다.

라이스 장관은 스탠퍼드대 조교수로 있던 1986년 합동참모본부 자문관으로 행정부와 인연을 맺었다. 이어 1989년부터 2년간 '아버지 부시' 행정부에서 국가안보회의(NSC)의 소련 및 동유럽권 담당 보좌관(국장급)으로 활동했다. 아버지 부시가 소련의 미하일 고르바초프에게 "내가 소련에 관해 아는 것은 모두 라이스가 가르쳐 주었다"고 소개할 정도였다. 라이스 교수는 1991년 대학으로 복귀한 뒤에도 공공 부문과 기업에서 소련과 동유럽권 국가들에 대한 컨설팅을 계속했다. 2000년 학교를 1년 휴직하고 '아들 부시'의 대선 캠프에서 외교 정책 고문으로 활동한 뒤 국가안보보좌관을 거쳐 2005년 국무장관으로 기용됐다.

단색單色 비서실의 소통 한계

김병국 외교안보수석은 대미 관계를 비롯한 외교, 국운이 걸린 남북 관계와 국가 안보 분야에서 대통령을 보좌한다. 그러나 김 수석의 전공과 경력에 비추어 이 대통령이 세계 지도자들 앞에서 "외교 안보에 관해 내가 아는 모든 것은 김 수석이 가르쳐 줬다"고 할 수 있는 자신이 생길지 모르겠다.

김 수석은 미국에서 필립스 아카데미 앤도버 고교를 졸업하고 학사 석사 박사를 모두 하버드대에서 했다. 전공은 멕시코 정치학이었다.

박사 학위 논문 주제는 '한국과 멕시코의 사회 경제 변화 과정에서 국가의 역할'에 대한 비교 연구. 김 수석의 인선 과정도 '아버지 부시' 때부터 키우며 관찰한 라이스 장관과는 달리 갑작스러운 발탁이었다.

대통령을 보좌하고 국정의 중심을 잡는 청와대 비서실에는 경험 많은 일류들이 포진해야 국정이 원활하게 돌아갈 수 있음은 새삼 강조할 필요가 없다. 노무현 전 대통령은 386 참모들의 보고를 스펀지처럼 받아들였다는 평을 들었다. 지금은 경륜에서 밀리는 청와대 참모들이 이 대통령의 말과 사고를 스펀지처럼 받아들이고 있다는 말이 나온다.

2008. 5. 23

part 5

'캐치 미 이프 유 캔'

김[경준] 씨도 조작과 위조에서는 애버그네일 못지않다. 주가 조작 47건, 문서 위조 26건, 위조 문서 행사 22건을 저질렀다. 위조 여권으로 유령 회사를 만들어 가족과 가공 인물 계좌를 통해 384억 원을 횡령했다. 검찰청사 포토라인을 지나며 씩 웃는 모습은 디캐프리오의 연기 같았다.

▶ ▶ ▶ ▶ ▶

뉴 타운, 올드 타운

N서울타워로 올라가는 남산 남측 순환로에 서면 한강 건너로 강남 3구를 가득 메운 아파트와 고층 빌딩의 숲이 한눈에 내려다보인다. 고속 경제 성장을 보여 주는 풍경에 뿌듯한 생각이 들면서도 도시 외관이 너무 단조롭고 답답하단 느낌을 떨쳐 버릴 수 없다. 바다가 없는 홍콩의 전경과 비슷하다.

강북에는 불량 주택 지구도 많고 강남에 비해 집값은 낮지만 주택이 다양한 형태로 발전하고 있다. 한강변 한남동, 북한산 자락의 평창동, 구기동, 성북동에는 정원을 아름답게 가꾼 고급 주택이 모여 있다. 삼청 공원을 지나 성북동 길을 달리다 보면 미국 캘리포니아 주 페블비치 골프장 인근의 세븐틴 마일스 주택가나 로스앤젤레스 베벌리힐스를 지나는 느낌이 든다. 꽃피는 봄철에 평창동 주택가는 배경의 북한산과 어우러져 그림 같은 경치를 만들어 낸다. 부자들이 돈을 들여 집과 정원을 잘 가꾸어 놓으면 아름다운 경관을 감상하는 외부 효과*externality*를 이웃에 제공한다.

서울 강북은 문화 유산

서울 강북은 현대와 전통, 자연과 인공, 산과 강이 잘 어우러진 도시다. 경복궁, 창덕궁, 덕수궁, 종묘처럼 유서 깊은 고궁과 유적에서 고도古都의 정취를 느낄 수 있다. 종로구 가회동, 삼청동 일대 한옥 지구는 서양 대도시에서 찾아보기 어려운 전통 주거 단지다. 최근 삼청동 일대는 한옥을 개량한 화랑 전통 가게 음식점이 들어서 독특한 풍취를 만들어 가고 있다. 서울에는 100여 개의 한옥 밀집 지구가 남아 있다. 한옥 주거지는 궁궐 같은 문화재와 더불어 역사 문화 유산으로서 소중한 가치를 지닌다.

강북에는 건국대, 경희대, 고려대, 성균관대, 연세대, 이화여대 같은 경관이 뛰어난 캠퍼스가 자리 잡고 있다. 연극 공연장이 즐비한 대학로도 강북의 명소다. 복원된 청계천은 외국인 관광객들도 즐겨 찾는 서울의 명물이 됐다. 남산 일대의 중구와 용산구도 지속 가능한 개발을 해나가면 용산 미군 기지 자리에 생길 공원을 둘러싸고 '또 하나의 그림'이 될 것이다.

총선 때 서울 강북에 뉴 타운 바람이 거세게 불었다. 강북에서 통합민주당 후보들이 오차 범위를 넘어 약간 앞서 나가던 지역은 뉴 타운 바람에 모두 역전됐다는 말이 들린다. 강남 집값이 뛸 때마다 상대적 박탈감으로 가슴이 쓰렸던 강북 거주자들에게는 '안정론' 또는 '견제론'보다 뉴 타운이 훨씬 잘 먹혔다.

이명박 서울시장 때 은평, 길음, 왕십리 세 곳을 시범 사업지로 정해 뉴 타운 개발을 시작한 것은 불량 주택 개량과 강남북 격차의 해소라는 의미가 있었다. 서울시는 2002년부터 1, 2, 3차로 나누어 26곳에서 뉴 타운 사업을 진행하고 있다. 이번 총선에서는 강남 3구를 제외한 서울의 거의 전 지역구에서 뉴 타운 사업이 공약으로 제시됐다. 이 공약이 모두 실천되면 강북의 80%가 아파트로 채워질 판이다.

오세훈 서울시장은 부동산 시장이 안정되고 1～3차 뉴 타운 사업이 상당히 진척된 뒤에라야 추가 뉴 타운을 지정하겠다고 발표했다. 그러나 민주당은 오 시장이 선거 기간에 침묵을 지킴으로써 결과적으로 뉴 타운 공약을 내건 한나라당 후보들을 도왔다며 검찰에 고발하겠다고 벼른다. 그러나 유인태 의원의 고백처럼 민주당 후보 23명도 막판에 뉴 타운 공약을 들고 나왔다.

서울시는 여야 사이에 끼여 샌드위치 신세다. 한나라당 18대 당선자 워크숍에서 서울 지역 당선자들이 별도로 만나 서울시장 성토대회를 열었다. 홍준표 의원은 오 시장이 끝내 버티면 18대 국회에서 법을 개정해 뉴 타운 선정 권한을 서울시에서 빼앗아 올 수 있다"고 터무니없는 압박을 했다.

올드 타운의 진가도 살려야

뉴 타운은 2010년 서울시장 선거에서도 가장 뜨거운 이슈가 될 공산이 크다. 뉴 타운 지정설說만 나와도 해당 지역은 물론이고 인근 지역까지 부동산 값이 뛰는 판이라 '뉴 타운 로또'라는 말이 나온다.

이에 영향을 받는 강북 지역 거주자들의 심정을 이해할 만하다.

여야 정치권의 공세와 주민의 압박 사이에서 버티기가 여간 힘들지 않게 됐지만 서울시가 뉴 타운 열풍에 휘말려 중심을 잃으면 안 된다. 세계 곳곳을 돌아봐도 북한산과 한강에 둘러싸여 600년 정도定都의 역사가 살아 숨 쉬는 서울 같은 도시를 찾아보기 쉽지 않다. 주거 환경이라는 측면에서도 한옥 밀집 지역을 비롯한 강북 올드 타운을 회색 아파트 군群으로 바꾸어 놓을 일은 아니다. 보존과 개발을 조화롭게 진행해 '인류 문화 유산' 서울을 후대에 전해 줘야 한다는 생각이다.

2008. 4. 25

▶▶▶▶▶

한반도 대운하와 KTX

한강과 낙동강을 잇는 대운하를 건설하려면 복잡한 행정 절차를 하나로 묶는 특별법이 필수적이다. 한나라당은 총선 공약에서 대운하를 빼고 과반 의석을 달성했지만 당 안팎에서 '친박親朴'이 60석 가까이 당선된 데다 '대운하 전도사'를 자처하던 이재오 의원의 낙선으로 추진력이 떨어질 수밖에 없게 됐다. 대통령 후보 경선 때 대운하에 반대했던 박근혜 전 대표는 아직 그 견해를 바꾸지 않았다. 통합민주당, 자유선진당, 민주노동당은 대운하 반대 의사를 분명히 하고 있다.

경제 개발 연대에 대형 국책 사업에 반대했다가 먼 훗날 웃음거리가 된 경우가 많아 대운하 반대도 조심스러운 것이 사실이다. 1960년대에 경부고속도로를 건설할 때는 야당과 언론이 기를 쓰고 반대했다. 40년 전 포항 영일만에 포항제철을 건설할 때도 야당과 언론은 "또 하나의 부실 기업이 탄생하는가"라고 개탄했다. '멀쩡한 김포공항을 놓아두고 인천공항을 왜 만드느냐'는 불평과 함께 '개항을 연기하라'

는 말까지 나왔지만 인천공항은 종합 평가 세계 1위의 공항으로 우뚝 섰다.

대운하 어려워진 의석 구도

노태우 전 대통령은 국가기반시설(SOC)에 관한 한 많은 업적을 남겼다(군사 반란과 천문학적인 뇌물수수만 떠올리느라 이 점을 기억하는 사람이 별로 없다). 경부고속철도와 인천공항, 고속도로망 확충이 노 전 대통령 때 첫 삽을 뜬 것이다. 경기 성남시 분당 신도시와 고양시 일산 신도시에 200만 채를 일거에 지어 주택 가격을 상당 기간 안정시키는 데도 기여했다. 둑을 막는 데만 16년이 걸려 지평선이 보이지 않는 광활한 토지를 조성한 새만금도 그때 시작했다.

경부고속철도 서울~대구 구간 개통 4주년을 맞아 수송 분담률을 조사한 결과 고속철도(KTX)가 62.5%로 압도적이었다. 비행기가 18.5%였고 상습 체증으로 몸살을 앓는 고속도로는 승용차 7.6%, 버스 6.2%였다. 2010년 대구~부산 구간이 완공되고 나면 KTX의 분담률은 훨씬 높아질 것이다. 고속철도가 여객 수송을 거의 전담하게 되면 일반 철도는 화물 전용으로 바뀌어 물류物流를 개선한다.

고속도로 교통이 발달한 미국에서도 철도 르네상스 시대가 열리고 있다. 제2차 세계 대전 후 자동차 산업과 고속도로가 발전하면서 철도는 내리막길로 들어섰다. 그러나 유가 상승이 철도 산업의 부흥을 불렀다. 여기에 트럭 운전사 부족과 고속도로 정체도 거들었다. 2000년 이후 철도 노선을 확장하고 부대 공사를 하는 데 100억 달러를 투자했고 앞으로 120억 달러를 더 투자할 예정이다.

미국에서는 환경주의자들도 철도의 부흥을 환영한다. 전력을 사용하는 고속철도는 고유가와 지구 온난화 시대에 경제성이 높은 환경 친화적 교통 수단이다. 우리나라 환경주의자들은 헛발질에 열심이다. 지율스님은 꼬리치레도롱뇽 살리기 단식 투쟁을 벌여 두 번씩 경부고속철 공사를 중단시켰다.

3면이 바다인 반도 국가에서 국토를 종단하는 대운하의 경제성에 대해서는 회의적인 시각이 널리 존재한다. 30분~1시간씩 걸려 통과하는 갑문과 터널이 10여 개나 있는 운하가 물류와 관광에 얼마나 기여할 수 있을지 충분한 검토가 있어야 할 것이다. 한강, 낙동강, 금강을 수로水路로 이어 수자원의 활용도를 높이는 것은 의미가 있겠지만, 그것은 운하와 개념부터 달라져야 한다.

고유가 시대 대안 고속철도

대규모 국책 사업은 공사 기간이 10~20년을 넘기는 경우가 많아 국민의 포괄적 동의와 여야의 고른 지지 없이 5년 단임 대통령의 의지만으로는 성공을 기약하기 어렵다. 그리고 전임자가 시작한 사업을 이어받아 마무리를 잘 짓는 것도 훌륭한 업적이다. 물류와 관광을 위한 토목 공사라면 경부고속철도 대구~부산 구간의 완공을 앞당기고 나아가 호남고속철도(오송~목포)와 동서고속철도(서울~강릉)를 건설하는 것이 나은 대안代案이 될 수 있다. 철도 르네상스라는 세계적 추세에도 맞다.

국토 개발과 토목 공사에 관한 한 현대건설 최고 경영자(CEO)를 지낸 이명박 대통령만큼 통달한 사람도 드물 것이다. 이 대통령은 원로들과의 모임에서 "대운하는 청계천처럼 밀어 붙이지 않겠다"고 말한 바 있다. 노무현 대통령은 대선 공약이던 수도 이전을 무리하게 추진해 이제 와서 그만두기도 어렵게 됐다. 수도 분할로 인한 비능률과 낭비가 두고두고 대한민국의 경쟁력을 갉아먹을 수 있다. 널리 의견을 들어 대운하가 국가적 낭비와 대통령의 실패를 부르는 일은 막아야 한다.

2008. 4. 11

▶▶▶▶▶

관광 상품이 된 노무현

남쪽 바닷가에서는 동백꽃이 절정이었다. 지리산 자락 산수유 마을과 섬진강변 매화마을에는 관광버스가 줄을 이었다. 매화가 지면 벚꽃이 핀다. 화개장터에서 하동 쌍계사로 가는 십리 길은 벚꽃이 무더기 무더기로 봉오리를 터뜨릴 준비를 하고 있었다.

노무현 전 대통령이 귀향歸鄕한 경남 김해시 진영읍 봉하마을도 상춘賞春 관광객들이 들르는 명소가 됐다. 주차장에는 관광버스 6대가 서 있었다. '노사모'와 개성고(구 부산상고) 동문회가 내건 플래카드가 눈에 많이 띄었다.

낮 12시경 노 전 대통령이 넥타이를 매지 않은 콤비 차림으로 강금원 창신섬유 회장과 함께 나타나자 200여 명의 관광객 사이에서 환호가 터졌다. 노 전 대통령은 "점심때가 되었는데 식사는 물론이고 차 대접도 못해서 미안합니다"라고 인사말을 꺼냈다. 그는 "오전 9시에 회의를 하는데 사람들이 '대통령 나오라'고 소리를 질렀지만 눈 딱 감고

안 나왔습니다. 현직이든, 전직이든 대통령의 사생활은 방어돼야 하는데, 마을까지 찾아오셔서 때론 힘들고 부담스럽습니다"고 말했다.

노 전 대통령이 관광객들과 10분가량 대화를 나누고 들어가자 비서관이 "오늘 여러분이 대통령과 만나는 장면은 '사람 사는 세상' 홈페이지에서 다운로드할 수 있다"고 안내했다(필자도 사진을 확인했다). 김해시에서 봉하마을에 세운 관광 센터의 여직원은 "방문객이 평일에는 3000명, 주말에는 1만 명가량"이라고 말했다. 노 전 대통령 생가에서는 기념 수건과 휴대전화 고리를 팔았다.

5년 임기 복기復棋하며 "인사 잘못"

봉하마을에서 출생한 노 전 대통령은 동네 처녀와 결혼해 큰아들(건호)을 이곳에서 낳았다. 최진 씨는 저서 ≪대통령 리더십 총론≫(법문사)에서 "노 전 대통령 자서전이나 전기물에는 '가난 때문에 너무 고통스러웠다,' '반항 심리를 가졌다'는 대목이 가장 빈번하게 등장한다"고 지적한다. 생가 앞에 서 있는 안내문에도 "6세 때 천자문을 외우고 써 별명이 '노천재'였다. 가난해 장학금을 받기 위해 부산상고에 진학했다"고 쓰여 있다.

모친은 나중에 대통령이 되는 아들을 수태하고 "할아버지가 준 백마를 타고 달리는데 말발굽 소리가 우렁찼다"는 내용의 태몽을 꾸었다(안내문). 노 전 대통령의 어머니는 40여 호 동네에서 "가난과 친척들의 박대, 동네 유력자들의 횡포에 시달리면서 한이 맺힌 여인"(노무현 자전적 에세이)이었다. 노 전 대통령은 어머니의 영향을 많이 받았다고 한다.

그의 귀향은 어쩌면 어린 시절에 대한 보상 심리에서 나온 금의환향錦衣還鄕이라는 해석도 가능할 것 같다.

귀향한 전직 대통령은 '스토리가 있는 관광 상품'이 돼 있었다. 현직 시절 '유별난' 언행을 보였던 대통령이 전직 대통령의 문화를 어떻게 만들어 갈지도 주목거리다.

노 전 대통령이 봉하마을에 내려와 5년 임기를 복기復棋하는 대화를 나누는 자리에서 "청와대 인사가 잘못됐었다"는 만각晩覺을 했다고 측근은 전했다. 그는 "언론(대언론 관계)과 정무政務에서 실패했다. 불필요한 긴장감을 유발한 측면이 있다. 주변에서 잘못된 정보를 제공했고, 그 정보를 근거로 잘못된 판단을 내렸다"고 말했다는 것이다. 전직 대통령의 회한을 전해 준 측근은 "구체적으로 이름을 거론할 수는 없고, 시일이 흐른 뒤에 체계적으로 접근해야 할 사안"이라고 말했다.

따지고 보면 386 강경파 비서들을 기용한 것도 결국 대통령이고, 그들의 말에 무게를 실어 정책에 반영한 것도 대통령이다. 퇴임 4개월여를 앞두고 대못질했던 기자실이 새 정부 들어 부활하는 것을 지켜보면서 어떤 생각을 하는지도 궁금했다.

친절한 봉하 분들 조심하는 빛도

봉하마을 사람들은 친절했으나 말을 조심하는 빛이 역력했다. '노무현 타운'에 대한 비판적 보도가 이어지면서 생긴 현상 같았다. 질문이 구체적으로 들어가면 입을 닫았다. 인구 3만 명의 진영읍에 들어선다는 255억 원짜리 문화 센터와 봉하마을 뒤 '봉화산 웰빙 숲' 조성에 국가 예산이 지원되는 것에 대한 비판이 끊이지 않았다. 그러나 진영읍 사람들은 노 전 대통령의 귀향 선물 덕에 문화 생활을 누리고 웰빙 숲에서 산책도 즐길 수 있을 것이다.

사슴 20마리와 공작, 거위, 오리, 토종닭이 노니는 노건평(노 전 대통령의 형) 씨의 작은 농장을 구경하고 봉하마을에서 2000원짜리 국수로 점심을 때웠다. "아직 준비가 덜 돼 사 먹는 것도 변변찮을 겁니다"라는 노 전 대통령의 말과 달리 가격에 비해서는 먹을 만했다.

2008. 3. 28

▶ ▶ ▶ ▶ ▶

정권 실세 인증 명박名博

옥스퍼드대는 영국 지도자의 산실産室이다. 영국에서 1721년 현대적 의미의 총리 제도가 생긴 이래 현 고든 브라운까지 52명의 총리 가운데 25명이 옥스퍼드 출신이다.* 이 대학을 졸업한 외국 대통령과 총리도 20여 명이나 된다. 미국 빌 클린턴 전 대통령, 얼마 전 폭탄 테러로 숨진 파키스탄의 베나지르 부토 전 총리, 인도의 인디라 간디 전 총리, 노벨 평화상 수상자인 미얀마의 아웅산 수치 여사가 이 대학 졸업생이다.

12세기에 설립된 옥스퍼드는 1470년 세계에서 처음으로 명예 학위를 수여했다. 옥스퍼드는 이 대학 출신 영국 총리에게 명예박사를 주는 전통을 갖고 있다.

마거릿 대처 전 총리는 모교에서 명예박사 학위 수여를 거부당한 최초의 총리라는 불명예를 안았다. 1985년 대학 재정 지원액을 삭감했다는 이유였다. 대처는 옥스퍼드에서 화학을 전공하고 과학장관을 거쳐

총리가 됐다. 옥스퍼드는 총리를 너무 많이 배출해 배가 불렀던 모양이다. 교직원 투표 결과 738 대 319로 반대가 압도적이었다. 대처 총리는 대변인을 통해 "그들이 그렇게 결정했다면 명예 학위를 받고 싶은 생각이 없다"고 짤막한 논평을 내놓았지만 모교의 결정에 당혹스러워한 것으로 전해졌다.

옥스퍼드는 보수당 총리에게 불명예를 준 처사의 정치적 균형을 잡으려는 듯 2000년 노동당 출신 토니 블레어 총리에 대해서도 명예학위를 주지 않기로 결정했다. 그가 모교 입학 제도의 엘리트주의를 비판한 것에 교직원들이 화가 나 있었다. 블레어 총리는 "명예박사를 받는 것보다는 다양한 배경을 가진 젊은이들이 옥스퍼드에 들어가는 데 더 관심이 있다"는 논평을 발표했다.

'학문의 노동' 없는 명예박사

미국의 명문인 매사추세츠공대(MIT), 코넬, 스탠퍼드 같은 대학은 명예박사 학위를 주지 않는 전통을 지키고 있다. MIT 설립자인 윌리엄 바턴 로저스는 명예 학위 수여를 '학문의 적선'이라고 깎아 내리며 "대학은 겉치레의 공훈과 떠들썩한 유행의 수요需要에 대해서는 문을 열어 주지 말아야 한다"고 말했다. MIT는 캠퍼스 안에서 세 가지를 두지 않는 것으로 유명하다. 첫째 일류 운동 선수, 둘째 의학대학원, 셋째 명예 학위다. 명예 학위 수여자를 까다롭게 검증하는 옥스퍼드의 전통도 아름답지만, 아예 '학문의 노동이 따르지 않은 학위'를 주지 않는 MIT는 더 멋지다.

한국의 명예박사는 문민정부 이후 정권 교체로 새로 등장한 권력 실세의 인증서처럼 돼버렸다. 이명박(MB) 대통령의 측근인 이재오 의원이 모교인 중앙대에서 2월 15일 정치학 명예박사 학위를 받았다. 중앙대가 '민주화에 기여한 3선 의원으로 모교의 영예를 드높였다'고 한 공적 사항에 이의를 제기하고 싶은 생각은 없다. 다만 이 의원과 MB의 관계를 생각해 보건대 대통령 취임식을 열흘 앞두고 이 의원에게 명예박사 학위를 준 것은 정치적 시류에 민감하다는 세평을 피하기 어렵다.

김영삼 대통령 정부 때 '2인자'로 통하던 최형우 씨가 1995년 1월 모교인 동국대에서 명예박사 학위를 받은 것을 비롯해 상도동계의 명박名博 대열이 길어졌다. 김대중 대통령 때는 권노갑, 김홍일 의원 등이 명박을 받았다. 전북 원광대가 치열한 경쟁을 뚫고 로스쿨을 인가받자 작년에 노무현 대통령이 이 대학에서 명박을 받은 사실이 새삼 쑥덕공론의 대상이 됐다.

최형우, 권노갑, 노무현, 이재오

2월 23일자 본보 A6면 위크엔드 포커스 기사에 따르면 한국 대학들이 재정에 도움을 주거나 졸업생의 취업률을 높일 수 있는 기업인에게 경영학 명예박사를 수여하는 사례가 늘어나고 있다. 심지어 발전기금 10억 원과 맞바꾸다시피 하는 명박 세일도 있다.

대학이 국내외의 명사들에게 주는 학교 홍보용 명박도 흔하다. 넬슨 만델라 전 남아프리카공화국 대통령은 각국 대학에서 120여 개의 명예박사를 받은 세계 명박 기록 보유자다.

하버드대가 1996년 80대의 흑인 세탁부 오셀라 메가티 씨에게 명박을 수여한 사례는 우리 대학들에 생각할 여지를 준다. 메가티 할머니는 초등학교 6년만 마치고 70년 동안 세탁부로 일했다. 독신으로 살며 자동차를 사본 적이 없고 어디든 걸어 다녔다. 메가티 할머니는 평생 알뜰하게 저축한 돈 15만 달러를 서던 미시시피대에 가난한 흑인 학생들을 위한 장학금으로 기부했는데, 정작 하버드대가 명예박사로 모신 것이다.

2008. 3. 1

* 2010년 5월 총선 승리로 런던 다우닝가 10번지 총리 관저에 입성한 데이비드 캐머런 David W. D. Cameron(43) 역시 옥스퍼드 출신이다. 그는 영국 정치사상 100년 만에 나온 가장 젊은 총리이기도 하다.

▶ ▶ ▶ ▶ ▶

대통령 선서, '헌법' 앞에서 하자

"나 이승만은 국헌國憲을 준수하며 국민의 복리를 증진하며 국가를 보위하며 대통령의 직무를 성실히 수행할 것을 국민에게 엄숙히 선서한다."

대한민국 초대 대통령이 취임식(1948년 7월 24일)에서 읽은 선서문으로, 현행 헌법 제69조에 들어 있는 선서문과 큰 차이가 없다. '국헌'이 '헌법'으로 바뀌었고 대통령의 직무에 '조국의 평화 통일,' '국민의 자유 증진,' '민족 문화의 창달'이 추가된 정도다.

<동아일보>에 게재된 초대 대통령 취임식 기사에는 이 대통령이 오른손을 들고 '3000만 국민과 하느님'에게 대통령 취임 선서의 글을 읽고 서명했다고 돼 있다. 대한민국은 기독교 국가도 아닌데 '하느님'은 왜 들어갔을까. 이 대통령은 취임사에서도 "오늘 대통령 선서 하는 이 자리에 하느님과 동포 앞에서 나의 직책을 다하기로 한층 더 결심하며 맹서합니다"라고 말했다.

개신교 신자였던 이 대통령은 식민지에서 해방돼 대한민국 건국에 이르기까지 사람의 힘만으로 된 것이 아니라 하느님이 도왔다고 생각했다. 그는 제헌국회 임시의장으로 개회를 하면서도 이런 내용의 발언을 하며 감리교 목사인 이윤영 의원에게 기도를 부탁했다. 미국 대통령들이 선서문을 읽은 뒤 "하느님, 나를 도와주소서*So help me, God*"라고 덧붙이는 관행도 참고한 듯하다. 그 뒤로 선서 대상에서 '하느님'은 빠졌지만 오른손을 들고 '마이크'를 향해 선서하는 관행은 노무현 대통령 취임식까지 그대로 내려왔다.

헌법 수호하는 대통령 돼야

미국 대통령은 헌법 2조 1절 8항에 따라 "나는 미국 대통령의 직무를 성실히 수행하며, 나의 능력의 최선을 다하여 미국 헌법을 보전하고 보호하고 수호할 것을 엄숙히 선서(또는 확약)한다"고 선언한다. 미국 대통령의 선서는 우리처럼 대통령의 직무를 일일이 열거하지 않고 '헌법을 지키겠다'는 말로 집약하는 것이다.

미국은 조지 워싱턴 초대 대통령 이래로 성경에 손을 얹고 선서를 하는 것이 관례로 돼 있다. 미국은 정교 분리政教分離의 국가지만 초기 이민자의 개신교 문화가 사회 곳곳에 배어 있다. 국가는 특정 교파를 지지할 수 없지만 교회는 국가를 지원할 수 있다. 워싱턴 대통령은 성경에 손을 얹고 선서함으로써 교회와 성직자들에게 미합중국 정부를 지원해 달라는 뜻을 표현했다고 역사가들은 해석한다.

제6대 존 퀸시 애덤스 대통령은 성경 대신에 헌법과 법률을 담은 법전에 손을 얹고 선서했다. 신앙심이 두터웠던 애덤스 대통령이 선서할 때 성경을 사용하지 않은 것은 성경이 종교적인 목적으로만 사용돼야 한다는 소신 때문이었다.

존 F. 케네디 대통령이 급서한 지 1시간 반 만에 대통령직을 승계한 제36대 린든 존슨 대통령은 공군 1호기에서 가톨릭 미사경본에 손을 얹고 선서했다. 가톨릭 신자였던 전임 대통령이 사용하던 공군 1호기 안에는 아무리 찾아도 성경이 없었고, 대통령 책상에서 미사경본만 발견됐다.

이승만 대통령이 미국 대통령처럼 대법원장 앞에서 선서를 하지 않은 것은 삼권三權 위에 군림하는 국부적國父的 권위주의와도 관련이 있어 보인다. 어쨌거나 그는 재임 중 발췌 개헌, 사사오입 개헌을 통해 헌법과 헌법 정신을 훼손했다.

노 대통령은 재임 중 헌법에 관한 논란을 수없이 불러일으켰다. 헌법을 준수하겠다고 선서하고 취임한 대통령이 "그놈의 헌법"이라는 막말을 했으니 길게 말할 필요도 없다.

이번엔 대통령 선서 방식 바꾸길

이명박 차기 대통령은 개신교 신자이지만 헌법 20조가 종교와 정치의 분리를 선언하고 있기 때문에 성경에 손을 얹고 선서를 할 수는 없을 것이다. 그러나 애덤스 대통령처럼 성경 대신 법전에 손을 얹고 하는 선서는 가능하다. 대법원이 헌법재판소보다 의전 서열은 앞이지만 대한민국 헌법의 해석에서 최종 권한이 있는 기관은 헌법재판소다. 따라서 이 차기 대통령이 미국식 선서를 하게 되면 헌법재판소장 앞에서 하는 것이 타당하다(이 대목에서 대법원이 서운하게 생각할지 모르겠다).

이명박 대통령 취임식부터 헌법이 담긴 법전에 손을 얹고 헌재소장 앞에서 선서를 하는 관행을 만들어 가면 좋겠다. 이것은 대통령의 헌법 준수 의지를 강력하게 표현하는 의식이 될 수 있다. 헌재소장 앞에서 헌법을 지키겠다고 선서한 대통령은 마음에 안 드는 헌재 결정이 나오더라도 노 대통령처럼 '선출되지 않은 권력' 운운하며 비난하는 언행은 못할 것이다.

2008. 2. 5

▶ ▶ ▶ ▶ ▶

다원주의가 만드는 슈퍼 파워 인도

연초에 25년 근속勤續 휴가를 받아 한반도의 15배 크기인 인도 대륙을 뭄바이에서 뉴델리까지 주마간산走馬看山으로 둘러보았다. 곳곳에서 젊은 한국인 배낭 여행자들과 성지 순례를 다니는 불교 신자들을 만날 수 있었다. 관광지 주변에는 음식 메뉴를 한글로 써놓은 식당이 많았다. 중국어나 일본어는 찾아보기 어려웠다.

뉴델리, 뭄바이, 콜카타, 첸나이, 벵갈루루 같은 도시들은 빠른 속도로 발전하는 모습이었지만 대도시의 경제 성장이 인도 전역으로 넘쳐 흐르지는 못하고 있었다. 농촌은 한국의 1960년대 풍경이었다. 국토는 광활한데 도시에서 도시로 이동하는 교통 수단이 불편하기 짝이 없었다. 도로 사정이 열악해 교통이 한적한 곳에서도 시속 40km 이상을 내지 못했다. 열차 1등실 침대칸에서 쥐 떼가 산책을 다녀 여성 승객들이 기겁을 했다.

인도는 수많은 인종, 언어, 문화, 종교가 어우러져 사는 사회다.

인도는 독립헌법에서 종교와 문화의 다원주의(多元主義, *pluralism*)를 천명했다. 아랍과 다수 이슬람 국가는 타 종교의 사원과 예배를 금지하는 데 비해 인도에서는 힌두교, 이슬람교, 불교, 시크교, 자이나교 사원이 공존한다. 힌두교도가 전 국민의 81%를 차지하는 나라에서 이탈리아 출신의 가톨릭교도인 소냐 간디가 집권당 당수를 맡고 있다. 다만 타지 마할 등 유명 종교 유적지에서는 광신도 집단의 테러에 대비해 군인들이 경계를 펴고 입장객의 몸수색을 했다.

파키스탄과 인도의 다른 길

인도와 파키스탄은 두 세기에 걸친 영국 식민지 통치를 받고 1947년 분리 독립했지만 61년이 지난 지금 두 나라는 딴판이다. 인도는 눈부신 경제 성장과 군사력을 통해 국제 사회에서 무시할 수 없는 '슈퍼파워'로 떠오르고 있다. 인구수로 보면 세계 2위이고, 구매력 기준 3위의 경제력이다. 이에 비해 이슬람교 국가인 파키스탄은 쿠데타로 정권을 잡은 군부 정권 치하에서 테러가 기승을 부린다. 지금은 베나지르 부토 여사의 암살로 나라 전체가 혼미 속으로 빠져들고 있다. 인도의 민주주의와 다원주의가 파키스탄과의 차이를 벌려 놓았다고 보는 것이 타당하다.

뭄바이에서는 삼성전자와 미래에셋의 광고판이 간간이 눈에 띄었다. 미래에셋자산운용의 인도펀드는 최근 6개월 평균 43.80%의 수익률을 내 지역별 상품 중에서 1위를 기록했다. 인도의 1인당 국내총생산(GDP)은 1000달러를 돌파했고, 4년 평균 8.6%의 고성장을 구가하고 있다.

뉴델리에서는 왕복 8차로 도로가 교통 체증을 빚는다. 도요타, 포드, 혼다, 스즈키 차량의 틈새를 현대 차들이 비집고 달린다. 대우자동차 상용차 부문을 인수해 한국에도 잘 알려진 인도의 타타모터스는 최근 세계에서 가장 싼값의 초저가 소형차 '나노'를 개발했다. 배기량 625cc에 달러 가격 기준 2500달러로 경쟁 차량의 반값이다. 중국 인도의 중산층이 모두 차를 몰기 시작하면 지구가 몇 개 더 필요할 것이다.

한국 기업 11억 시장 약진

인도의 가전 시장에서 LG전자와 삼성전자가 1, 2위를 다툰다. 휴대전화 1억 7000만 명 가입자 중 노키아가 70%를 차지한 시장에서 삼성전자와 LG전자도 점유율을 높여 가고 있다. 휴대전화 가입자는 매달 600만~700만 명씩 늘어난다. 포스코는 철광석이 풍부한 인도 동부 오리사 주에 독점 광업권을 조건으로 2020년까지 120억 달러를 투입해 1200만 톤 규모의 일관 제철소를 올 상반기에 착공할 계획이다.

인도 헌법은 카스트 제도를 금지하고 있지만 현실에서는 4계급에도 들지 못하는 불가촉천민不可觸賤民이 1억 7000만 명에 이른다. 콜카타에서 첨단 컴퓨터 소프트웨어 회사에 다니는 한 인도인은 자신을 '슈피리어 브라만'이라고 자랑스럽게 소개했다. 최상위 계급 브라만도 슈피리어와 인피리어로 구분된다. 그는 살이 통통하게 찐 미모의 부인을 브라만 계급 출신의 고교 철학 교사라고 소개했다. 초등학생 아들은 영어를 쓰는 사립학교에 다녔다.

대다수 가난한 인도인의 자녀들이 다니는 학교는 교사도 부족하고 시설도 열악하다. 교사 1인당 학생 수가 너무 많아 출석 부르느라 한두 시간을 보낼 정도다. 교육은 인도에서 불평등의 중요한 지표가 되고 있다.

종교와 세속, 세계적 재벌과 거지, 첨단과 원시, 민주주의와 비인간적인 차별이 어지럽게 혼재하는 인도 대륙이 21세기의 경제・군사 강국을 향해 꿈틀거리고 있었다.

2008. 1. 19

▶ ▶ ▶ ▶ ▶

벽을 넘는 꿈

지난해 말 휴대전화 통화 연결음을 인순이의 '거위의 꿈'으로 바꾸었다. 카니발의 노래를 리메이크해 인순이가 부르면서 원곡보다 훨씬 인기를 끌고 있다. 카니발의 이적과 김동률이 직접 가사를 짓고 곡을 붙인 노래이지만 처음부터 인순이를 위해 생겨난 노래 같다. 남루한 현실 속에서도 꿈을 간직하고 운명을 극복하는 내용의 가사가 인순이의 삶과 절묘하게 오버랩된다.

혼혈과 학력 차별 이긴 인순이

"그래요 난 난 꿈이 있어요 / 그 꿈을 믿어요 / 나를 지켜봐요 / 저 차갑게 서 있는 운명이란 벽 앞에 / 당당히 마주칠 수 있어요."

인순이는 지난해 학력 검증 폭풍이 일 때 "나만은 비켜 가기를 바랐다"고 말했다. 가수 활동을 시작한 뒤 경기 포천 일대에서 어린 시절을 보낸 인순이의 프로필에 언제부터인지 '포천여고 졸업'이라는 학력이 따라붙어 사실인 것처럼 굳어졌다. 인순이의 최종 학력은 경기 연천군 청산중학교 졸업. 그는 중학교 때 한 학기를 마치면 헌책방에 교과서를 팔아 가족들이 며칠 끼니를 때울 정도로 궁핍하게 살았다. 고교 입학 시험장까지 갔다가 집안 형편을 생각해 발길을 돌렸으니, 엄밀하게 말하면 고교 문턱은 밟아 본 셈이다.

그는 한 공연에서 "바깥에 나가면 항상 불안했어요. 피부색이 달라 어딜 가나 눈에 띄었거든요. 고등학교를 나왔더라도 평범한 직장을 갖기는 힘들었을 거예요"라고 말했다. '혹 때론 누군가가 / 뜻 모를 비웃음 내 등 뒤에 흘릴 때도 / 난 참아야 했죠'라는 가사는 우리 사회의 편견과 차별을 겪으며 성장한 혼혈 여성의 비통한 고백처럼 들린다.

그는 가창력 하나로 중졸 학력과 혼혈의 벽을 뛰어넘어 스타가 됐다. 인순이는 우리의 다多민족 문화를 대표하는 여성이다.

윤석화 씨가 학력 검증 소용돌이에 휘말린 것도 우리 연극계에 안타까운 일이다. 윤 씨는 연극계에서 보배 같은 존재다. 그가 직접 대본을 구해 번역을 하고 타이틀 롤을 맡은 <신의 아그네스>는 총 532회 공연에 10만 관객을 넘겨 한국 연극의 신기원을 이룩했다. 그의 가창력은 연기 이상으로 빼어나다. 1977년에 부른 '오란씨' CM송은 국민 가요처럼 애창됐다.

그는 광고 출연과 뮤지컬로 돈을 벌어 가난한 연극판을 위해 썼다.

서울 대학로에 있는 설치극장 '정미소精美所'를 운영하고, 문을 닫을 위기에 처한 공연예술 전문지 <월간 객석>을 인수해 지금도 연간 적자 2억 원가량을 사재로 충당한다.

연극계 보배 윤석화 복귀해야

그가 '이화여대 중퇴' 학력이 허위라고 자백했을 때 누리꾼들은 2005년 <신동아> 5월호에 실린 필자의 인터뷰를 인용하며 할퀴기 시작했다. 그는 <신동아> 인터뷰에서 미국 유학을 떠난 동기를 이렇게 설명했다.

> "다른 배우들이 '윤석화 네가 연극에 대해 뭘 알아' 하면 저는 속으로 '너희들 공부 못했으니까 드라마센터(서울예대 전신) 갔지. 나는 그래도 이대 출신이야' 했지만 꿀리는 것은 어쩔 수 없었죠."

이 인터뷰 내용이 인터넷을 통해 확산되자 그는 기자들과 만나 "<신동아> 인터뷰를 한 분과 30년 동안 네 번 정도 만났는데 상당 부분 짜깁기됐다"고 변명했다. 나는 <신동아>에 '황호택이 만난 사람'이라는 타이틀로 6년간 명사 인터뷰를 연재했는데, 매번 녹음을 하고 속기사를 대동했다. 윤석화 씨는 인터뷰에서 이화여대 시절에 관해 네 차례 언급했다. 30년 동안 네 번 만났다는 것도 사실과 다르지만 이것은 악의가 없는 기억력의 문제다.

나는 윤 씨의 허위 학력 파문이 터졌을 때 검증을 소홀히 하고 그대로 받아쓴 것을 부끄럽게 생각했다. 그런데 누리꾼들이 '너희들 공부 못했으니까 드라마센터 갔지. 나는 그래도 이대 출신이야'라는 말을 부지런히 퍼 나르는 것을 보면서 인터뷰의 기록성에 대해 두려움을 느꼈다.

한 분야에서 큰 성취를 이룬 스타가 학벌이 무슨 문제였을까. 그런데 당사자는 그렇지 않았던 모양이다. 윤 씨는 지적 탐구욕이 강하고 다독多讀하는 배우다. 그런 성격이 학력 콤플렉스를 만들어 낸 것 같다.

이화여대 주철환 교수는 윤 씨를 '몇 안 되는 천재'라고 부르기를 주저하지 않는다. 천재적인 연극배우가 정규 대학을 나오지 않았으면 어떤가. 윤 씨가 이화여대 중퇴 학력을 팔아서 누구처럼 대학 교수도 되고 광주비엔날레 감독이 된 것도 아니다.

올해는 상처 입고 좌절한 사람들이 사랑하는 사람들 곁으로 다시 돌아오는 해가 되었으면 좋겠다. 윤석화 씨의 복귀 무대가 기다려진다.

2008. 1. 4

▶ ▶ ▶ ▶ ▶

'캐치 미 이프 유 캔'

김경준 씨는 귀국 길에 영화 배우 같은 용모에 세련된 맵시를 과시했다. 그는 미국 아이비리그인 코넬대를 졸업한 뒤 시카고대 경제학 석사, 펜실베이니아대 와튼스쿨 경영학 석사(MBA) 학위를 받았고 모건스탠리에서 펀드매니저로 활약했다. 그의 비서였던 여성은 "언변이 좋고 머리가 비상하다"고 말한다. 이 정도의 사람이 투자를 권유하면 누구라도 넘어가기 쉬웠을 것이다.

BBK 사건은 <Catch me if you can(날 잡을 테면 잡아 봐)>의 한국판 같은 생각이 든다. 스티븐 스필버그 감독에 리어나도 디캐프리오 주연의 이 영화는 1960년대의 천재 사기꾼 프랭크 애버그네일의 실화를 소재로 했다. 애버그네일은 팬암항공 부조종사를 가장해 비행기를 공짜로 타고 미국 50개 주 은행을 돌아다니며 위조 수표 250만 달러를 남발해 140만 달러를 횡령했다.

미국 천재 사기꾼 닮은 김경준

김 씨도 조작과 위조에서는 애버그네일 못지않다. 주가 조작 47건, 문서 위조 26건, 위조 문서 행사 22건을 저질렀다. 위조 여권으로 유령 회사를 만들어 가족과 가공 인물 계좌를 통해 384억 원을 횡령했다. 검찰청사 포토라인을 지나며 씩 웃는 모습은 디캐프리오의 연기 같았다.

김 씨는 한국의 범죄인 인도 요청에 따라 2003년 5월 미국 베벌리 힐스 자택에서 체포됐다. 그는 송환 거부 소송을 내 4년을 끌다가 대통령 선거를 앞두고 돌연 항소를 취소했다. 김 씨가 한국에서 수사와 재판을 받기로 마음을 바꾼 배경은 무엇일까.

미국 정부 관계자는 흥미로운 음모론을 소개했다. 누군가 김 씨에게 "넌 바보야. 한국에 갔으면 벌써 (형기 마치고) 끝났을 일이잖아. 시설 여건도 로스앤젤레스 연방교도소보다는 한국 감옥이 낫지. 네가 말만 잘하면 모든 일이 오케이야"라고 유혹했을 거라는 시나리오다. 그는 "한국 법무부는 11월 1일 이후 언제든 김 씨를 한국에 데려올 수 있었다. 뭔가 날짜를 맞추는 것 같은데……"라는 기획설도 제기했다.

김 씨가 귀국을 단행한 시점은 구구한 해석을 낳을 만하다. 기왕 올 양이면 한나라당 경선이 시작되기 전에 오든지, 아니면 대통령 선거에서 누가 당선되는지 확인하고 입국할 수도 있었다. 대선 후보 등록을 9일 앞두고 귀국한 탓에 검찰이 선거 전에 진상을 규명할 시간이 부족하다. 수사 중인 검찰이 침묵하는 사이에 김 씨의 부인과 누나는 미국에서 번갈아 의혹 부풀리기 회견을 하고 있다.

우리 대선은 매번 검찰 수사에 물려 들어간다. 김수환 추기경이나 법정 스님이 출마하더라도 아마 반대 정파에서 뭔가 엮어서 고소를 할 것이다.

김 씨 귀국 배경의 '음모론'

김성호 전 법무부 장관은 검사 시절 특별 수사통이다. 그는 국회의원들의 대정부 질문에 대한 답변 준비를 하면서 BBK 공부를 꽤 했다. 8월 퇴임해 '행복세상'이라는 재단법인 설립을 준비하고 있는 김 전 장관은 이렇게 말했다.

> "사건 구조는 간단하다. 김 씨가 벤처를 만들어 주가를 끌어올리려다가 잘 안되자 돈을 끌어 모아 미국으로 도망간 사건이다. 김 씨와 공범 관계가 성립되려면 이득을 나눠 가졌어야 한다. 자금 추적 결과, 횡령한 돈은 누나와 아내 그리고 여권을 위조해 만든 가공 인물 명의의 계좌로 다 빠져나갔음을 확인했다. 이명박 대선 후보는 증권을 잘 몰라 LKe 동업을 했을 때 모든 것을 김 씨가 주도했다."

김 전 장관의 말을 종합해 보면 건설회사 최고 경영자(CEO) 출신인 이 후보는 청계천 복원에는 강했지만 금융에는 약했다고 볼 수 있다. 그런데 이 후보는 어떤 경위로 사기의 백과사전과 같은 '뺀질이'와 한때나마 동업을 했을까. 이름만 들어도 머리가 복잡해지는 BBK, LKe, EBK, 옵셔널벤처스코리아, AM파파스에서 이 후보는 김 씨와 도대체 어떻게 엮여 있는가. 이 후보는 정직이 최선의 전략이라는 태도로 분명하게 국민 앞에 말해야 할 것이다.

애버그네일과 김경준은 닮은꼴이지만 체포 후의 행적은 판이하다.

애버그네일은 징역 5년을 복역하고 석방돼 FBI 요원들에게 위조 수표 식별법을 교육하고 금융 사기 예방과 문서 보안 분야의 최고 전문가가 됐다.

그런데 김 씨는 체포되자 미국의 소송 제도를 이용해 한국에 오지 않으려고 버티다가 갑자기 대선 바람을 타고 귀국해 위험한 줄타기를 하고 있다. 그는 디캐프리오의 미소를 날리며 '어디 한번 날 잡아 봐'라고 말하는 듯하다.*

2007. 11. 23

* 2009년 5월 28일 대법원 1부(주심 김영란 대법관)는 옵셔널벤처스의 주가를 조작해 회삿돈을 빼돌리고, 대선을 앞두고 이명박 당시 한나라당 후보에 대한 허위 사실을 퍼뜨린 혐의(특정경제범죄 가중처벌법의 횡령 등)로 기소된 김경준 전 BBK 대표에게 징역 8년과 벌금 100억 원을 선고한 원심을 확정했다.

▶ ▶ ▶ ▶ ▶

권세를 사랑한 큐레이터

올여름이 시작될 무렵 성곡미술관에서 미국 화가이자 사진작가인 윌리엄 웨그먼Willam Wegman*의 작품들을 관람한 적이 있다. 엽서와 연하장을 이용해 강렬한 색채로 그린 풍경화가 이색적이었다. 그날 미술계의 신데렐라 신정아 씨를 처음 만났다.

미적 취향에 따라 다르겠지만 솔직히 경국지색傾國之色은 아니었다. 작품을 설명하는 화술話術도 보통이었다. 30대 중반의 여성이 성취한 눈부신 학력이 아니었더라면 그는 기억의 창고에 오래 머무르지 않았을 것이다. 서울대 중퇴('중퇴 학력'에는 대개 가짜가 많음)에 미국 캔자스주립대 졸업, MBA, 예일대 미술사 박사 이야기를 자연스럽게 이어 갔다. 돌이켜 보면 그가 거짓말을 정말 태연하게 잘했다는 생각이 든다.

거짓말쟁이에는 네 유형이 있다. 첫 번째가 어쩌다 하는 거짓말쟁이로 대부분 사람들이 이 유형에 해당한다. 아내가 화장을 마치고 "나 예뻐" 하고 물으면 가정의 평화를 위해 "예뻐"라고 하는 거짓말이다.

두 번째는 빈번하게 거짓말을 하는 사람으로 여기서부터 위험해진다. 세 번째는 습관적인 거짓말쟁이다. 네 번째는 거짓말을 해야 생계를 영위하는 직업적인 거짓말쟁이다.

습관성 거짓말의 눈부신 성취

신 씨는 세 번째 유형의 거짓말쟁이였다. 습관적인 거짓말쟁이는 표정, 어조語調나 보디랭귀지로는 거짓말을 포착할 수 없는 경지에 이른 사람들이다. 거짓말하는 데 너무 익숙해 스스로 거짓말을 하는지도 느끼지 못한다. 그리고 갈수록 증상이 심해진다고 심리학자들은 말한다. 이들의 거짓말을 간파하기 위해서는 내용과 환경을 꼼꼼히 따져 보는 도리밖에 없다.

관람을 마치고 성곡미술관 정원 나무 그늘에서 대화가 이어졌다. 예술의 깊은 곳에 접근하기에는 지식이 짧아 신 씨에게 미술 작품 투자에 대해 물어보았다. "박수근, 천경자 같은 화가가 한창 활동할 때 작품을 사두었더라면 얼마나 좋은 투자이겠느냐" 같은 껄렁한 질문을 던졌다. 신 씨는 진지하게 대답했다. 그는 "현재 이름이 높지 않아 그림값이 싸지만 장래성이 있는 화가의 그림을 개인적으로 사서 모으고 있다"고 말했다.

다른 미술관의 큐레이터는 이 이야기를 전해 듣고 "신 씨의 미술품 투자는 윤리적으로 문제가 있다"고 말했다. "큐레이터들은 화가들에게 미치는 영향력이 크기 때문에 화가들이 그림을 그냥 주거나 싸게 팔 수 있습니다. 미술계에서 큐레이터나 미술관 관장은 그림 투자를 해서는 안 된다는 불문율이 있습니다. 증권 회사 직원들의 주식 투자를 내부자 거래로 보는 것과 같지요.”

성性로비에 비해서는 너무 하찮은 윤리일지도 모르겠다. 어쨌든 예견 능력이 형편없어 미술관에서 만났던 큐레이터가 정권을 흔드는 태풍의 눈이 되리라고는 미처 짐작도 못했다.

신 씨와 변양균 전 대통령정책실장의 e메일 로맨스는 추석 명절의 화제를 독점할 흥행 요소를 확실하게 갖추고 있다. 정말 ‘깜이 되는’ 논픽션이다.

도덕적 우월 의식에 빠져 있는 청와대에도 치명상을 입혔다. 여직원들이 야한 소설 ≪강안남자≫를 연재하는 신문을 절독絶讀할 만큼 윤리적 집단 결벽증이 있는 듯하던 청와대에서 장관급 정책실장은 ‘18세 인증’이 필요한 내용의 e메일을 수백 통 주고받았다. 청와대 대변인 브리핑은 거짓말을 검증 없이 퍼 나르는 창구로 전락했다. 이런 부실 시스템과 변 전 실장 같은 공직자들을 언론의 취재로부터 차단하는 제도가 이름하여 ‘취재 지원 시스템 선진화 방안’이다.

“안으로 썩은 양두구육 정권”

큐레이터는 정치적 문화적 권세權勢를 사랑했다. 그는 “변 씨 정도가 배후면 수없이 많다”는 말을 했다. 변 씨 하나만으로도 비리非理 백화점인데 수없이 많다니, 청와대와 범여권을 휩쓰는 쓰나미가 몰려올 모양이다. 지금까지는 서막에 불과한 느낌이다.

신 씨 사건이 관객을 몰아가는 바람에 신당 경선은 파리를 날린다.

이해찬 후보가 단일화까지 이루었는데, 복병이 뛰쳐나오면 어쩌나 하는 궁금증은 생긴다. 대통령이 변 실장 때문에 "난감하다"고 하던 날 대통령 부인이 변 전 실장 부인을 따로 만난 것도 시기와 정황상 미묘하다. "힐러리처럼 대처를 잘하라"는 말도 흔쾌하지 않다.

마지막까지 노무현 정권을 지지하던 사람들도 대충 보따리를 싸는 분위기다. 핀잔을 들으면서도 한결같이 대통령을 역성들던 한 경제인은 "경제를 개판 쳐도 그래도 도덕성은 나으리라고 믿었다. 그런데 신정아, 정윤재 사건을 보니 안으로 폭삭 썩은 양두구육羊頭狗肉 정권"이라고 말했다.

2007. 9. 14

* 만 레이Man Ray라는 바이마르산 애완견 사진 415을 찍어 유명해진 윌리엄 웨그먼은 비디오 아티스트이자 화가이며, 사진작가이다. 그의 작품은 미국 전역의 주요 미술관뿐 아니라 호주와 프랑스, 스위스 등 전 세계의 미술관에 소장돼 있다. 2007년 초 국내에서 열린 윌리엄 웨그먼의 '웃기고 이상한'전을 협찬한 삼성전자는 "신 씨가 아닌 실무자에게서 전화로 요청이 들어와 '제안서를 보내라'고 한 뒤 검토해 결정한 것"이라고 설명했다.

▶ ▶ ▶ ▶ ▶

대학살 70주년 맞는 난징

극단 '미추'(대표 손진책)가 중국에 수출한 마당극 <삼국지 · 오吳>를 오나라의 수도였던 난징南京에서 관람했다. 그 도시에 간 김에 국민당 정부가 남긴 유적과 난징학살기념관을 둘러보았다. 1927~1937년 중화민국의 수도였던 난징에는 장제스蔣介石의 총통부, 쑨원孫文의 무덤인 중산릉中山陵 같은 유적이 보존돼 있다. 중산릉에 새겨진 '國民黨' 글씨와 청천백일기靑天白日旗는 문화대혁명의 홍위병 난동 때도 손상되지 않았다. 쑨원이 중국과 대만 양쪽에서 국부國父로 숭앙받기 때문이다.

대도살기념관 재개관 위해 공사 중

난징에서는 학살 대신에 다투사(大屠殺 대도살)라고 부른다. 대도살기념관은 공사 중이었다. 1995년에 지은 건물을 헐고 새로 지어 올해 70주년 기념일(12월 23일)에 재개관한다. 정문에는 장쩌민江澤民이 글씨를 쓴 '전국청소년교육기지'라는 석판이 걸려 있었다. 경비원은 "전시

물을 포장해 보관하고 있다. 12월 23일 이후에 와서 보라"고 말했다.

1937년 중일전쟁을 일으켜 파죽지세로 베이징北京과 상하이上海를 점령한 일본군은 국민당 정부가 포기한 난징을 12월 22일 함락했다. 다음 날부터 일본군은 광기를 내뿜으며 시민 30만 명을 도륙했다. 난징에서는 매년 그날이면 사이렌이 울리고 전 시민이 머리를 숙여 사망자들을 애도한다.

이시하라 신타로石原愼太郞 도쿄도지사 같은 일본 우익들은 "난징 학살은 중국인이 꾸며낸 거짓말"이라고 말한다. 그러나 중국계 미국인 여성 아이리스 장이 쓴 ≪난징의 강간: 제2차 대전의 잊혀진 홀로코스트*The Rape of Nanking: The Forgotten Holocaust of World War II*≫*에는 일본군의 대도살을 고발하는 목격자, 사진과 기록이 수두룩하다. 일본군은 비무장 중국인들을 대상으로 목 베기 경쟁을 벌이고 신병들의 담력을 키우기 위한 총검술 표적으로 삼았다. 산 채로 매장하기와 불태우기 같은 인종 청소가 벌어졌다. 여성 2만 명 이상이 강간 살해당했고, 능욕한 여성의 외설 사진을 찍어 기념품으로 간직하고 다니다 패전 후 포로가 되면서 압류당한 병사들도 있다.

필자는 독일 뮌헨 근교에 있는 다카우Dachau 나치 강제 수용소를 살펴본 적이 있다. 수용소 근처에서 영어를 잘하는 독일인들에게 수용소 위치를 물어도 가르쳐 주지 않아 어렵게 찾아갔다. 유대인 학살의 현장인 다카우 수용소가 외국인에게 보여 주고 싶은 시설은 아니겠지만 독일은 자국 내에 그런 시설을 보존함으로써 인류에게 사죄하고 과오를 반복하지 않겠다는 의지를 보여 준다.

난징의 택시 운전사는 필자에게 "일본 사람같이 보인다. 외모만 보아서는 한국인인지 일본인인지 구분이 안 된다"고 말했다. 그는 "일본인들은 싫다. 대도살은 너무 심했다"고 말했다. 일본이 중국에서 저지른 전쟁 범죄를 부인하는 망언이 나올 때마다 난징에서는 일본 제품 불매 운동이 벌어진다.

일본인에 수치심 안길 영화 <난징>

일본군은 난징 점령 직후부터 중국 여인들을 붙잡아 낮에는 세탁부, 밤에는 성노예로 부렸다. 난징의 강간으로 국제 사회의 비난 여론이 높아지자 일본 정부와 군부는 젊은 군인들의 성욕을 해결할 성노예 시설을 고안해 1938년 난징 근처에 첫 위안소를 냈다. 일본 병사들이 '공중변소'라고 부른 강간 센터였다.

중국은 올해 난징대도살 70주년을 기념하는 대대적인 행사를 준비하고 있다. 빌 구텐타그, 댄 스턴 감독이 찍은 다큐멘터리 영화 <난징>**이 이달부터 중국에서 개봉된다. 클린트 이스트우드, 메릴 스트립, 장쯔이와 양쯔충이 출연하는 미국, 영국, 중국 3국의 합작 영화는 올해 말 개봉을 목표로 촬영 중이다. 난징에서 수많은 시민을 구해 낸 독일인 나치스 당원의 실화는 <쉰들러 리스트>보다도 감동적이다.

일본은 미 의회의 위안부 결의안 채택을 막기 위해 홍보 및 로비전을 벌이며 총칼로 짓밟은 여성들에 대해 '돈벌이를 한 고급 창녀'라고 다시 모욕했다. 70주년을 맞는 '난징의 강간'은 세계인의 관심을 끌어 모으며 거짓 변명을 늘어놓은 일본인들에게 수치심을 안겨 줄 것이다. 난징 학살과 위안부라는 이름의 성노예는 '잊혀진 홀로코스트'가 아니다.

2007. 7. 3

* 난징 대학살 60주년을 맞는 해인 1997년 미국에서 출간된 이 책은 <뉴욕 타임스> 베스트셀러 리스트에 10주 동안이나 올라 큰 반향을 일으켰다. 국내에서는 1999년 ≪난징 대학살≫(김은령 옮김, 끌리오)로 번역 출판되었다.

** 2003년 9·11 테러 관련 다큐멘터리 <쌍둥이 빌딩>으로 아카데미 장편 다큐멘터리부문상을 수상했던 빌 구텐타그, 댄 스턴 감독은 사건 당시의 기록 필름, 생존자 및 목격자들의 증언, 극중 인물들처럼 난징에 살았던 외국인들의 서신 및 일기 등을 기초로 영화를 만들었다. 중국이 이 영화의 난징 현지 촬영을 허가하자 일본은 불만을 토로했다. 이 작품은 2007년 미국 선댄스 영화제에 처음 선보여 호평받았다.

p a r t 6

지금 영웅들은 기업에 있다

'맨땅에 헤딩'한 지 30여 년 만에 한국은 세계 최고의 조선 국가로 올라섰다. 현대중공업과 계열사인 현대미포조선, 삼호중공업 3사의 세계 시장 점유율은 25%. 현대중공업은 설계 인력만 1200명에 이른다. 세계 최고였던 일본을 추월한 것도 배의 모델을 팔던 일본과 달리 현대는 선주들의 주문에 따라 설계한 맞춤형 선박을 건조했기 때문.

▶ ▶ ▶ ▶ ▶

'1등 죽이기' 공화국

앞서 두 차례 대통령 선거는 여론 조사 지지율 1위 후보가 집중적인 네거티브 공격을 받다가 추락하는 양상으로 전개됐다. 이회창 후보는 1997년, 2002년 내리 청와대 입성 문턱에서 네거티브 공격에 무너졌다. 네거티브에 한이 맺혔을 그가 이번에는 이명박 후보를 공격하는 네거티브에 동참하고 있다. 배역이 달라진 연기자 같다.

이번 선거에서는 두 차례 전례前例의 '학습 효과' 때문인지, 흠결을 인정하면서도 '대안 부재代案不在'라고 생각하는 유권자가 많아서인지, 1등 후보에 대한 네거티브 공세의 약발이 예전 같지는 않다. 그런 뜻에서 한국 대선의 양상을 바꾸어 놓는 계기가 될지도 모르겠다.

우리 사회에서 '1등 죽이기'는 여러 형태로 벌어진다. 삼성은 한국을 대표하는 1등 기업이다. 매출액은 국내 총생산(GDP)의 6분의 1에 이르며, 지난해 수출은 나라 전체 3255억 달러의 5분의 1을 기여했다. 그런데 '삼성공화국,' '공룡 삼성'이라는 낙인을 찍으며 다리를 거는 세력도 만만찮다. 마침내 삼성그룹 전 법무팀장 김용철 변호사의 비자금 및 떡값 폭로를 계기로 한 기업 집단만을 겨냥한 특검법이 발동되기에 이르렀다.

최근 재단법인 '행복세상'을 발족한 김성호 변호사는 법무부 장관 시절 "과거의 분식회계를 스스로 바로잡는 기업에는 형사 처벌을 면제해야 한다"고 말했다. 분식회계가 어느 한 기업만의 문제는 아닐 것이다. 그래서 1등 기업이 대표로 당하게 됐다는 말이 나온다. 삼성의 투자와 경영이 위축되면 협력 기업과 관련 산업, 그리고 경제 전반에 걸쳐 악영향을 끼칠 것이라는 점은 상상하기 어렵지 않다. 삼성 특검이 1등 기업 죽이기가 아니라 투명성을 높여 건전한 글로벌 기업을 만드는 데 목표를 둬야 하는 이유다.

삼성, 미래에셋, 김&장 때리기

최근 증시에서는 경쟁자들을 따돌리고 앞서 나가는 미래에셋금융그룹에 대한 이야기가 넘쳐 난다. 미래에셋은 간부급 펀드매니저의 선행매매 가담 루머가 느닷없이 돌면서 금융감독원 감사를 받고 있다. 미래에셋이 운용하는 총자산은 45조 9000억 원으로 동종업계에서 2등을 두 배 이상 앞서는 독보적 1등이다. 미래에셋은 국내 시장에 안주하지 않고 금융의 해외 수출에도 개척자 역할을 하고 있다. 리딩 컴퍼니에 대한 두려움과 질시가 지나쳐 역동적인 금융 수출 기업을 죽이는 어리석음을 범해선 안 된다. 미래에셋의 대내외 경쟁력은 우리나라 금융 및 자산 운용 비즈니스의 소중한 핵심 역량이다.

김용철 변호사는 삼성에버랜드 전환사채(CB) 재판에서 변론을 맡았던 김&장에 대해서도 부정적으로 거론했다. 김&장은 '로펌 업계의 삼성'으로 불린다. 로펌 중에서는 김&장이 압도적인 1등이고 3, 4개 로펌이 2위를 다투고 있다. 그래서 김&장을 견제하고 질시하는 목소리가 끊이지 않는다. 김&장이 전직 관료 등을 광범위하게 영입하는 것을 두고 '로비스트 회사'라는 비난도 나온다. 그러나 외국인 투자 기업에 토털 서비스를 제공하다 보니 불가피했을 것이라는 관점도 있다. 법률 시장 개방을 앞두고 국내 1등 로펌에 대한 시샘이 아니라 한국 로펌이 세계적인 로펌과 경쟁할 수 있는 실력을 갖추는 것이 중요하다.

일등 격려해야 일류 국가 된다

'1등 죽이기' 게임의 코드는 평등이다. 이번 대학입시에서 말썽을 일으킨 등급제 수능이나 내신 위주의 입시도 알고 보면 과학고, 외국어고, 자립형사립고 같은 일류 고교와 SKY(서울-고려-연세대) 같은 일류 대학을 끌어 내리자는 정책 의도에서 나왔다.

1등이 주는 긍정적 외부 효과*externality*를 생각해 보면 잘나가는 1등 끌어내리기는 어리석은 사고방식이다. 외부 효과란 과수원 주인이 과일 나무를 심으면 이웃이 덕을 보는 현상을 말한다. 과수원에 꽃이 활짝 피면 양봉업자의 벌꿀 생산량이 늘어나고, 일자리가 생겨나 이웃에도 과실이 돌아간다. 과수원 길을 걸으며 경치를 감상하고 꽃향기에 취해 볼 수도 있다. 삼성, 미래에셋, 김&장, 일류 대학이라는 과수원에 풍년이 들면 그 집 식구들만 좋은 것은 아니다.

남의 자식 1등 한다고 박수는 치지 못하더라도 배 아파할 일은 못 된다. 우수한 인재가 새로운 아이디어를 개발해 모든 사람이 이용할 수 있게 되면 학교 교육에 따른 사회적 이득은 개인적 이득보다 크다. 우리 사회가 1등 죽이기 게임에 탐닉하다 보면 세계 시장에서 1등 하는 품목이 사라져 하류下流 국가로 전락하게 될 것이다.

2007. 12. 7

▶▶▶▶▶

지금 영웅들은 기업에 있다

조선소가 들어서기 전만 해도 울산 미포만은 반농반어半農半漁의 초가 몇 채가 서 있던 쓸쓸한 바닷가였다. 현대조선소는 1972년 박정희 대통령이 참석한 가운데 기공식을 열었다. 태완선 경제부총리는 배 한 척 만들어 본 적이 없는 기업인이 모래벌판에 조선소를 세운다는 것이 믿기지 않았던지 기공식날 저녁 자리에서 "각하, 제가 보기에는 조선소, 그거 될 것 같지 않습니다"라고 말했다. 그러자 박 대통령은 술잔을 소리 나게 내려놓으며 "담당 부총리가 생각 없이 그런 말을 하면 일을 어렵게 만듭니다. 다시는 그런 말을 입 밖에 내지 마시오"라고 호통을 쳤다는 이야기가 현대그룹 창업자 고故 정주영 씨의 회고록에 나온다.

'맨땅에 헤딩'한 지 30여 년 만에 한국은 세계 최고의 조선 국가로 올라섰다. 현대중공업과 계열사인 현대미포조선, 삼호중공업 3사의 세계 시장 점유율은 25%. 현대중공업은 설계 인력만 1200명에 이른다. 세계 최고였던 일본을 추월한 것도 배의 모델을 팔던 일본과 달리 현대는 선주들의 주문에 따라 설계한 맞춤형 선박을 건조했기 때문.

30만 톤 컨테이너선은 전장全長이 축구장 세 개를 이어 놓은 길이다. 이 배가 짐을 싣고 시속 50km로 달리려면 10만 8000마력 엔진이 필요하다. 140마력 소나타 엔진 800대가 동시에 내는 힘이다. 현대중공업의 세계 선박 엔진 시장점유율은 35%로 독보적이다.

'미포만의 기적' 세계 최대 조선소

현대중공업은 한국 조선업의 사관학교 노릇을 했다. 현대에서 배운 일꾼들이 각 조선소로 퍼져 나갔다. 정주영 씨가 울산조선소를 방문한 고 이병철 삼성그룹 회장에게 "형님, 조선소 한번 해 보십시오"라고 한 말이 삼성중공업의 시작임은 유명한 이야기다.

민계식(65) 현대중공업 부회장은 마라톤 풀코스(42.195km)를 200회 넘게 완주한 기록을 갖고 있다. 민 부회장은 지금도 직원들이 퇴근한 오후 6시부터 오전 2시까지 연구 개발에 몰두한다. 그는 최근 시험 가동한 잠수함이 설계보다 1.5배나 깊은 잠항심도潛航深度를 기록했다고 자랑했다. 잠수함이 바다 깊이 들어가면 철판 찌그러지는 소리가 나지만 이 잠수함에서는 아무런 소음이 들리지 않았다.

한국 해군이 세계에서 다섯 번째로 갖는 이지스함 '세종대왕함'* 도 현대중공업이 만들고 있다. 크기는 작지만 1조 원짜리 군함이다. 선체 가격은 그중 3분의 1에 그치지만 0.1mm 오차도 허용하지 않는 록히드 마틴사의 최첨단 무기를 장착하는 이지스함의 선체를 우리 기술로 설계 제작했다는 자부심이 대단하다.

조선업이 몰락한 스웨덴에서 1달러를 주고 사 온 골리앗 크레인 '말뫼의 눈물' 아래서는 현대가 개발한 육상 건조 방식으로 선박을 짓고 있었다. 현대는 선박 주문이 밀려 새 독*dock*을 만들 시간도 공간도 여의치 않자 육상에서 선박을 건조하고 레일에 실어 바지선으로 옮겨 배를 띄우는 공법을 개발했다.

필자가 방문한 날은 토요일인데도 전체 2만 5000명 직원 중 1만 2000명이 나와 2010년까지 밀린 일감을 소화하느라 땀을 흘리고 있었다. 민주화 이후 노동 운동이 활화산처럼 타오르던 1980년대 후반에는 이 회사도 극심한 노사 분규를 겪었다. 그러나 노사 관계 원칙 지키기와 '삶의 질 향상'형 복지로 노사 분규를 극복했다. 회사는 노조가 무리한 요구를 하며 파업을 벌이면 무릎을 꿇지 않고 무노동 무임금 원칙을 철저히 지켰다. 그러자 노조도 임금 없는 파업을 포기했다.

직원들의 평균 연봉은 6600만 원이고 사원 주택보급률은 95%. 청소원과 운전사에게도 자녀 대학등록금을 대 준다. 요즘 현대중공업 노조는 회사와 투쟁할 거리가 없어 사랑의 장기 기증 운동, 소년소녀 가장 돕기, 경로 행사 같은 '노조의 사회 공헌' 모델을 실천하고 있다.

'기업가 정신' 1등 국가

울산 동구는 일본의 도요타 시에 못지않은 기업 도시의 전형이다. 현대중공업은 울산에서 중고교 5개와 울산대, 울산과학대를 운영한다.

피터 드러커는 저서 ≪넥스트 소사이어티≫에서 기업가 정신 1등 국가로 한국을 꼽으면서 그 이유를 이렇게 밝혔다. "약 40년 전만 해도 한국에는 기업이 전혀 없었다. 한국을 몇십 년 동안 지배한 일본이 기업과 고등 교육을 허용하지 않았다. 한국전쟁이 끝날 무렵 남한은 완전히 파괴되었다. 오늘날 한국은 24개가량의 산업에서 세계 일류 수준이고 조선과 몇몇 분야에서는 세계 선두 주자다."

한국을 1등 국가로 만드는 영웅들은 지금 기업에 있다.

2007. 10. 12

* 한국에서 만든 최초의 이지스함으로, 2004년 9월 건조를 시작하여 2007년 5월 25일 진수하였다. 360도 전방위를 감시하는 스파이-1D 이지스 레이더와 각종 미사일, 기관포로 3중 방공망을 구축한다. 최대 1000km 떨어져 있는 항공기나 미사일을 찾아낼 수 있고, 900개의 목표물을 동시에 추적할 수 있다.

▶▶▶▶▶

통영 바다가 낳은 문화예술

통영은 '한국의 나폴리'라고 불리는 미항美港이다. 기후가 온화하고 다도해에 둘러싸여 파도가 잔잔하다. 임진왜란 전만 해도 통영은 작은 어촌에 지나지 않았다. '통영統營'이라는 이름은 이순신 장군의 삼도수군통제영統制營에서 유래됐다.

우리의 문화예술은 통영 바다에 크게 빚졌다. 소설가 박경리, 음악가 윤이상, 시인 김춘수 유치환, 시조시인 김상옥, 극작가 유치진(유치환의 형), 영어 소설 ≪꽃신≫의 작가 김용익(김용식 전 외무부 장관의 동생), 화가 전혁림, 조각가 신문섭 씨가 통영 출신이다. 화가 이중섭은 1953년 부산 피란 시절 아내가 일본으로 떠난 뒤 예술을 사랑하는 통영 사람들의 도움으로 6개월간 체류하며 '황소' 같은 유화 대표작을 그렸다.

박경리(81) 씨가 얼마 전 원주 토지문화관을 찾은 진의장 통영시장에게 "죽으면 통영 바다가 보이는 곳에 묻히고 싶다"는 뜻을 밝혔다. 통영에는 박경리기념관이 세워진다.* 경남 하동군 악양면 평사리 마을에는 ≪토지≫의 무대 최참판댁이 관광객을 끌고 있다. ≪토지≫의 산실産室 원주에는 토지문화관이 있다. 그러나 정작 작가의 고향이고 ≪김약국의 딸들≫의 무대인 통영에는 작가를 기념할 건물 하나 없는 것이 통영 사람들의 아쉬움이었다.

박경리, 윤이상, 유치환의 고향

박 씨가 고향의 기념관에 보낼 물품 목록에는 재봉틀과 3층장, 국어사전이 들어 있다. 재봉틀은 젊어서 남편을 잃고 딸을 키우며 생활을 꾸린 도구이다. 통영산 3층장은 아버지, 어머니에게서 물려받은 것이다. 박 씨는 나무로 가구를 만드는 소목장小木匠이 통영을 대표하는 예술이라고 생각한다. 국어사전은 글을 쓸 때마다 들춰 보던 낡은 것이다. 그의 생활, 뿌리, 문학을 상징하는 물품이다.

일찍 결혼해 인천, 서울, 원주에서 산 박 씨는 평생 통영 바다를 그리워하면서도 생전 통영에 가지 않겠다는 고집이 있었다. 토머스 울프의 소설 ≪그대 다시는 고향에 가지 못하리≫에서처럼 더 큰 세상을 찾아 나섰던 작가는 무슨 이유에서인지 고향과 불화不和했다. 박 씨와 고향을 화해시킨 사람이 진 시장이다.

진 시장은 공무원 생활을 하면서 개인 전시회를 세 차례나 연 화가다. 박 씨가 "통영 바다가 보고 싶다"고 말하는 것을 듣고 친지가 통영항을 그린 진 씨의 수채화를 선물하면서 30년 인연이 시작됐다. 박 씨는 2004년 가을 진 시장의 초청으로 50년 만에 통영을 찾았다. 중앙시장에서 해물을 파는 아낙네들도 고향을 찾은 대작가를 반색했다.

하동군 평사리는 ≪토지≫ 같은 대하 소설의 무대가 되기에 알맞은 환경을 갖추었다. 마을 앞에 악양 넓은 들이 펼쳐지고 옆으로 섬진강 푸른 물이 흘러간다. 지리산 자락이 마을을 감싸고 있다. 그러나 작가는 혼을 불어넣어 쓴 ≪토지≫에서 고향을 빼놓은 것이 아쉬웠던지 종결부에서 최참판댁의 재산을 빼앗은 조준구를 통영으로 불러들인다. 조준구의 아들 꼽추는 통영에서 소목장 기술을 배우고 몰락한 아버지를 봉양한다.

충무공 통제영統制營이 길러낸 DNA

통영은 문화예술 도시로 탈바꿈할 채비를 갖추고 있다. 진 시장은 작년 10월 평양에서 열린 윤이상 서거 10주년 기념 음악제에 참석해 북한에 거주하는 윤 씨의 부인 이수자 씨를 만나 통영에 지을 음악당에 '윤이상'이라는 이름을 붙이는 것을 허락받았다. 이 씨는 동백림 사건을 거론하며 대한민국 정부가 먼저 사과해야 한다고 주장하다가 진 시장의 설득에 이름을 내주었다고 한다. 통영시는 윤이상음악당**과 함께 이중섭기념관도 세울 계획이다.

통영에서 문화예술인이 많이 태어난 데 대해 박 씨는 ≪토지≫에서 그럴듯한 설명을 한다. 이순신 장군은 삼도수군통제영에 배와 활과 칼을 만드는 전국의 기술자들을 불러 모았다. 이들은 8년 전쟁이 끝난 뒤에도 날씨가 따뜻하고 해류의 영향으로 맛좋은 생선이 나는 통영에 눌러앉았다. 한산섬에서 통영으로 옮겨온 통제영에는 12공방工房이 있었고 조정에 진상하던 물품을 만들었다. 박 씨는 필자와의 인터뷰에서

"충무공이 소집한 조선 기예技藝의 DNA가 통영 사람들에게 면면이 이어져 오고 있다"고 자랑했다.

뜨거운 여름에 남쪽 바다를 찾아 한산섬 제승당制勝堂과 욕지도, 국보 305호인 세병관洗兵館을 둘러보았다. 진 시장에게서 통영 바다가 낳은 문화예술과 문화 도시의 미래상을 들은 것은 망외望外의 소득이었다.

2007. 8. 3

* 고 박경리 선생을 기리기 위한 기념관은 타계 2주기인 2010년 5월 5일에 개관했다. 통영시 산양읍 신전리 미륵산 자락 고인의 묘소 바로 밑에 자리 잡은 박경리기념관에는 고인의 대표작인 ≪토지≫ 친필 원고와 여권, 편지 등의 유품이 전시됐으며 고인의 삶을 자세히 들여다볼 수 있는 영상실, 고인이 집필한 책과 선생의 작품에 관한 논문 등을 모아 놓은 자료실도 마련됐다.

** 한국을 대표하는 문화 아이콘으로 추진된 윤이상음악당 건립 계획은 현 정부의 대북 강경 기조 이후 이상 기류를 보이다 결국 '윤이상' 이름을 뺀 채 통영국제음악당으로 명칭을 바꿔 곧 착공할 계획이라 한다.

▶ ▶ ▶ ▶ ▶

미래의 부가 솟는 '사람 유정油井'

지구촌에서 총성 없는 에너지 전쟁이 뜨겁다. 고갈 위기에 처한 석유 에너지를 확보하고 대체 에너지를 개발하기 위한 경쟁이다. 석유 한 방울 나오지 않는 우리로서는 석유가 펑펑 솟아 오일 달러를 주체하지 못하는 중동 국가와 러시아, 베네수엘라 같은 나라가 부럽기만 하다.

'석유 이기는 인재' 입증한 이스라엘

그러나 석유 매장량이 국민의 소득이나 행복 지수와 정확하게 비례하지는 않는다. 쿠웨이트, 사우디아라비아 등 6개 걸프만 국가에 2002년부터 5년 동안 석유 수출로 1조 5000억 달러가 흘러들어 갔지만 세계 금융 기관들도 막대한 오일 달러의 행방을 정확하게 파악하지 못한다. 석유 매장량 2위인 이란은 이슬람 근본주의 정권이 집권해 국민의 기본권을 억압하고 있다. 3위 이라크는 후세인 철권 통치 아래 시달리다가 미국의 침공을 받았고 종족 갈등 속에 자살 폭탄 테러가 끊이지 않는다. 베네수엘라의 차베스는 런던의 빈민들까지 돕겠다고 나서지만 자국의 '석유 이후'에는 대비하지 않는 모습이다.

반면에 이스라엘은 국토도 척박하고 유정油井 하나 없지만 세계은행 통계에 따르면 2005년 기준 1인당 국민총소득(GNI)이 1만 8580달러로 이란(2600달러)의 7배가 넘는다. 미국을 비롯해 세계 각국에서 재력과 영향력을 발휘하는 유대인들의 후원도 큰 힘이 된다. 그 인적 자원도 저절로 생긴 것이 아니라 유대인들이 누대累代에 걸쳐 쌓은 것이다.

세계화의 전도사 토머스 프리드먼Thomas Friedman은 최근 이스라엘 네게브 사막에 있는 벤구리온대를 방문해 '이스라엘은 유정을 발견했다'라는 글을 썼다. 석유가 솟는 유정이 아니다. 생물공학, 소프트웨어, 전자공학 같은 첨단 분야를 연구하는 학생들이 바로 이스라엘의 유정이라는 것이다. 팔레스타인의 하마스와 파타당黨이 사막의 올리브 나무를 차지하기 위해 총질을 할 때 이스라엘 학생들은 연구실에서 로봇을 만들고 매트릭스를 이용한 목표물 탐지 장치를 개발하고 있다.

선도 국가 멀어지게 하는 교육 통제

어느 쪽이 승리할지는 불문가지다. 유정은 언젠가 고갈되지만 우수한 인적 자원이라는 유정은 바닥이 나지 않는 화수분이다. 두바이는 2010년이면 석유가 고갈될 것으로 예측되자 현명한 군주가 재빨리 경제 개발과 인재 육성으로 국가 전략을 전환해 눈부신 발전을 이룩하고 있다.

유정 하나 없는 우리나라도 대학에서 세계 최고의 연구 성과를 이루어 내고 세계를 무대로 활약할 인재를 어떻게 육성하고 발굴하느냐에 미래가 달려 있다. 그런데 정부는 인재 육성은 기러기 가족이 알아서 하니 손을 놓았는지, 3불不 정책을 신줏단지처럼 모시고 산다. 대학 연구 지원금은 대학 입시를 통제하고 말 안 듣는 대학을 위협하는 수단으로 전락했다. 하향 평준화 코드를 고교에 이어 대학에까지 강요하면 미래 세대를 무엇으로 먹여 살릴 것인가. 학생 선발에서 내신과 수능의 비율을 어떻게 할지는 정말 기술적인 문제이고, 비전문가인 대통령이 감 놔라 배 놔라 할 일이 아니다. 뻔히 알면서 아무 말도 못하는 김신일 부총리 겸 교육인적자원부 장관은 더 한심하다.

지금 당장 고교등급제를 시행하거나 고교 평준화를 깨자는 게 아니다. 고교 평준화가 일거에 무너지면 혼란이 올 것이다. 공립학교는 고교 평준화를 유지하고 자립형 사립고를 늘려 가면서 과학고, 외국어고, 국제중 같은 영재 교육 기관을 육성해 평준화 제도를 보완하는 것이 중요하다. 변별력이 없는 내신 위주의 입시를 강요해 공부 열심히 하는 학생을 오히려 손해 보게 하는 역차별 제도, 과학고를 비롯해 특목고의 씨를 말리는 입시 제도로는 21세기 선도 국가가 될 수 없다.

침대 길이에 맞추어 영재들의 다리를 자르는 하향 평준화 교육으로는 마이크로소프트의 빌 게이츠, 애플 컴퓨터의 스티브 잡스 같은 인재를 배출할 수 없다. 화석화된 평등 교육 코드에 집착하는 대통령과 정부가 미래의 부富를 가져올 유정을 고갈시키고 있다.

2007. 6. 19

▶ ▶ ▶ ▶ ▶

제복이 자랑스러운 나라

영국 경찰이 쓰는 고풍스러운 보비 헬멧은 19세기 빅토리아 시대에 만들어졌다. 경찰의 바른 자세와 권위, 시민 보호를 상징한다. 고풍스러운 헬멧을 쓰고 유유히 거리를 순찰하는 영국의 경찰은 이층 버스와 함께 런던의 명물이다. 길거리에서 경찰과 함께 기념 사진을 찍는 관광객도 많다. 순찰차에 탈 때 불편하고 도둑을 쫓을 때도 잘 벗겨지지만 런던 경찰은 아직도 이 모자를 착용한다.

우리 경찰은 제복보다는 사복을 더 선호하는 것 같다. 경찰에 대한 사회적 인식과도 관련이 있어 보인다. 우리 경찰의 역사는 일제강점기에 시작돼 독재 정권 시대를 거치며 부정적인 이미지가 덧칠해졌다. 김승연 한화그룹 회장 보복 폭행 사건처럼 제복을 부끄럽게 하는 사건들도 영향을 미쳤을 것이다.

국가 안보의 무임 승차 행위

허준영 전 경찰청장은 재임 시절 경찰관들에게 제복 입고 출퇴근하기를 권장했다. 15만 경찰이 제복을 입고 버스와 지하철을 타면 소매치기나 성추행범이 움찔할 것이고 범죄도 줄어들리라는 생각에서였다.

허 전 청장은 2대 경찰관 집안이다. 그는 외무고시에 합격해 4년 동안 외교관 생활을 하다가 경찰로 전직했다. 그가 외교관을 할 때 장모는 주변에서 "사위 뭐하노"라고 물으면 "외교관이야"라고 대답했다. 그러던 장모가 사위의 전직轉職 후에는 주위 사람들에게 "우리 사위 내무부에 있어"라고 말했다. 허 전 청장이 "제 직업을 부인하시면 저는 제 결혼을 부인하지 않을 수 없습니다"라고 따지고 나서야 장모는 '내무부'라는 말을 입에 올리지 않았다고 한다.

영국에서는 경찰에 대한 사회적 인식이 높아 상류 계급 출신이 경찰에 많이 지원한다. 영국의 영향을 받아 캐나다 등 영연방 국가에서는 경찰이 되려면 치열한 경쟁을 거쳐야 하고 자긍심도 높다. 이들 나라는 도로에서 걷잡을 수 없는 무질서가 벌어졌다가도 경찰이 나타나면 일시에 질서가 회복된다.

1960, 1970년대에는 사관학교 생도들이 제복을 입고 지나가면 울바자 너머로 처녀들 가슴이 울렁거렸다. 그 시절에는 신체 건강하고 공부를 꽤 하는 고등학생이라야 사관학교에 들어갔다. 지금은 젊은이들이 자유분방한 생활을 선호하고 소득 수준이 높아져 국비로 교육을 시키는 사관학교의 메리트가 줄어든 편이다. 민병돈 전 육군사관학교 교장은

"군 출신 원로들이 내놓고 말하지는 않지만 우려하는 대목"이라면서 "건강한 자본주의 체제를 지키려는 의욕이 강한 중산층 이상의 가정에서 자녀들을 사관학교에 많이 보내야 국가 안보가 튼튼해진다"고 말했다. 최근 병역 특례 비리에 연루된 사람들은 우리 사회에서 더 많이 갖고 더 많이 누린 사람들이다. 국가 안보의 무임 승차 행위라고 할 수 있다.

제복의 사나이들이 산하에 뿌린 피

과거 군사 정권 시절에는 군인들이 쿠데타로 정권을 빼앗고 민간 분야의 자리까지 독식해 '너무 해 먹는다'는 반감이 사회 일각에 존재했다. 그러나 지금은 군의 사기를 걱정해야 할 판이다. 젊은 군인과 전의경을 향해 죽봉을 휘두르는 사람들의 머릿속에는 국가 안보나 사회 안전과 질서에 대한 의식은 아예 없어 보인다.

노무현 대통령의 말본새는 더 말하기도 신물 나지만, '별 달고 거들먹거리고…' '군대 가서 썩지 말고…' 같은 군 비하 발언은 국군통수권자로서 절대로 해선 안 될 말이다. 대통령의 군 비하 발언에 현역과 예비역들이 모두 분노했다는 민 장군의 전언이다. 군 지휘관은 부하들로부터 존경받는 인격을 갖춰야만 그 인격을 믿고 따르는 높은 수준의 복종을 끌어낼 수 있다.

오늘은 현충일이다. 대한민국 정부는 전쟁의 포성이 멈추고 사회가 안정을 찾아 가던 1956년 6월 6일을 현충일로 제정해 52번째 현충일을 맞는다. 6・25전쟁에서 40만 명 이상의 군인과 경찰이 사망했다. 제복의 사나이들이 산하에 뿌린 피가 없었다면 지금 우리가 누리는 자유와 번영은 꿈도 꾸지 못했을 것이다.

2007. 6. 5

▶ ▶ ▶ ▶ ▶

대통령의 PTSD적 언론관

집권 기간 내내 언론을 공격하는 노무현 대통령의 적대적 언론관은 어디에 뿌리를 두고 있을까. 유시민 의원이 2002년 출간한 ≪노무현은 왜 조선일보와 싸우는가≫를 들여다보면 궁금증이 어느 정도 풀린다. 노 대통령과 언론의 질긴 악연은 1991년 통합민주당 대변인에 임명됐을 때 <조선일보>의 작은 프로필 기사가 발단이 됐다. '고졸 변호사 출신, 지나치게 인기를 의식, 부산 요트클럽 회장으로 상당한 재산가'라는 요지였다.

피해 의식에서 나온 언론 공격 심리

노 대변인이 프로필에 발끈해 해명 자료를 언론사에 배포한 뒤 <주간조선>이 보완 취재를 해 다시 기사를 쓰자 그는 소송을 내 1심에서 승소했다. 전후 맥락을 살펴보면 노 대통령의 언론관은 일종의 '외상外傷 후 스트레스 장애(PTSD: Posttraumatic Stress Disorder)'에 해당한다는 생각이 든다. 이 정부 출범 이후 노 대통령의 거듭되는 막말로 언론과 언론인은 심각한 상처를 입었다. 일일이 사례를 들기도 부질없지만, 민주 국가의 대통령이 피 말리는 취재 경쟁을 하는 기자들을 향해 '기자실에 죽치고 앉아 담합한다'는 말을 온전한 정신으로 할 수 있다고는 믿을 수 없다.

그는 대통령이 되기 전에는 영화 <주유소 습격사건>처럼 '난 한 놈만 패'라는 전략을 썼다(유시민, ≪노무현은 왜 조선일보와 싸우는가≫). 대통령이 돼 힘이 붙자 주류 신문 전체로 전선戰線을 넓혔다. 일부 언론학자와 언론 단체들은 대통령의 피해 의식에서 나오는 언론 공격을 '언론 개혁'으로 포장하는 논리를 제공했다. 이제는 임기를 9개월 남겨 놓고 언론 전체를 상대로 새 전쟁을 선포했다.

어제 국무회의는 정부 부처의 기자실을 폐쇄하고 서너 군데 브리핑룸에서 관리가 불러 주는 것이나 받아 적으라는 지침을 의결했다. 남미 이구아수 폭포 혁신 세미나 공금 출장이나 대통령 측근 안희정 씨의 비밀 대북 접촉 같은 것은 감춰 두고, 브리핑해 주는 홍보성 기사나 보도하라는 것이다.

유신 독재 시절에 국방부 기자들은 기자실과 화장실만 출입이 가능했다는데, 노 정권은 기자실을 아예 없애고 화장실만 남겨 두었다. 취재 원천 봉쇄 제도를 '취재 지원 선진화 방안'이라고 작명作名한 것은 조롱인지 말장난인지, 대통령의 뒤틀린 심사를 종잡을 수 없다. 이른바 진보라는 친노親盧 매체까지 "취재 활동 위축과 국민의 알 권리 제한으로 이어질 수 있다는 점에서 매우 걱정된다"는 사설社說을 쓸 정도다.

이 정권은 신문법과 공정거래위원회를 통한 신문 목 죄기로는 모자란다고 판단했던지 종이 신문을 저격하는 신종 미디어를 육성했다. 포털은 100곳 이상에서 8000여 개 기사를 공급받아 이 중 200여 개 뉴스를 골라내는 언론 권력을 행사한다. 그런데도 신문법은 '자체 기사 생산 비율이 30%를 넘어야 한다'는 조건을 달아 공룡 포털을 인터넷 신문에서 빼주었다. 포털은 아무런 규제를 받지 않고 80여 종의 사업을 하며 언론 기능까지 하는 문어발 재벌 기업으로 성장했다.

권력의 취기에서 깨어난 뒤가 궁금

노 대통령은 작년 6월 포털 대표들을 청와대로 불러 "포털은 중요한 언론 기능을 하고 있다"고 격려했다. 그는 언론에 관한 한 더블 플레이의 명수다. 종이 신문에 대해서는 '건강한 긴장 관계'라는 수사修辭를 써가며 괴롭히면서 포털과는 드러내 놓고 권언權言유착을 한다.

'취재 지원 선진화 방안'은 이름과는 반대로 민주주의 국가에서는 있을 수 없는 후진적 언론 탄압 정책이다. 미국은 의회에서 언론 자유를 제약하는 법률을 만들 수 없다고 헌법에 규정돼 있는데, 한국은 헌법에 보장된 언론 자유를 국무회의 의결로 제한하는 나라다. 언론 자유는 모든 자유의 초석이라는 점에서 한국 민주주의는 아직도 갈 길이 멀다.

개인적 피해 의식에 사로잡혀 권한을 남용하는 대통령 밑에서 9개월 시한부 언론 대책을 만드는 청와대와 국정홍보처의 하수인 중에는 언론사나 언론 단체 기관지에서 밥을 먹던 사람들도 있다. 자유 언론을 짓밟고 옛 동료들의 자긍심에 칼질하는 사람들이 머지않아 권력의 취기醉氣에서 깨어날 때는 어떤 모습일지 똑똑히 보고 싶다.

2007. 5. 22

▶ ▶ ▶ ▶ ▶

사랑받고 존경받는 재벌

"자녀에게 어떤 일을 할 수 있을 만큼만 돈을 물려주되 아무것도 하지 않아도 될 만큼 물려주지는 말라."

세계 두 번째 부호로 꼽히는 워런 버핏 버크셔 해서웨이 회장이 세상 부모들에게 들려주는 충고다. 버핏은 2남 1녀의 자녀들에게 유별나게 구두쇠처럼 굴었다. 딸 수지는 공항에서 주차료 20달러를 아버지에게 빌리면서 수표를 써 주어야 했다. 그녀는 좁은 부엌을 넓히기 위해 아버지에게 돈을 빌려 달라고 했다가 "은행에 가서 보통 사람들처럼 대출을 받아라"는 대꾸를 들었다. 아들 하워드가 농장을 사고 싶다고 하자 버핏은 농장을 사서 아들에게 임대를 했다. 임대료는 농장 수익금의 1%였고 세금은 아들이 납부하는 조건이었다.

구두쇠 워런 버핏의 자녀 훈육법

자식을 어떻게 키우느냐에 대해서는 사람마다 생각이 다르고 버핏의 훈육법이 항상 최선이라고 할 수는 없을 것이다. 버핏은 상속세 폐지나 기업을 자식에게 물려주는 것에 반대하지만 재산을 후대에 물려주려는 욕망이 기업가 정신을 북돋우는 활력소라고 보는 관점도 있다.

한화그룹 김승연 회장의 보복 폭행 사건은 조석래 전국경제인연합회 회장의 말마따나 김 회장 개인 문제다. 그럼에도 김 회장 사건은 우리 사회의 반反기업 정서라는 기류에 실리면서 묘한 방향으로 흘러가고 있다.

일부 방송은 김 회장이 남대문경찰서에 벤츠S600을 타고 출두하는 모습을 반복해 방영했다. 재벌 회장이 벤츠S600을 타는 것이 잘못은 아니다. 중소기업인이나 자영업자 중에도 7억 원대의 벤츠 마이바흐를 타는 사람이 있다. 국산 자동차의 수출을 위해서도 국내 시장에서 외제차를 어느 정도 사 줄 필요가 있다. 그런데 텔레비전 카메라가 벤츠S600의 번호판을 잡자 '1001' 숫자가 화면을 채웠다. '1001'은 권위주의 정부 시절 대통령 승용차의 번호판이다. 재벌 회장의 권력 콤플렉스를 시사하는 장면이었다.

각종 지표를 보면 우리나라는 유달리 반기업 정서가 심한 편이다. "재벌 그룹 회장을 경찰서 유치장에 수감하는 가슴 벅찬 광경을 보게 될 것"이라는 젊은 경위의 발언도 반기업 정서를 바탕에 깔고 있다.

반기업 정서의 뿌리에는 버핏처럼 모범적인 삶을 살며 사회 공헌 활동을 활발하게 하는 기업가가 부족한 탓도 있다. 경제 단체들은 기업의 목적을 이윤 추구가 아니라 사회 공헌인 것처럼 기술한 중고교 교과서가 많아 문제라고 지적한다. 그러나 미국에는 기업의 사명을 주주를 위한 이익 창출이라는 좁은 비전에 가두지 않는 새로운 세대의 기업가가 적지 않다. 이른바 온정적 자본주의다.

영리 추구 기업에 박애심도 필요

검색 엔진 구글의 설립자들은 구글닷오르그google.org라는 자선 기관을 영리 법인으로 설립했다. 구글닷오르그는 빈곤, 질병, 지구 온난화 퇴치를 위해 10억 달러의 종자돈으로 사업을 시작했다.

버핏은 40년 전 3만 1500달러를 주고 매입한 집에서 지금도 그대로 산다. 동네 가게에 직접 차를 몰고 가서 사 온 햄버거에 콜라로 곧잘 점심을 때우는 버핏이 빌 앤드 멀린다 게이츠 재단에 30조 원에 가까운 310억 달러를 기부해 세상을 놀라게 했다. 미국 역사상 최고액의 기부였다. 버핏은 "내가 큰돈을 번 것은 사회와 시장 시스템 덕분"이라고 말한다. 버핏의 사회 공헌 활동은 그가 돈을 벌도록 해준 자유민주주의 사회와 시장 시스템을 보강하는 활동이라고 해석할 수도 있다.

애덤 스미스는 ≪국부론≫에서 "우리가 저녁 식사를 할 수 있는 것은 푸줏간 주인이나 양조장 주인, 제빵업자들의 박애심 덕분이 아니라 그들의 돈벌이에 대한 관심 때문"이라고 썼다. 그러나 인간은 단순한 이기심 이상의 것에서 감동을 받는다. 기업가의 모범적인 삶과 자선 활동은 소비자의 호감을 높여 회사의 매출 증대에 기여하는 효과도 있다. 기업의 자선 행위는 사람들의 마음을 움직여 시장에서 '보이지 않는

손'을 강화하는 데 도움이 된다. 우리나라에서도 버핏처럼 국민의 사랑과 존경을 받는 재벌이 많이 나왔으면 좋겠다.

2007. 5. 8

▶ ▶ ▶ ▶ ▶

성을 쌓는 자 못 이긴다

"협상은 깨지는 것이 두려워 바짓가랑이 붙잡고 매달리는 쪽이 진다." 노무현 대통령이 한미 자유무역협정(FTA) 협상 팀에 했다는 말이다.

노 대통령은 매사를 이기고 지는 게임의 관점에서 파악한다는 비판을 받지만 이번 한미 FTA 협상에서도 승부사적 기질을 유감없이 발휘했다는 것이 청와대 측근들의 전언이다. 미국이 일본, 중국, 유럽연합(EU)에 앞서 한국과 FTA를 맺으려는 뜻이 강함을 감지하고 쌀을 비롯한 민감한 품목에서 마지막 버티기를 할 수 있었다는 것이다.

어떻게 보면 '친親노조 좌파'라고 불리는 노무현 정부에서 한미 FTA 협상을 타결한 것이 자유 무역 반대 세력의 저항을 누그러뜨리고 협정을 안착시키는 데 도움이 될 수도 있다는 생각이 든다. '좌파 신자유주의'라는 말이 '뜨거운 얼음'처럼 모순된 말 같지만 '먹고사는 문제' 앞에서는 좌우의 구분보다 유연하고 실용적인 사고가 중요하다.

코스트코 옆에서 건재한 하나로클럽

세계 최대 유통업체이자 세계 최대 기업인 월마트가 한국에서 퇴각한 사례를 보더라도 시장 개방과 국제 경쟁을 두려워할 일만은 아니다. 1999년 유통 시장 개방과 함께 월마트가 한국에 1호 매장을 열었을 때 유통업계는 지각 변동이 일어날 것이라고 겁을 집어먹었다. 그러나 월마트는 작년에 신세계가 좋은 매각 조건을 제시하자 미련 없이 16개 매장을 팔고 한국에서 철수했다. 월마트는 이마트 같은 토종 유통업체에 밀려 한국 시장에서 승산이 없다고 보고 사업을 접은 것이다.

월마트, 까르푸가 물러난 나라에서 미국계 할인매장 코스트코는 선전善戰하고 있다. 필자는 휴일에 어쩌다 서울 서초구 양재동에 가까이 자리한 농협 하나로클럽과 코스트코를 들를 때가 있다. 코스트코에는 칠레산 포도, 미국산 망고, 필리핀산 파인애플과 제주 한라봉, 성주 참외가 나란히 자리 잡고 있다. 세계화는 알게 모르게 우리의 시장 안으로 성큼 들어와 있다. 코스트코에서 9990원에 파는 20피스짜리 초밥 도시락을 들여다보면 먹을거리의 세계화를 실감하게 된다. 페루산 장어, 태국산 초새우, 중국산 문어, 태국산 날치알, 원양遠洋에서 잡아온 눈다랑어를 쓴다. 쌀밥만 한국산이다.

한국 농수산업이 결코 죽지 않으리라는 것을 하나로클럽에서 확인할 수 있다. 먹을거리의 토착성과 다양성에서 코스트코는 하나로클럽의

적수가 되지 못한다. 귀에 익숙한 산지産地 이름이 붙은 농수산물이 넓은 매장을 가득 메우고 봄철 미각을 돋운다.

한미 FTA 협상에서도 개방을 유예 받은 쌀은 농촌의 고령 인구가 자연 감소할 때까지 미루고 버티는 도리밖에 없을 것 같다. 이번 기회에 새만금의 71%를 영농 단지로 만드는 개발 계획이 과연 이 시대에 타당한 것인지도 따져 볼 필요가 있다.

세계 3위 통합 시장이 만들 일자리

한미 FTA가 발효되면 시장 규모에서 EU, 북미자유무역지대(NAFTA)에 이어 세 번째로 큰 자유 무역 지역이 형성된다. 미국은 세계 수입 시장의 21%를 차지하는 최대 시장이다. 시장 개방을 통한 자유 무역의 확대는 나라 전체의 경제적 파이를 키우고 소비자의 선택의 폭을 넓히는 효과가 있다. 자유 무역은 한쪽에서 국내의 일자리를 파괴하는 것이 사실이지만, 세계 최대 시장과의 통합을 계기로 우리가 하기에 따라서는 전체적으로는 일자리를 크게 늘릴 수 있다.

세계화 전도사인 토머스 프리드먼은 최근 칼럼에서 글로벌 비즈니스에 종사하는 기업인들의 말을 인용하며 자유 무역 국가가 종국에는 국제 경쟁에서 이길 것이라고 강조한다. "세계 각국의 자원을 활용해 아이디어를 시장의 상품으로 빠르게 바꾸어 놓는 사회가 승리한다." "성城 밖에 빙 둘러 못을 파 놓고 우리가 하는 것을 계속하면서 스스로 세계에서 최고로 영리하다고 생각한다면 우리는 죽게 된다. 우리는 교환하고 무역하는 유연성을 가져야 한다."

인터넷과 휴대용 통신 기기로 무장하고 초원을 가로지르는 신新유목민의 물결 앞에서 성을 쌓고 해자垓子를 파는 자는 망하게 돼 있다.

2007. 4. 10

▶ ▶ ▶ ▶ ▶

대수도大首都는
대한민국 경쟁력

다산 정약용이 유배지 전남 강진에서 보낸 편지 중에는 "도시와 시골은 현격한 문화의 차이가 있으니 서울 한복판에서 살아야 한다"고 아들을 일깨우는 내용이 들어 있다. 다산은 서울살이가 안목을 키우고 식견을 넓히는 데 도움이 된다는 생각에서 그런 편지를 보낸 것이다. 경기 남양주시 조안면 능내리 다산 고택古宅은 서울 근교近郊인데도, 시골을 떠나 서울에서 살라는 가르침은 역시 실학자답다.

'서울 600년사'에 따르면 다산이 47세이던 순조 7년(1807) 전국 인구가 756만 명이었고 서울 인구는 2.7%인 20만 명. 다산이 살던 시대로부터 약 2세기가 흐른 작년 말 기준 서울, 경기, 인천을 합한 인구는 전체 인구의 48.3%가 됐다. 수도권은 내년 말이면 대한민국의 절반을 넘어서는 거대 수도가 돼 간다.

경제 성장 막는 경직된 억강부약抑强扶弱

다산의 편지글처럼 개인이 자기 발전을 위해 수도권에서 살려고 하는 것은 자연스러운 현상이다. 이익을 창출하기 위해 수도권에 진입하려는 기업도 마찬가지다. 억강부약抑强扶弱 정신에 입각한 수도권 억제와 지역 균형 발전이 실효를 거두기 어려운 이유다.

박정희 대통령 때부터 수도권 억제를 시작했지만 현 정부는 역대 어느 정부보다도 유난히 지역 균형 발전에 정권의 명운을 걸다시피 했다. 그러나 임기 1년이 남은 지금, 수도권 팽창은 막지 못하고 오히려 부작용만 키웠다는 생각이 든다.

각종 개발 계획으로 엄청난 토지 보상비가 풀리는 바람에 보상비 광풍狂風이 불어 서울 강남의 집값 폭등에 기름을 끼얹었다. 정부는 행정 수도 이전을 내세울지 모르겠다. 그러나 김석철 아키반건축도시연구원 원장은 "행정 수도 이전은 기껏 과천청사를 옮겨 놓는 정도의 효과에 그칠 것"이라고 말했다.

수도권은 각종 규제로 묶여 있지만 첨단 기업들은 인프라와 인력이 받쳐 주는 서울을 선호한다. LG필립스 LCD 파주 공장을 못 세우게 하면 구미로 내려가는 것이 아니라 대만으로 갈 판이었다. 하이닉스가 이천에 공장을 못 짓고 청주로 내려가면 3년이 더 걸리고 5000억 원이 추가로 소요된다. 반도체는 시장 타이밍을 맞춘 대규모 투자가 중요하다. 3년이면 반도체의 한 세대가 지나가 버린다.

김문수 경기도지사는 '대수도大首都론'을 제안했으나 경기도는 최근 다른 지역의 반발을 의식해 대수도 대신에 광역 행정 협의라는 표현을 쓰고 있다. 이동수 대구가톨릭대 교수는 토지공법학회가 지난주 주최한 학술대회에서 발표한 <대수도론의 법적 문제>라는 논문에서 "공장 총량제는 전 국토의 균형 발전을 위해 국가가 가진 최소한의 규제"라고 옹호했다. 그러나 수도권 총량제 규제는 한계에 부닥친 상황이다.

한석규 경기도 기획관리실장은 37개 기업 56조 원의 투자가 수도권에 대기하고 있다고 말했다. 수도권에 56조 원의 신규 투자가 일어나면 수많은 일자리가 생겨나고 식어 가는 성장 동력에 다시 불을 댕길 수 있다. 수도권의 소득이 높아지면 지방으로 흘러넘치는 효과도 생겨난다.

수도권 투자 줄 서 있는 56조 원

대기업 규제가 풀려 지방에 투자를 하면 기업 도시는 저절로 생겨난다. 울산, 거제 같은 도시는 조선업 호황으로 24시간 조선소를 가동하느라 불야성不夜城을 이룬다. 1인당 지역내총생산(GRDP)이 서울보다 높다. 제철소가 있는 포항, 광양 같은 도시도 불경기를 모른다.

프랑스는 비非수도권에 공장을 세우는 기업에는 인센티브를 주고, 수도권으로 들어오는 기업에는 혜택을 주지 않는다. 우리도 기업이 지방에 대규모 투자를 할 수 있도록 규제를 풀어 주고 세금과 공장 용지에서 과감한 인센티브를 주면 된다. 항구를 이용한 중후장대重厚長大형 산업은 지방이 유리하다.

인구의 절반이 몰려 사는 수도권이 묶여 있는데 '주식회사 대한민국'이 글로벌 경쟁에서 제대로 뛰기는 어렵다. 경제는 억강부약의 사회정의 실현과는 다르다.

2006. 12. 12

▶ ▶ ▶ ▶ ▶

감옥과 시장市場

김대중(DJ) 정부와 현 정부에서 고위직을 지낸 S 씨는 "차라리 감옥에 갇혀 있을 때가 행복했어요. 그때는 민주화 쟁취라는 꿈이라도 있었죠"라고 쓸쓸한 얼굴로 말했다. 그는 DJ의 '비판적 지지자'였고 노무현 대통령의 열성적 지지자였다.

"지금은 벙어리 냉가슴입니다. 언론은 후련하게 비판이라도 할 수 있겠지요. 우리는 정권 창출에 책임이 있으니까 속 시원하게 욕도 못해요."

그는 참여정부를 망조亡兆 들게 한 대표적 실패 사례로 부동산 정책을 꼽으며 대통령비서실을 '386 보이스카우트'로 깔아버린 인사가 근본적 잘못이라고 탄식했다.

"지방 대도시의 집값이 서울의 5분의 1도 안 됩니다. 지방 사람은 평생 서울에서 살 수 없게 됐어요. 참여정부가 서민과 미래 세대에 무슨 짓을 한 겁니까. 정나미가 떨어졌어요. 정부가 있는지 없는지 모르겠어요. 시장과 맞서 싸우려고만 했지, 시장을 다룰 줄 몰랐어요."

참여정부 창업 공신들의 탄식

K 교수는 최근 신문 칼럼에서 '코드 이외의 세력을 적敵이나 개혁 대상으로 보는 고립주의 발상이 독약이었다'고 지적했다. K 교수도 2002년 대선 때 '왜 노무현이어야 하는가'에 대한 이론적 근거를 제시했다는 말을 들었던 지식인이다.

'노사모'와 '국민의 힘'을 만들어 노 대통령을 지지했던 예술인이 무척 괴로워한다는 이야기도 S 씨한테서 전해 들었다. "팔을 걷어붙이고 만든 정권이 바닥을 치다 못해 ×판을 치고 있는데 괴롭지 않겠어요."

그래도 들어본 중에서는 창업 공신 장관의 말이 가장 당당했다. "한나라당이 정권 잡는다고 나라 망하지 않습니다. 우리가 무능하면 정권 뺏기는 게 당연하지요. 이제부터라도 똑바로 하면 돼요."

허준영 전 경찰청장은 현 정부 초기에 청와대에 들어가 1급 비서관을 했다. 386들은 청와대 회식 자리에서 감옥 이야기로 꽃을 피웠다. 그는 10년 후배뻘인 386들과 지낸 1년을 회고하며 "감옥 갔다 온 이력이 자랑이 되지 않는 사회가 됐으면 좋겠다"고 말했다. 현 정부 주체 세력과 인연이 없었던 그는 노 대통령의 얼굴을 직접 볼 기회가 없었다. 386들은 아침저녁으로 안채에 들어가 대통령과 식사를 했다.

"대통령은 사회 각계의 전문가들을 돌아가며 만날 시간도 모자라는 자리입니다. 술 마실 때 감옥 갔다 온 이야기를 안주로 삼는 젊은 사람들에게서 대통령이 제대로 된 이야기를 들었을지 모르겠어요."

이른바 범국민운동본부, 민주노총, 전교조의 불법에 정부가 법대로 대처하지 못하는 사태도 근원을 따져 보면 감옥에서 인연이 얽히고설킨 386들의 동지 의식 때문이다.

창업 공신들의 근황을 전해 준 S 씨는 현 정부 초기에 필자에게 "조동중朝東中 '찌라시'(광고 전단지를 뜻하는 일본말) 안 본 지 오래됐습니다"라는 가시 돋친 말을 던지곤 했다. 태도가 바뀐 것은 대체로 올해 5·31 지방 선거 이후로 기억된다. 그가 어떤 칼럼을 거론하며 "틀린 말 없더군요"라고 말했다. 왜 '찌라시'를 다시 보기 시작했을까.

독재엔 이겼지만 시장엔 졌다

현 정부가 시장과 맞서 싸우다가 실패한 것은 부동산만이 아니다. 정부는 국민 세금 100억 원을 들여 이른바 신문공동배달센터를 만들고 내년에 350억 원을 쏟아붓겠다고 예산을 요구했다. 주류 신문을 밀어내기 위해 신문 시장에 직접 개입해 친여親與 신문 유통망을 짜주는 것을 아직도 개혁이라고 착각하고 있다. 대통령이 주장主將이 돼 주류 신문을 줄기차게 공격했지만 시장의 선택이 바뀌었다는 소리는 들리지 않는다.

386은 거리에서 투쟁하고 감옥에 드나드느라 시장을 공부하고 체험할 기회를 갖지 못했다. 이들은 독재 정권과의 싸움에서 이겼지만 시장에서는 패배했다. 시장과 싸우다 3년 9개월이 훌쩍 가고 1년 3개월이 남았다. 초기의 도도함은 사라지고 뒤뚱거리는 모습이 안쓰러울 정도다. 지금까지의 실패를 조금이라도 만회하려면 감옥의 추억에서 깨어나 시장의 힘 앞에서 겸허해져야 한다.

2006. 11. 28

p a r t 7

'호찌민 샌들'과 샤토 라투르

북에는 '호찌민 샌들'이 없다. 당과 군 간부들은 김정일 국방위원장이 하사한 메르세데스벤츠를 타기 때문이다. 김 위원장이 좋아하는 포도주는 1980년 프랑스 보르도산 '샤토 라투르' 한 병에 500만 원이 넘는다. 와인 저장고에는 특급 와인 1만 병이 보관돼 있다고 일본인 요리사가 폭로한 바 있다. 백성이 굶주려도 지도자는 태연하게 일본인 요리사가 만들어 주는 생선 초밥과 캐비아(철갑상어 알)에 '샤토 라투르'를 곁들인다.

▶ ▶ ▶ ▶ ▶

대만의 생존법

중화민국 건국기념일인 쌍십절雙十節에 대만의 부패 규탄 시위를 타이베이臺北 현장에서 목격했다. 붉은 티셔츠를 입은 시위대는 쌍십절 기념식장으로 향하는 내외빈 버스를 향해 '扁下臺볜샤타이'라고 쓰인 피켓을 흔들었다. '下臺'는 '단에서 내려오라'는 의미. 천수이볜陳水扁 총통의 하야를 요구하는 구호다. 시위대는 엄지손가락(총통)을 아래로 향하는 제스처도 썼다.

총통 관저 앞 경축 행사장은 예년과 달리 의원석과 총통석 사이에 흰 차단막이 쳐졌다. 총통이 연설을 시작하자 국민당 의원들이 연단으로 돌진하려는 시도를 했다. 총통이 연설하는 동안 사복 경찰들과 야당 의원들의 실랑이가 계속됐다.

주최 측은 이날 시위에 150만 명이 참여했다고 발표했지만 경찰은 12만 명이라고 추산했다. 경찰과 시위대 사이에 긴장된 모습은 없었다. 폭력을 찾아볼 수 없는 평화 시위였다. 천 총통이 시위 압력에 밀려

하야하리라고 기대하는 사람도 없었다. 대만인들은 부패 반대 운동이 차기 총통 선거에 어떤 영향을 미칠지에 더 관심이 높았다.

미국에 매달리고 일본에 기대기

집권당인 민진당은 400년 전 중국 푸젠福建 성에서 건너온 이주자 후손들(토착민)의 지지를 받는다. 전체 인구의 약 60%. 1949년 마오쩌둥毛澤東 군대에 쫓겨 대만으로 온 본토 출신과 그 후손(대륙계)은 17%에 못 미친다. 국민당의 핵심 지지 기반이다.

한 대만 관리는 부패 문제에 관해 "천 총통의 부인 사위, 그리고 친척들이 조심하지 않은 잘못이 있다"고 인정했다. 그러나 이 관리는 "국민당이 집권하던 시절 부패가 훨씬 더 심했다"며 "대부분 본토 출신이 경영하는 언론의 과장 보도가 사태를 확산시키려 한다"고 주장했다. 민진당 의원들은 국회에서 푸젠 성 남부 말인 민난(민南)어로 질문을 한다. 천 총통은 부인과 사위의 부패 스캔들을 해명하는 기자 회견에서 민난어를 썼다. 그래서 대만의 반부패 정쟁을 언어의 싸움, 토착 세력과 대륙 세력의 싸움이라고 보는 시각도 있다.

대만 정부는 최근 장제스蔣介石공항의 이름을 타오위안(桃園)공항으로 바꾸었다. 우자오셰(吳釗燮) 대만대륙위원회 위원장(장관급)은 중화민국의 국부 장제스에 대해 "독재자"라고 서슴없이 지칭했다. 그는 "민주화 시대의 국가 관문 공항에 독재자의 이름은 어울리지 않는다"고 말했다. 대만 독립 지지 세력은 중국 본토와 연결된 흔적을 곳곳에서 지우고 있다.

천 총통은 쌍십절 연설에서 "중국은 남동쪽 해안에 미사일 800기를 대만을 향해 배치해 놓고 있다"며 "중국은 군사적인 위협을 통해 총 한 발 안 쏘고 대만을 항복시키려 한다"고 비난했다. 우 위원장은 "프랑스와 몇몇 나라는 중국의 압력 때문에 무기를 대만에 팔지 않는다"며 "미사일 방어 시스템을 비롯해 무기를 계속 공급해 주는 나라는 미국뿐"이라고 말했다. 그는 "대만이 미국 의회에서 두 번째 또는 세 번째 영향력을 가진 로비 집단"이라고 자랑스럽게 말했다. 대만은 푸젠성 해안의 미사일과 대만해협의 중국 잠수함을 방어하기 위해 이지스함을 살 계획도 갖고 있다.

"중국 대북 제재는 립 서비스"

우 위원장은 "대만이 한때 원자력 발전소 폐기물을 북한에 팔려다가 남한의 항의를 받고 그만두었다. 현재 북한과 대만 관계는 거의 제로"라고 확언했다. 그는 "중국의 북한 핵실험에 대한 비난과 대북對北 제재 참여는 국제 사회에 대한 립 서비스"라고 깎아 내렸다. 중국이 가장 두려워하는 것은 국제 사회의 압력으로 북한이 붕괴하는 사태라는 것이다.

그는 일본의 평화헌법 개정과 군사력 증강에 대해서도 우호적으로 논평했다. 1895년부터 1945년까지 50년 동안 일본의 식민지 지배를 받은 대만에서 그런 반응을 듣는 것은 뜻밖이다. 대만을 질식시키려는 중국의 군사력을 견제할 수 있는 것이라면 모두 다 대만에 선善인 것처럼 보였다. 중국의 군사 위협과 외교적 목조르기를 당하는 대만으로서는 국가 안보를 위해 미국에 매달리고 군사대국 일본에 기대는 외교가 현실적인 선택이라는 기류다.

2006. 10. 17

▶ ▶ ▶ ▶ ▶

'호찌민 샌들'과 샤토 라투르

채명신 전 주월 한국군 사령관은 월맹이 세계 최강 미군을 상대로 게릴라전을 벌여 승리할 수 있었던 이유 가운데 하나로 월맹 지도자 호찌민를 꼽았다. 호찌민은 대對프랑스 독립전쟁을 승리로 이끈 민족의 영웅이었다. 그렇지만 생전에 자신의 동상 하나 세우지 못하게 했고, 검소한 생활 태도가 몸에 배어 있었다. 채 장군은 "호찌민이 북한을 방문했을 때 순안공항에서 헐렁한 검정 옷에 폐廢타이어로 만든 샌들을 신고 꽃다발을 받는 사진을 보고 충격을 받았다"고 말했다.

이에 반해 월남군부는 부패했고, 잦은 쿠데타로 유능한 장성이 요직을 맡기 어려웠다. 무능하고 부패했더라도 '내 편 심고 보자'는 인사가 판을 쳐 월남 패망을 앞당겼다고 채 장군은 지적했다.

9억 달러 들인 '주체의 신전神殿'

필자는 몇 해 전 기독교 목사들과 함께 평양에서 금수산 기념궁전을 들여다본 일이 있다. 북한 당국은 목사들이 "기독교인은 죽은 부모의 시신에도 절하지 않는다"고 설명하자 김일성 미라 앞에서 고개를 숙이지 않는 참관을 허용했다.

금수산 기념궁전은 주석궁을 개조한 건물이다. 기념궁전에 들어서면 전면에 방북 인사들이 김 주석과 함께 기념 촬영을 하던 백두산 정밀화精密畵가 걸려 있다. 거기서부터 장엄한 순례가 시작된다. 긴 회랑에는 순안공항에서도 볼 수 없는 이동식 보도가 설치돼 있었다. 검은 한복을 입은 '현대판 신녀神女'들이 도열한 곳을 지나 엘리베이터에 오르니 소독 증기가 안개처럼 뿜어져 바깥세상의 오염을 제거했다. 걷고 타고 오르고 내리다 지칠 무렵 미라가 누워 있는 방에 도착했다. 그 방에는 세계 인류가 김일성에게 경배하는 모습을 담은 조각이 있었는데 우리 일행만 고개를 들고 있었다.

필자는 베이징 톈안먼天安門 광장 기념관에 안치된 마오쩌둥 미라와 모스크바 붉은 광장의 레닌 미라를 구경한 적이 있다. 그들의 미라도 거대한 신전에 안치되지는 않았다. 금수산 기념궁전은 필자가 둘러본 세계 어떤 종교 시설보다도 웅대했다.

북한은 1995～1997년 '고난의 행군' 기간에 9억 달러를 쏟아부어 금수산 기념궁전을 성역화했다. 북한 인구가 3년간 먹을 수 있는 강냉이를 살 수 있는 돈이었다. '고난의 행군' 기간에 인민들은 풀뿌리를 캐 먹고 나무껍질을 벗겨 먹으며 죽어 가고 있었다. 평양에서 만난

한 주민은 필자에게 "고난의 행군 때 평양 시민도 초근목피草根木皮를 했다"고 귓속말을 했다.

'반인륜 범죄 정권' 두둔하기

바츨라프 하벨 전 체코 대통령 등 노벨 평화상 수상자 3명은 지난달 30일 <뉴욕 타임스> 공동 기고문에서 "1990년대 북한에서 100만 명이 굶어 죽었다. 식량 구매에 쓸 돈을 군사적 목적과 핵 개발로 돌린 것이 일부 원인"이라고 지적했다. 노벨 평화상 수상자들은 북한 수용소에 정치범 20만 명이 갇혀 있으며 지난 30년 동안 40만 명이 죽어 나갔다고 고발했다. 국제적으로 공소시효가 없는 반인륜反人倫 국가 범죄에 해당한다.

북에는 '호찌민 샌들'이 없다. 당과 군 간부들은 김정일 국방위원장이 하사한 메르세데스벤츠를 타기 때문이다. 김 위원장이 좋아하는 포도주는 1980년 프랑스 보르도산 '샤토 라투르.' 한 병에 500만 원이 넘는다. 와인 저장고에는 특급 와인 1만 병이 보관돼 있다고 일본인 요리사가 폭로한 바 있다. 백성이 굶주려도 지도자는 태연하게 일본인 요리사가 만들어 주는 생선 초밥과 캐비아(철갑상어 알)에 '샤토 라투르'를 곁들인다.

국가정보원이 '한마음으로 김 위원장을 받들어 모시겠다'는 조직을 적발했다. 그들은 2600만 북한 주민의 인권 대신에 김정일 정권을 선택했다. 어디 그들뿐인가. 북이 미사일을 쏘고, 핵 실험을 해도 쌍지팡이 짚고 나서서 역성을 드는 남쪽의 친북 인사와 시민 단체들도 부지기

수不知其數다. 이들은 반인륜 국가 범죄를 자행하는 정권을 두둔하고 있다. 길을 한참 잘못 들었다.

2006. 11. 1

▶ ▶ ▶ ▶ ▶

'운동권 서클' 청와대

전해철 씨가 5월 대통령민정수석비서관으로 임명됐을 때 처음 듣는 이름이라 인명사전을 들춰 봤다. 전 수석은 사법시험 29회(1987년 합격)로 판검사 경력 없이 법무법인 '해마루'에서 변호사 생활을 시작했다. '해마루'는 노무현 대통령이 몸담았던 곳이다. 전 수석의 검찰 동기생들은 대개 서울에 입성하지 못하고 지방검찰청에서 부장검사를 하고 있다.

권위주의 정부 시절에는 민정수석 혹은 법무수석을 하다가 검찰총장으로 임명된 사례도 있다. 검찰의 정치적 중립성을 훼손한다는 지적이 나오면서 그런 일은 없어졌지만 그래도 고검장급이나 지검장급 또는 검찰총장 재목감이 민정수석을 했다.

전 수석은 노 대통령의 '정치적 동업자'라는 안희정 씨의 변호인으로 활동하고 나서 청와대에 들어갔다. 김진국 법무비서관도 안 씨의 변호인이었다. 안 씨 변론팀으로 채운 젊은 민정수석실은 전효숙 헌법

재판소장 후보자 지명 파동을 통해 함량 미달과 일 처리 미숙이 드러났다.

청와대 민정수석실은 6년 임기의 헌재소장을 만들기 위해 헌재 재판관 사표를 받고 다시 지명하는 편법을 쓰면서도 법률적 논란이나 헌재의 독립성 시비에 대한 대비를 제대로 못했다. 더욱이 국회에 임명 동의안을 보낸 뒤에야 재판관직 사표를 수리해 3년 임기의 헌재소장 동의안을 보내 놓고 아무런 절차 없이 6년 임기의 소장으로 변경하는 꼴이 돼버렸다.

청와대 분위기 운동권 서클

그 동네 사정을 잘 아는 정치권 인사는 비서실 인사人事의 난맥상을 '유흥업소'에 비유했다. 사장 대신 경찰서에 붙들려 가거나, 궂은일에 총대 메는 사람이 유흥업소에서는 실세實勢라는 것이다. 조금 심한 표현이라는 느낌이 없지 않으나 그 동네에서 문화관광부 차관에게 "배째 드릴까요" 같은 조폭 언사를 쓰는 마당에 '유흥업소' 비유에 화내기도 뭣할 것이다.

집권 초기의 삼고초려三顧草廬는 집권 4년차가 되면서 찾아보기 어렵다. 낯가림을 하는 노 대통령이 편한 사람 돌려쓰기 인사를 하기 때문이다. 인재 풀이 협소한 청와대 비서실에도 성골, 진골이 있는 모양이다. 수직 상승을 한 사람들은 대개 '노무현 경선 캠프'가 세 들어 있던 여의도 금강빌딩 출신이라고 한다.

역대 청와대 비서실은 일류一流들의 집산지集散地였다. 행정부처

공무원들은 청와대에 들어가는 것을 영예로 생각했다. 그런데 언제부터인지 급級이 모자라는 사람들이 험한 말을 하는 동네가 돼버렸다. 아내를 살해한 전 청와대 행정관 이야기는 길게 말하지 않겠다.

노 대통령이 집권한 후 청와대 분위기가 운동권 서클(동아리)같이 됐다고 말하는 사람도 있다. 여야 영수회담에 배석했던 한 의원은 이런 장면을 봤다고 한다. 청와대 대변인이 받아 적는 데 서툴러 땀을 빼다가 발표문안을 다듬기 위해 이병완 비서실장과 상의하는 자리에서 "형 나 이거(받아 적기) 못해"라고 말하더라는 것이다. 그 의원은 "386 비서관들에게 비서실장은 복학생 형쯤 되고, 노 대통령은 아마 그 위 선배쯤……"이라고 말했다.

'친북' '아마추어리즘' '끼리끼리'

공안 기관에 근무하는 L 씨는 작년 6·15 때 청와대 안보정책수석실 K 행정관과 함께 평양에 갔다. L 씨는 강정구 씨의 만경대 방명록 서명과 같은 돌발 사고를 막기 위해 친북급진親北急進 활동가들의 북한에서의 활동 상황을 파악하려 해도 알 만한 사람이 없어 애를 먹었다.

친북 활동가 중에는 국가보안법 위반 전력자가 많았다. 국보법 위반 전력이 있는 K 행정관은 친북 활동가들과 '형, 동생'하며 어울렸다. L 씨는 K 행정관을 통해 친북 운동권의 북한 내 활동 정보를 수집할 수 있었다. L 씨는 "K 씨 같은 경력자가 안보정책수석실에 근무한다니 뭔가 잘못돼 있다는 생각이 들었다"고 말했다.

몇 가지 에피소드를 통해 드러난 키워드 '친북,' '아마추어리즘,'

‘끼리끼리’를 조합해 한 문장으로 만들면 오늘의 청와대 비서실 모습이다. 어쩌다 그 지경이 됐나.

2006. 9. 12

▶ ▶ ▶ ▶ ▶

땅 투기보다 사악한 지대 추구

본디 지대地代는 토지 건물 같은 자산을 빌려 주고 받는 임대료를 뜻한다. 정치 현상을 경제적 관점에서 연구하는 학자들이 '생산이나 거래 대신에 경제 환경을 유리하게 조작해 이익을 얻으려는 행위'를 지대 추구*rent seeking*라고 새롭게 규정했다.

지대 추구의 도덕적 해이가 만연하면 시장에서 경기 규칙의 공정성을 해치고 자원 배분이 왜곡된다. 생산의 효율성을 높이는 비용보다 우호적인 규제 환경을 매수하는 비용이 적게 들 경우 생산자들은 지대 추구의 유혹에 쉽게 빠져들 것이다.

이익 집단의 힘이 커지면 강력한 분배연합分配聯合이 되어 정부를 상대로 압력을 행사해 더 많은 지대를 얻어 내려고 한다. 한미 자유무역협정(FTA) 반대 그룹은 크게 나누어 지대 추구 그룹과 반미·반세계화 세력 두 갈래이다. 지대 추구 그룹의 주력 부대는 민주노총, 농민단체, 시민단체, 영화인이다.

지대 추구의 도덕적 해이

민주노총은 거대한 지대 추구 집단으로 결속력을 발휘하고 있다. '노동 해방'이라는 거창한 구호의 속내를 들여다보면 독점적 지대(고임금)와 고용 안정성을 확보하기 위한 투쟁이다. 그들은 자유 무역에 따라오는 노동 시장의 유연성이 지대 추구 활동에 방해가 된다고 판단하고 있다.

우루과이라운드(UR) 이후 10년 동안 농촌에는 100조 원이 넘는 돈이 투하됐고 2004년부터 10년 동안 비슷한 규모의 돈이 또 농촌에 들어간다. 천문학적 보조금을 쏟아부었지만 국제 시세 대비 국내 쌀값은 더 올라갔다. 사회적 약자인 농민을 돕지 말자는 것이 아니다. 보조금과 보호막이 두꺼워질수록 건전한 생산자보다는 지대 추구자들이 농촌과 농민 운동을 주도하게 된다.

영화인들도 국내 스크린에 강력한 보호막을 계속 쳐 달라는 지대 추구 집단이 됐다. 반미·반세계화 그룹은 지대 추구 집단은 아니지만 반FTA의 이론적 토대를 제공하고 있다. 반미·반세계화 그룹에는 노무현 정부가 출범할 때 이념적으로 동조했던 이른바 진보 성향의 교수가 많다. 대통령비서실에 몸담았던 이정우, 정태인 씨도 앞장을 선다. 주류 경제학자들은 거의 눈에 띄지 않는다.

일부 언론은 남미에서 나타난 FTA의 부정적인 측면을 확대 과장 보도하고 있다. 경제 전체가 병들어 생긴 현상을 FTA 탓으로 돌려놓고 한미 FTA가 체결돼서는 안 된다는 식으로 논리를 비약시킨다.

좌파의 눈에는 노 정부가 오른쪽으로 너무 나가는 것처럼 보이는 모양이다. 한미 FTA는 좌우 이념의 문제가 아니라 무엇으로 먹고사느냐의 문제이다. 전 세계에서 발효 중인 FTA는 197개이고 세계 교역량의 50% 이상이 FTA 체결국 사이에서 이루어지고 있다. 한국은 대외교역(수출 + 수입)이 국내 총생산(GDP)의 70%를 차지하는 세계 10위권의 무역대국으로서 시기와 전략의 문제일 뿐 미국, 중국, 일본과의 FTA를 언제까지나 외면할 수는 없다.

'최대의 지대 추구자' 북한

누가 뭐래도 '최대의 지대 추구자'는 북의 선군先軍으로 남측의 안전을 도모해 주니 그 대가로 쌀 50만 톤을 달라는 북한의 김정일 정권이다. 미사일 7발을 쏘는 비용이 쌀 50만 톤을 생산하는 비용보다 적게 든다면 북한은 계속해 미곡 생산을 위한 농업 정책이나 농법 개선보다는 지대 추구를 위한 미사일 개발에 열을 올릴 것이다.

12일 비 오는 도심 교통을 8시간 동안 마비시킨 한미 FTA 반대 시위 주도자들의 면면은 경기 평택시 팽성읍 대추리 미군 기지 저지 시위에 참가했던 인사들과 상당 부분 겹친다. 좌파 시민 단체들은 남쪽에서 지대(공익 단체 보조금)를 받아 북쪽의 지대 추구 활동을 지원한다.

분배연합이 집단 떼쓰기를 통해 가져가는 지대의 몫이 커지다 보면 시장 경제에 대한 믿음의 기반이 흔들리게 된다. 그런 의미에서 불건전한 지대 추구는 부동산 투기보다 더 사악하다.

2006. 7. 18

▶ ▶ ▶ ▶ ▶

코리아 디스카운트 '3+1'

미국 뉴욕 월가街에 다녀온 한 경제단체장은 외국 자본이 한국에 투자하기를 꺼리는 세 가지 요인을 전했다. 월가 투자자들이 한국 경제의 앞날을 불안하게 보는 이른바 '코리아 디스카운트'의 첫째 이유는 한국의 산업 경쟁력이 중국에 밀리고 있다는 것이었다.

중국은 임금, 땅값, 기타 생산 비용이 낮은 대표적인 저低제조 비용 국가*low-cost manufacturing country*로 '세계의 공장'이 됐다. 섬유 산업과 전자 조립 산업은 중국으로 넘어간 지 오래됐고 한국이 간신히 기술 우위를 유지하는 산업에서도 중국의 추격 속도가 만만찮다. 한국이 결국 대부분의 제조업을 인접한 중국으로 넘겨주게 될 것이라는 비관적 전망이 월가에 존재하더라는 이야기다.

'세계의 공장' 중국

<뉴욕 타임스> 칼럼니스트 니컬러스 크리스토퍼는 최근 칼럼에서 중국 시골에는 영어 회화를 제대로 하는 영어 교사가 없지만 상하이와 베이징 같은 대도시의 수학과 과학 교육 수준은 미국을 앞지른다고 썼다. 한국의 미래 세대가 중국에 대한 기술 우위를 끌고 갈지는 교육에 달려 있다. 미국이 중국 교육에서 배우자고 나오는 판인데 한국에서는 평둔화平鈍化 코드가 교육의 정책과 현장을 휩쓸고 있다.

경기 고양시는 미국 <뉴스위크>지가 선정한 세계 10대 고속高速 성장 도시에 포함됐다. 북한을 코앞에 둔 도시가 가장 활력 있게 성장할 수 있는 것은 우리가 그만큼 북쪽의 위협에 둔감해졌다는 의미도 내포한다. 그러나 외국 투자자들은 북의 핵 위협과 장거리 미사일 시험 발사 움직임을 컨트리 리스크*country risk*로 분류하는 것이 엄연한 현실이다. 일본 투자자들은 한국 투자를 꺼리는 첫째 이유로 북한의 위협을 꼽았다고 한다.

김정일 정권은 철마다 식량, 비료, 돈을 뜯어 가면서도 핵과 미사일 위협으로 코리아 디스카운트를 키우고 있다. 위협 공갈과 뜯어먹기에 이골이 난 북한을 다루는 태도를 근본적으로 재검토해야 하는 시점에 와 있는지도 모른다.

코리아 디스카운트를 말할 때 강성 노동 운동은 단골 메뉴다. 한 경제인은 "한국노총과는 그래도 말이 통한다. 민주노총 사람들은 경제 단체와 한자리에 앉아 대화하는 것조차 불편하게 생각한다"고 말했다. 이용득 한국노총 위원장이 뉴욕 월가에서 열린 투자환경설명회(IR)에서 활동한 것은 높은 평가를 받을 일이다. 그러나 민주노동당은 이 위원장의 일자리 창출 노력을 '기득권 세력의 이익을 대변하는 활동'이라고 비난했다. 이런 마당에 월가의 투자자들이 코리아 디스카운트 요인에서 노사 관계를 빼줄지 의문이다.

노사 대타협 필요

론 게틀핑거 전미全美자동차노조(UAW) 위원장은 지난달 라스베이거스에서 열린 대의원 총회에서 외국 기업에 미국 자동차 산업이 협공挾攻당하는 현실에 적응해야 한다고 말했다. 그는 24개 공장을 폐쇄하고 6만 명 감원 계획을 추진하는 GM과 포드자동차를 비난하지도 않았다. UAW가 파업 투쟁을 접고 실용 노선을 추구하는 것은 미국 자동차 산업이 살아나지 않으면 일본 도요타와 한국 현다이(현대)에 일자리를 다 뺏길 것이라는 위기 의식 때문이다.

민주노총은 정부 정책과 국회 입법에 대응해 협상력을 키우기 위한 전략으로 모든 산업에 산별産別 노조를 확산시킬 태세다. 정부의 산업 정책이 사사건건 민주노총과 산별 노조의 승인을 받아야 할 판이다. 손경식 대한상공회의소 회장은 "노사가 아일랜드와 네덜란드처럼 대타협을 이뤄야 한국 기업이 회생할 수 있다"고 말했다.

코리아 디스카운트를 해소해 기업 활동을 도와주고 외국인 투자를 끌어들이는 것이 정부가 할 일이다. 이 정부 사람들은 입만 열면 기득권 세력을 개혁하겠다고 하는데, 일자리가 다 중국으로 넘어간 뒤에는 어떤 세력을 개혁할 수 있을지 모르겠다. 정부의 무능과 설익은 이념이 코리아 디스카운트를 하나 더 보태고 있다고 말한다면 지나친 언사일까.

2006. 7. 4

▶ ▶ ▶ ▶ ▶

80%가 돌아선 5가지 이유

지방 선거 다음 날 서울 강남의 한 공원에 나온 할머니들이 "속이 다 후련하다"고 말하더란다. 강남에 사는 친지가 들려준 얘기다. 그는 할머니들의 대화를 들으며 민심의 '쓰나미'가 감지되더라고 말했다. 경기 고양시 일산호수공원에서 만난 소설가는 "국민이 영웅"이라고 근엄한 논평을 했다.

민심의 '쓰나미'

이번 선거는 경기 평택시 팽성읍 대추리와 수도권 아파트에서 결판났다는 생각이 든다. 대추리 사태가 노무현 정권의 좌파적 성향을 유감없이 보여 준 사건이라면 아파트 정책은 노 정권의 무모함과 무능을 만천하에 드러냈다.

대추리에서 미군기지 이전을 방해한 세력은 시위 때마다 북쪽에 동조하는 구호를 외치며 죽봉을 휘두르던 사람들이다. 자식 같은 군인들이 좌익 시위대에 비무장으로 폭행당했는데도 한명숙 국무총리는 "당사자가 한발씩 물러나 냉정을 되찾자"는 호소문을 발표했다. 한 여당 의원은 대추리에서 "미국이 지주고, 우리 정부는 마름, 대추리 주민은 소작인"이라며 군과 경찰의 철수를 요구했다. 대추리 사태를 지켜보고 나서 좌파 정권을 연장시켰다가는 나라가 결딴날지 모르겠다고 걱정하는 사람이 늘어났다.

아파트 정책은 20%를 때려 80%를 챙기려다 거꾸로 80%로부터 배척받고 20%로 쪼그라든 졸수拙手였다. 집 한 채밖에 없는 중산층이 세금 폭탄을 맞고 등을 돌리는 것은 당연하지만, 박수를 칠 줄 알았던 서민도 집값만 올려놓는 무능 정권에 화를 냈다. 이 정권은 강북 사람들이 평생 땀 흘려도 한강을 건너가 살지 못하도록 강남북의 격차를 벌려놓았다.

건설교통부에서 20여 년간 부동산 정책을 만진 한 관리는 "부동산이 요동칠 때마다 시장과 싸웠지만 결국 시장이 이겼다"고 말했다. 시장친화적인 정책을 멀리하고 세금 때리기에 모든 것을 건 부동산 정책은 참담한 실패를 예고하고 있다.

세 번째로 이 정부의 언론 대책을 들고 싶다. 이 정권 사람들은 6·25전쟁 때 적화赤化 통일이 안 된 것을 아쉬워하는 강정구 교수의 발언에 대해선 '사상의 자유 시장에 맡기자'고 했다. 그러면서 자기들과 생각과 관점이 다른 신문들은 자유 시장에 맡겨 두지 않고 숨통을 조였다. 발행 부수가 많은 신문은 사상의 자유 시장에서 선택받은 신문이다. 동아, 조선이 불량 식품이라면 친여 신문들은 권장 식품인가. 발행 부수

200만 부 안팎의 신문들은 적대 세력으로 돌려놓고 공무원들만 들볶은 게 이 정부의 홍보 대책이다.

노무현 대통령과 여당 의원들은 대선과 총선을 너무 쉽게 이겨 오만과 독선에 빠져 들었다. 대선은 2년 내내 지다가 두 달 만에 러브샷으로 뒤엎었고, 국정을 공부할 기회가 없었던 운동권들이 탄핵 바람에 총선에서 무더기 당선됐다.

오만과 독선

이들은 그동안 우리 사회에 폭넓게 존재했던 민주화 운동에 대한 부채負債 의식의 덕을 보았다. 그러나 이제는 분에 넘치는 보상을 받았다. 대통령, 장관, 국회의원, 공기업 요직은 물론이고 관변 문화 단체의 물 좋은 자리에도 운동권이 대거 진입했다. 한 문화계 인사는 이들을 '오후 출근족'이라고 불렀다. 황혼부터 새벽까지 술 마시고 오전에는 속 풀이를 하다가 점심 먹고 오후 2, 3시에 출근한다는 것이다. 이 인사는 그들의 편향된 시각과 싸가지 없음에 신물이 나 부채 의식을 완전히 털어 냈노라고 말했다.

마지막으로 한 가지 이유를 더 보태자면 한나라당 자치단체장 대표주자들이 비교적 잘했다는 점이다. 여당은 부패한 지방 권력을 심판하자고 했지만 공감을 얻지 못했다. 이명박 서울시장의 청계천, 손학규 경기지사의 해외 투자 유치는 중앙 정부의 무능과 대비됐다.

대추리, 아파트 세금, 언론 대책, 집권 세력의 독선, 청계천……. 민초들의 눈에는 국민의 80%가 돌아선 이유가 빤히 보이는데 여당에서는 '개혁을 제대로 못해 선거에서 졌다'는 말이 나온다. 예나 지금이나 권력 가까이에 있을수록 민심이 잘 안 보이는 모양이다.

2006. 6. 7

▶▶▶▶▶

최은희의 한恨

1960년대 중반 텔레비전도 없던 농촌 마을에 가끔 가설극장이 찾아왔다. 전국 극장을 순회한 필름은 흠집투성이여서 화면에 비추면 마치 비가 오는 것 같았다. 필름이 낡아 영화가 돌아가다 끊길 때마다 가설극장은 갑자기 어둠에 묻히고 "빼먹지 말라"는 고함이 터져 나왔다. 필자는 <사랑방 손님과 어머니>(1961)를 가설극장에서, <빨간 마후라>(1964)를 읍내 극장에서 관람했다. 신상옥, 최은희 콤비가 만들어내는 영화는 가난했던 1960, 1970년대 국민 오락이었다.

정진우 감독은 최 씨를 '한국 최초의 스타 여배우'라고 평가했다. 최 씨 뒤에 김지미, 그리고 다음에 윤정희, 남정임, 문희 트리오의 시대였다. 최 씨는 남북한에서 100편에 가까운 영화에 출연했다. 한국 영화사상 최초의 세계 영화제 수상 기록은 최 씨가 북한에 있을 때 <소금>(1985)으로 모스크바 영화제에서 여우주연상을 받은 것이다.

영화보다 더 드라마틱한 삶

남편 신 감독과 사별한 최 씨를 3시간가량 인터뷰할 기회를 가졌다. 1954년 결혼해 52년 동안 영화보다 더 드라마틱한 삶을 산 부부 사이에는 혈육이 없다. 최 씨는 신 감독과 의논해 두 아이를 입양했다. 두 자녀가 사춘기에 접어들었을 때 부부가 북한에 납치됐다. 최 씨는 "두 아이가 충격을 이겨 내고 잘 커 줘서 너무 고맙다"고 말했다.

신 감독은 간 이식 수술을 2년 전에 받았다. 처음에는 딸(명희)이 간을 제공하겠다고 했으나 크기가 맞지 않았다. 그러자 사위가 나섰다. 사위는 장인, 장모가 아내를 잘 길러 준 데 대해 보답하고 싶다고 했다.

신 감독이 아들(정균 / 영화 감독)에게 "어머니를 잘 모시라"고 말한 것이 유언이 됐다. 장례를 치른 뒤 명희 씨와 정균 씨 부부가 교대로 어머니를 수발하고 있다. 기른 자식이 낳은 자식보다 낫다.

신 감독은 최 씨 모르게 바람을 피워 영화배우 오수미(교통사고로 사망)와의 사이에 1남 1녀를 두었다. 최 씨가 자녀를 출산하지 못해 걱정하면 신 감독은 "애가 무슨 소용이 있느냐. 우리 둘이 좋은 영화 많이 만들면 되지"라며 위로했다고 한다. 그런데 혼외婚外의 두 자녀를 둔 것을 알고 나서 최 씨는 배신감을 못 견뎌 신 감독과 이혼했다.

천생연분이었던지 이들은 북한에 납치돼 재결합했다. 최 씨는 북한에서 신 씨를 용서했다. 상부喪夫한 미망인은 "평생 내가 사랑한 남자는 신 감독밖에 없다"고 말했다. 부부는 북한을 탈출한 뒤 정균 씨와 함께 오 씨의 두 자녀를 미국으로 불러 공부시켰다. 명희 씨는 결혼해 가지 못했다.

한국 최초 스타 여배우의 한恨

올해 우리 나이로 희수(喜壽, 77세)를 맞은 최 씨에게 "신 감독과의 사이에 자녀가 없어 서운하지 않으냐"고 물었다. 그는 "정균이가 만상제 노릇을 잘했어요. 내가 출산은 못했지만 우리 애들이 효도를 해 서운함은 없어요"라고 말했다.

최 씨와의 인터뷰가 끝날 무렵 동석한 지인의 제의로 위스키를 한 잔하게 됐다. 최 씨도 술을 조금 마셨다. 그에게 "한국 최초의 스타 여배우로서 무척 많은 걸 성취했는데 혹시 이루지 못해 서운한 것이 있습니까"라고 물었다. 그는 한참 침묵했다. 그리고 더듬거리며 "내 인생에서 출산 못한 게 가장 가슴에 남아 있지요"라고 말했다.

답변을 듣고 나서 공연한 것을 물어봤다는 생각이 들었다. 최 씨는 인터뷰 도중 몇 번 눈물을 흘렸는데 또 울지 않을까 걱정이 됐다.

과년한 딸을 둔 부모들에게서 가끔 중매 부탁을 받는다. 요즘 딸을 가진 부모들은 입이 바짝바짝 마른다. 서른이 넘어 시집을 안 가도 태연하고 고학력 전문직 중에는 30대 중반을 넘겨서도 독신으로 지내는 여성이 많다. 결혼해도 쉽게 갈라지고, 아이 갖기를 늦추다가 기껏 하나만 낳는다.

사랑하는 남자와 가정을 꾸려 아이를 낳아 기르는 기쁨은 출산과 육아를 해 보지 않은 여성은 모른다. 그리고 그것은 개인의 행복을 넘어 국가에 이바지하는 일이 됐다.

2006. 5. 10

▶ ▶ ▶ ▶ ▶

당일치기 개성 견문기

지난주 승용차를 몰고 당일치기로 개성을 다녀왔다. 남북 양쪽의 CIQ(세관 출입국 검역) 수속만 아니라면 일산에서 개성 시내까지 50분이면 너끈했다. 광화문 나오는 시간과 비슷했다.

남쪽 출입사무소에서 승용차 번호판을 스티로폼으로 가리고 보닛에 주홍색 깃발을 달았다. 비무장지대 중간에서 한국군과 북한 인민군이 선도 차량을 교대했다.

선죽교와 고려박물관

북한 CIQ 지역에서 차량 검색이 꼼꼼했다. 북쪽 직원이 내비게이션과 음악 CD를 보관했다가 돌아올 때 돌려주겠다고 했다. 뒷좌석에 묵은 신문이 있었던 모양이다. 북쪽 CIQ 직원은 신문을 압수하며 "신문을 왜 갖고 들어옵니까"라고 언성을 높였다. CIQ를 넘어서자 개성공단이 나타났다. 토지공사 개성지사와 공장들이 보였다. 새로 지어 산뜻했다. 그 뒤로 현대아산 중장비들이 기반 공사를 하고 있었다. 평양에서 마중 나온 북쪽 여성은 "공단 공사가 계속되면서 개성에 올 때마다 산이 하나씩 없어진다"고 말했다.

북측 민화협 간부가 현대아산 현정은 회장에 관한 평양 시각을 들려줬다. 그는 "정주영, 정몽헌 회장과 함께 일한 김윤규 사장을 미망인(현 회장)이 내친 것은 잘못됐다"며 "미망인이 친정집 배경 때문에 북쪽에 대해 안 좋은 감정을 갖고 있는 것 같다"고 말했다. 또 "현대아산이 북쪽 사업 빼놓으면 별거 있느냐. 우리도 의리보다는 실리로 나갈 것"이라고 여운이 남는 이야기를 했다.

공단 인근 식당에서 점심을 먹고 오후에 선죽교와 고려박물관 관광에 나섰다. 초등학교 역사 공부 시간에 고려 충신 정몽주가 이방원 일파에게 살해된 선죽교 돌다리에 지금도 핏자국이 남아 있다는 말을 들은 적이 있다. 근거 없는 말은 아니었다. 다리 상판 베개 크기의 돌에 핏자국 무늬가 들어 있었다. 송도사범대 역사학과 출신 안내원은 조선 시대에 후손들이 정몽주의 충의忠義를 기려 핏자국 무늬의 돌을 상판에 놓았다고 설명했다.

선죽교는 고려 시대와 조선 시대의 돌다리가 나란히 남아 있는 문화재다. 정씨 문중 사람이 개성 수령으로 부임해 조상의 혼이 깃든 다리를 밟고 다닐 수 없다며 사방을 돌난간으로 막고 통행을 위한 돌다리를 하나 더 놓았다고 한다. 바로 옆에는 명필 한석봉이 쓴 '善竹橋(선죽교)' 비가 서 있었다.

“1960년대로 돌아가 흑백 영화를 보는 기분”

개성 시내에는 차가 거의 보이지 않았다. 차선과 신호등이 없는 길에 자전거가 많이 다녀 운전하기가 조심스러웠다. 일행 중 한 사람이 “1960년대로 돌아가 흑백 영화를 보는 기분”이라고 말했다.

고려박물관에는 공민왕릉의 축소 모형을 만들어 놓았다. 공민왕이 생전에 7년 동안 축조했다는 공민왕릉은 국보급 부장품이 많았을 것으로 추정되지만 “일본 놈들이 싹쓸이 도굴을 해 갔다”고 안내원이 설명했다. 예술성이 뛰어난 고려청자가 많았다. 김일성 주석이 1993년 왕건릉을 시찰하고 “고려라는 국호는 고구려에서 나왔다. 고려 태조의 왕릉을 웅대하게 복원하라고 지시했다”는 기록을 전시하고 있었다. 이에 따라 복원 공사를 벌이던 중 무덤 주위에서 출토된 왕건 청동상이 6월 서울에서 열리는 북한 문화재 특별전에 온다. 당일치기 관광이라 왕건릉, 공민왕릉, 만월대, 박연폭포 같은 유적지를 가보지 못해 아쉬웠다.

토산품을 파는 판매원에게 개성공단에서 일하는 노동자들을 만나봤느냐고 묻자 “일이 고되다더군요. 그래도 남쪽 기업이 많이 왔으면 좋겠어요”라고 말했다.

북쪽 CIQ에서 내비게이션과 CD를 돌려받았다. 카메라 사진 검열을 받았다. 디지털 카메라는 검열이 쉽지만 필름 카메라는 인화를 해야 내용을 볼 수 있다. 북쪽 직원은 “남쪽 출판물에 안 좋은 사진이 가끔 나온다”며 “다음부터 필름 카메라를 갖고 오지 말라”고 주의를 주었다.

북쪽 지역을 벗어나자 커피 생각이 간절했다. 남쪽 출입사무소 자판기에서 뽑은 400원짜리 커피 맛이 구수했다. 자본주의에 밴 습관이다.

2006. 4. 12

▶ ▶ ▶ ▶ ▶

'인간 연습'

작가 조정래 씨가 계간 문예지 <실천문학> 봄호에 발표한 장편소설 ≪인간 연습≫ 1회분을 흥미롭게 읽었다. 소설의 주인공 윤혁은 남파 간첩으로 내려왔다가 체포돼 평생을 감옥에서 썩은 장기수 출신. 강제 전향을 당하고 출소한 윤혁은 '사상의 조국이던 소련이 폭삭 주저앉고, 주체 조국은 배곯아 허덕이는' 현실에서 참담한 패배감과 일생의 허망함을 느낀다. 작품에서 "헛살았다"는 말이 반복된다.

분단 문학의 해피엔딩

작가의 말에 따르면 '인간 연습'이라는 제목은 인간은 무언가를 모색하고 시도해서 더러 성공도 하고 실패하면서 그 고단한 반복을 계속한다는 뜻이다. ≪인간 연습≫은 광복 후 최대 베스트셀러라는 ≪태백산맥≫의 속편에 해당한다. ≪인간 연습≫이 빨치산 소설인 ≪태백산맥≫과 20년의 시차를 두지 않고 함께 나왔더라면 작가가 오랜 시간 이념 공방에 시달리지 않아도 됐을 것이라는 생각을 해 본다. 그러나 ≪태백산맥≫이 발표되던 시기에는 소련이 건재했다. 작가는 ≪인간 연습≫을 통해 그를 고발했던 보수 세력과도 화해할 수 있을 것 같다. ≪인간 연습≫은 조 씨가 추구한 분단分斷 문학의 해피엔딩이다.

사후死後 14년 만에 기념사업회가 만들어진다는 작가 이병주 씨는 ≪태백산맥≫의 무대인 지리산에서 스스로 빨치산을 했던 사람이다. 그는 경남 진주에서 만석꾼의 아들로 태어나 일본 와세다대에서 불문학을 전공했다. 인천상륙작전으로 인민군이 총퇴각하자 이 씨는 지리산으로 들어가 문화예술 공작대 위원장이 됐다. 군경토벌작전으로 사기가 떨어진 빨치산들이 뿔뿔이 흩어지자 이 씨도 하산해 투옥됐다.

그는 나중에 부산 <국제신보> 주필로 있다가 5·16군사정변이 일어난 뒤 '남북한 중립화 통일론'을 주장하는 사설을 쓴 죄로 다시 수감 생활을 했다. 1975년 사회안전법이 발효돼 좌익계 인사들은 전향서를 쓰지 않으면 감호소에 들어가야 했다. 이 씨는 유력자의 도움을 받아 신문에 반공 사상을 담은 유럽 기행문을 쓰는 것으로 전향서를 대신했다. 이병주 씨는 박정희 대통령의 자서전을 쓰기로 했을 만큼 서로 가까워졌다. 말년의 빨치산은 다작多作을 하며 좌파 이데올로기 대신에 코냑과 여인들을 사랑했다.

슬픈 가족사와 사상적 방황

남북 대결의 혼돈 속에서 ≪인간 연습≫의 주인공처럼 슬픈 가족사와 사상적 방황을 겪은 사람들이 오늘날 사회 지도층 중에도 적지 않게 발견된다. 정진석 추기경은 부친이 사회주의 운동을 하다 월북해 북한의 공업성 부상(차관)을 지낸 사실을 <동아일보> 인터뷰에서 처음으로 직접 고백했다. 정 추기경은 젊은 시절에 변증법적 유물론을 배우고 이념 서클에 가입한 적이 있다고 토로한 바 있다.

작가 이문열 씨도 정 추기경과 비슷한 아픔을 지녔다. 이 씨와 고향이 가까운 작가 김주영 씨는 "그의 부친은 사회주의 성향의 지식인으로 월북했다. 그가 대학교를 중도에 그만두고 떠돌이 생활을 한 것도 연좌제緣坐制와 관련이 있다"고 말했다. 정 추기경과 이 씨는 부자가 남북으로 갈려 전혀 상반된 노선을 걸은 경우다. 이들의 삶은 사상 편력의 DNA를 따진 연좌제가 얼마나 불합리한 제도였는지를 말해 준다.

대한민국은 좌익 경력자였던 두 명의 대통령(박정희, 김대중)을 가졌던 나라다. 박 대통령은 여수・순천 10・19사건 때 남로당 관련 사실이 드러나 군법 회의에서 무기징역을 선고받았다. 그는 좌익 활동가였던 형이 1946년 10월 폭동 때 경찰관의 총에 사살되자 복수심으로 공산주의자가 됐다(남시욱, ≪한국 보수 세력 연구≫). 그러나 집권 후에는 반공을 국시國是로 내걸고 남쪽 체제를 다졌다.

다위니즘의 진리는 인간 사고 체계에도 들어맞는다. 서식지棲息地의 변화에 적응해 진화하지 않는 생물체는 멸종될 수밖에 없다. 답답한 것은 시대가 바뀌었는데도 사고가 과거의 시간 속에 정지된 사람들이다. 조정래 씨가 ≪인간 연습≫의 대미大尾를 어떻게 마무리할지 궁금하다.

2006. 3. 15

▶ ▶ ▶ ▶ ▶

천성산과 청계천

김종규 부안군수에게서 전북 부안군에서 일어났던 소용돌이의 전말을 들을 기회가 있었다. 그는 부안이 거부한 방사성 폐기물 처분장을 천년 고도古都 경북 경주시가 90%에 가까운 주민 투표 찬성률로 가져간 데 대한 아쉬움을 토로했다.

그는 2003년 9월 내소사 주지 진원 스님을 찾아갔다가 방폐장 반대 측 주민에게 붙잡혀 집단 폭행을 당했다. 그는 군중 속에서 부안성당 문규현 신부의 모습을 발견했다. 문 신부는 '핵폐기장 백지화 범부안군대책위원회' 공동 대표였고 부안성당은 방폐장 반대 운동의 본부 사무실처럼 사용됐다. 김 군수는 절박한 상황에서 문 신부가 "폭력은 안돼요"라고 말해 주기를 바랐다고 한다. 그러나 문 신부는 김 군수에게 "왜 우리가 이렇게 살아야 합니까"라는 질문을 했다. 김 군수는 "폭력은 안돼요"라는 말을 듣지 못한 서운함을 여태껏 털어 내지 못하고 있다.

철도의 대량 수송은 '녹색 교통'

문 신부는 1989년 임수경 씨와 함께 평양축전에 참가했다. 1998년에는 김일성의 미라가 안치된 금수산 기념궁전에 가서 방명록에 '김 주석의 영생을 빈다'는 글을 남겼다. 이 때문에 반국가단체 고무 찬양 혐의로 기소됐으나 무죄 판결을 받았다. 문 신부의 전력前歷을 새삼 거론하는 이유는 그가 북한의 핵에 관해서는 어떤 생각을 하고 있는지 궁금하기 때문이다. 북한의 대량 살상용 핵에 대해 비판의 목소리를 내지 않으면서 발전용發電用 핵에 반대하는 환경 운동은 정당성을 인정받기 어렵지 않은가.

극지極地의 빙하를 녹이는 지구 온난화는 인류의 재앙으로 다가온다. 인도양의 파라다이스 몰디브는 해수면이 점점 높아져 국토 전체가 바다 속으로 잠겨 버릴지 모른다는 두려움에 떤다. 세계의 환경 운동 단체들은 온난화의 재앙을 막기 위해 원자력 발전 반대 운동을 접고 있다. 이산화탄소를 배출하는 화석 연료를 대체하는 에너지로 원자력의 효용성을 인정한 것이다.

'100일 단식'을 벌인 지율 스님이 동국대 일산병원에 입원해 있다 설을 이틀 앞두고 광주 원광대 한방병원으로 옮겼다. 스님은 천성산의 꼬리치레도롱뇽을 살려야 한다며 단식을 다섯 차례나 했다.

고속철도는 도마뱀의 사촌인 도롱뇽을 위험에 빠뜨리므로 두말할 것 없이 반反환경적인가. 고속철도는 자동차 통행을 줄여 이산화탄소 배출을 감소시킨다. 산을 까뭉개는 고속도로의 신규 건설을 억제하는 효과도 있다. 철도를 이용한 대량 수송이야말로 지구 온난화와 고유가 시대에 대응하는 '녹색 교통'이라고 볼 수도 있다.

배럴당 60달러로 치솟은 유가가 떨어지지 않을 것이라는 비관론이 우세하다. 석유 가채량可採量은 한정돼 있는데 중국과 인도의 경제 성장으로 23억 인구가 석유 소비에 추가로 가담했다. <뉴욕 타임스> 칼럼니스트 토머스 프리드먼은 자동차, 항공기, 가전제품 그리고 주택에서 석유의 사용을 줄이는 녹색 산업이 21세기를 주도하게 될 것이라고 전망한다.

환경 운동과 종교

환경 운동의 종교적 색채가 짙어지고 있다. 환경 이벤트에 스님과 신부가 단골로 등장하고 삼보일배三步一拜가 이어진다.

스티븐 랜즈버그Steven E. Landsburg 교수는 ≪런치타임 경제학*The Armchair Economist*≫에서 환경 운동이 근본주의 종교 단체에서 흔히 나타나는 미신, 신앙, 주술을 혼합한 형태로 나아가는 데 우려를 표시한다. 환경주의자들은 대개 높은 도덕적 기반 위에 서 있다고 착각해 학문적인 근거가 부족하거나 옳지 않은 선전을 해도 무방하다고 생각하는 경향이 있다고 그는 꼬집는다.

필자의 사무실에서는 청계광장이 내려다보인다. 청계천이 복원된 이후 수많은 인파가 나들이했다. 천성산과 부안에서 활동했던 환경운동가들이 청계천을 보며 환경 운동의 방향을 새롭게 모색했으면 좋겠다. 환경 운동의 기준은 어떤 교리가 아니라 실질적인 효용성에 있어야 한다.

2006. 2. 1

▶ ▶ ▶ ▶ ▶

민사고와 상산고

홍성대 상산고 이사장은 8월 경추頸椎 수술을 받았다. 9시간이나 걸리는 대수술이었다. 수술 부위가 뇌에 가깝고 마취 시간이 길어 만에 하나 잘못될 수도 있었다. 그는 입원에 앞서 학교법인 통장에 150억 원을 입금했다. 기숙사 및 체육관 공사 대금 100억 원에 이사장이 없더라도 2, 3년 동안 학교가 돌아갈 수 있도록 운영비 50억 원을 보탰다.

자립형 사립고(자사고)는 정부 예산에서 단 한 푼도 지원받지 않는다. 자사고를 선택한 학생들은 수업료를 평준화 학교의 3배 정도 낸다. 그러나 수업료만으로는 턱없이 모자란다. 상산고가 자사고로 전환한 후 홍 이사장이 내놓은 사재는 300억 원에 이른다. 자사고를 지원할 정부 예산이 평준화 학교로 가기 때문에 그만큼 공교육의 건실화에도 기여하는 셈이다.

상산고 학생들은 입학 당시보다 2, 3학년 때 성적이 월등하게 향상됐음이 전국 모의고사 등에서 확인됐다. 우수한 학생들이 경쟁해 학업 분위기가 좋고 교사와 시설 등 교육 여건이 뛰어나기 때문이다.

민족사관고는 2006학년도 입시에서 놀라운 성적을 냈다. 민사고 국제반 학생 47명 가운데 18명이 하버드대, 프린스턴대, 스탠퍼드대, 코넬대, 듀크대, 시카고대 등 미국 명문대에 합격했다.

고급 교육 수요 충족

공교육의 질이 떨어져 여유 계층에서는 자녀를 중고교 때부터 미국 사립학교에 보내는 학부모가 많다. 미국 사립학교는 등록금과 기숙사비를 합해 1년 학비가 4만~5만 달러 든다. 조기 유학 붐이 수출로 벌어들인 달러를 까먹는 것이다. 두 자사고의 성공은 해외로 빠져나가는 고급 교육 수요를 국내에서 충족시켜 줄 수 있음을 보여 준다.

자립형사립고제도협의회(위원장 김신일 서울대 교수)의 확대 건의를 받고서도 미적거리던 교육인적자원부가 자사고 확대 방침을 어제 공식 발표했다. 김진표 부총리 겸 교육부 장관은 종교계 지도자를 만난 자리에서 "자사고를 현행 6개에서 20개 정도로 확대할 필요가 있다"고 말했다. 분위기는 무르익었지만 전국교직원노동조합(전교조)이 반대하는 것이 걸림돌이다. 그러나 전교조도 평준화의 큰 틀을 깨지 않으면서 공교육에 더 많은 재정이 돌아가도록 하는 제도에 끝까지 반대하기에는 명분이 약하다.

정부 재정이 열악할 때 공교육을 상당 부분 사립학교에 의존해 사학의 비율이 외국에 비해 월등히 높다. 전국 931개 사립 고등학교 전체를 일거에 평준화 제도의 밖으로 내보내기엔 현실적인 어려움이 있다. 재정이나 교육 여건에서 준비가 안 된 학교가 대부분이기 때문이다. 평가를 거쳐 자립할 실력을 갖춘 학교부터 자사고로 전환케 하는 것이 바람직하다.

2002년 서울에서 19개교가 자사고를 희망했지만 유인종 전 서울시교육감이 반대해 서울에는 단 한 곳도 없다. 그러나 지금의 공정택 교육감은 서울의 강북 쪽에 자사고를 허용하겠다는 입장이다. 서울시도 강남북의 격차를 해소하기 위해 강북 지역 자사고 설립을 지원하는 구상을 밝힌 바 있다. 서울에서 자사고로 갈 의지와 여건을 갖춘 학교로는 중앙고, 이화여고, 중동고 등이 꼽힌다.

사학인들을 신바람 나게

자사고가 늘어나면 사학의 체질 개선도 기대된다. 경쟁 체제가 도입되면 사학들은 학생을 배정받고 재정을 지원받는 데 안주하지 않고 투명한 경영과 교육의 질 개선으로 학생과 학부모의 선택을 받으려고 더 노력할 것이다.

자사고가 성공할 기반을 닦아 주는 것도 중요하다. 수업료의 상한선을 없애고 대학 입시에서 내신으로 인한 불이익을 받지 않게 해야 이 제도가 성공할 수 있다는 것이 자립형사립고제도협의회의 결론이다.

홍 이사장은 "학생을 배정받다가 건학 이념에 맞는 학생들을 선발하게 되니 신이 나서 돈을 써도 아깝지 않다"고 말했다. 사학 경영인들을 법으로 옭아맬 것이 아니라 신바람 나게 해 주는 것이 한국 교육의 세계적 경쟁력을 강화하는 해법解法이다.

2005. 12. 23

이정표를 생각하게 만드는 이정표

박상우 소설가

황호택의 칼럼을 한자리에 모아 집중적으로 읽는 일은 롤러코스터를 타는 것처럼 드라마틱하다. 롤러코스터가 아니라면 스릴러 소설을 읽는 것처럼 사건의 전개 과정이 흥미진진하고 박진감 넘친다. 시간적 배경은 2005년 12월 23일부터 2010년 8월 1일까지, 공간적 배경은 대한민국. 중심 사건은 정치이고 그것들로부터 파생된 경제, 사회, 문화 전반에 관련된 이야기 흐름이다. 중심 인물은 노무현과 이명박, 극적 갈등을 위해 설정된 집단은 남한과 북한, 좌파와 우파, 상류층과 서민층, 강남과 강북, 뉴 타운과 올드 타운 같은 것들이다. 21세기 디지털 문명의 마법이 세상을 다차원적으로 쥐락펴락하고 있는데 대한민국은 아직도 이분법적 대립 구도의 미망에 사로잡혀 있는 게 아닌가!

한 편의 소설이나 드라마로 판단할 때 대한민국에서 일어난 중심 사건의 흐름은 '막장드라마' 수준과 별반 다를 게 없다. 칼럼으로 다루어진 사건들을 역순으로 되짚어 보면 지난 5년 가까운 시간 동안 대한민국을 배경으로 펼쳐진 막장드라마의 줄거리가 절로 두드러진다. 그것의 특징은 대단히 비논리적이고 비합리적이고 비이성적이다. 주마등처럼 우리의 기억에서 되살아날 세세항목을 열거해 보자.

> 노무현, 참여정부, 386세대, FTA, 변양균과 신정아, BBK와 김경준, 허위 학력 파문, 대운하, 광우병, 촛불시위, 금강산 총격, 최진실 자살, 용산참사, 4대강 치수, 연쇄살인범 강호순, 노무현 자살, ≪친일인명사전≫ 편찬, 천안함 침몰…… 등등

황호택의 칼럼은 난장 같은 현실의 틈바구니에서 치열하게 갈등하고 고뇌한다. 글의 행간마다 좌표를 잃지 않으려는 긴장감과 사명감이 동시에 느껴진다. 당대를 배경으로 가장 첨예한 실시간적 이슈를 다뤄야 하니 세상의 최전선에서 전송하는 글발과 다를 게 없다. 칼럼을 써 본 사람은 칼럼에서 의식하는 경계의 범주가 전방위적이라는 걸 안다. 그럼에도 불구하고 스스로 길을 열고 자기주장을 굽히지 않고 나아가야 한다는 것도 안다. 때로는 돌팔매도 맞고 때로는 저주의 댓글도 감내해야 한다. 사유와 관점이 필자에게 주어진 유일한 방패이자 무기이다. 그것이 곧 논점의 핵심이 되기 때문이다.

세상은 저마다 다른 입장立場의 난장이다. 세상에 절대적인 논점과

관점은 없다. 세상 모든 사람이 자신의 입장을 판단의 준거점으로 삼기 때문이다. 입장이란 자신이 두 발을 붙이고 선 현재 시점의 위치를 기준으로 삼는다. 내가 서 있는 곳을 중심으로 위아래, 앞뒤, 좌우가 결정되기 때문이다. 그러므로 내가 지금 세상의 어느 위치에 발을 딛고 서 있는가를 위성 시각으로 인지하는 일은 세상을 폭넓게 조망하고 헤아리는 데 있어 매우 중요한 관건이 된다.

황호택의 칼럼은 정의와 진실이 싹을 틔울 틈바구니를 마련하기 위해 고뇌한다. 그것을 위해 풍부한 사례와 예증을 불러오고 자신의 의견을 대신할 인용도 아끼지 않는다. 양극 대립이 심화되어가는 사회에서 자신의 육성을 높이기보다 수렴과 수용을 통해 절충 지점을 모색하는 일은 어느 한쪽을 포기하고 내치지 않기 위한 속 깊은 배려와 다를 바 없다. 어느 쪽도 옳지 않다, 그러나 어느 쪽도 버릴 수 없다 — 우리 사회가 안고 있는 문제의 핵심이 바로 그것이기 때문이다.

> 한영우 서울대 명예교수는 '광화문 문화포럼' 특강에서 "한국인의 역사 의식은 극단적인 좌우 이념의 안경을 쓰고 있다"고 지적했다. 좌파는 계급 투쟁과 민주화만 강조하고 북한에 지나치게 우호적이라는 것이다. 이에 비해 일부 뉴 라이트가 자유민주주의와 시장 경제의 장점을 강조하는 것은 좋지만, 전통 문화와 도덕성에 대한 배려가 부족하고, 일제강점기의 경제 발전을 강조한 나머지 일본 극우 세력에 면죄부를 줄 수 있다고 비판했다. 한 교수는 "좌파든 우파든 역사 해석에 지나치게 이념을 투입하면 역사의 진실을 왜곡할 위험성이 있다"고 말했다.
>
> — "'기적의 역사'를 보는 두 개의 안경" 중에서

지난 5년 가까운 시간 동안 대한민국은 심각한 분열 양상을 심화시켜 왔다. 그 중심에 촛불시위가 있고 그 배경에서 좌파와 우파의 양극 대립 구도는 브레이크가 고장 난 폭주기관차처럼 상대방을 향해 무차별한 돌격을 감행하고 있다. 내전 국가가 되지나 않을까, 몹시 우려스러울 때가 많다. 증오와 저주의 언설은 인터넷을 통해 무한 복제되고 또한 재생산된다. 그것을 걱정하는 황호택의 칼럼에는 자라나는 세대, 대한민국의 미래에 대한 우려가 깊다.

> 21세기를 사는 젊은이들은 갈수록 평평해지는 세계에서 넓은 시야와 열린 생각을 가져야만 더 멀리 보고, 빠르게 바뀌는 세상의 물결에 더 신속하게 올라탈 수 있다. 젊은 세대는 다양한 세계와 의견을 들여다볼 수 있는 인터넷을 가졌다. 그런데 정작 인터넷에서는 '깃털이 같은 새'끼리만 모여 유유상종類類相從하고 조금이라도 깃털의 색깔이 다른 새에 대해서는 저주를 퍼붓는다. 다매체 다채널 시대의 도래로 뉴스의 소비자들은 선택권이 전례 없이 넓어졌지만 뉴스의 편식偏食은 이전 시대보다 오히려 심해졌다. 누리꾼들은 같은 생각을 가진 사람들이 모이는 사이트만 찾아다니며 자기 의견을 강화하기에 바쁘다.
>
> (……)
>
> 인터넷 사이트마다 그룹싱크(*groupthink* · 집단 사고) 현상이 심해지는 것은 오른쪽, 왼쪽 다 마찬가지다. 그룹싱크에 빠져든 누리꾼들은 다른 의견을 경청하고 그 타당성을 검증하는 일에 소홀하다. 그룹 간에 균열이 더 깊고 넓어질 수밖에 없다. 민주주의는 여러 그룹의 사람이 다른 그룹과 서로 타협하는 과정에 의존한다. 자기 의견에 집착해 다양한 견해에 귀를 닫는 사고는 민주주의의 미래를 위협하게 된다.
>
> — "인터넷 문화 전쟁" 중에서

진정한 칼럼은 모색인 동시에 비전 제시이다. 하지만 진정한 고뇌와 사유를 거쳐도 길은 쉽게 열리지 않는다. 세상 모든 일이 긍정적인 가능성과 부정적인 가능성을 동시에 품고 있기 때문이다. 그럴 때 슬그머니, 황호택의 발길은 현실의 중심부를 벗어나 법정 스님의 길상사를 더듬고 박경리 선생이 묻혀 있는 통영으로 횡보한다. 여유를 찾고 또한 여유를 잃지 않으려는 본능적 균형 감각의 소산일 터이다. 바로 그 지점에서 나는 현실의 문제를 해결할 수 있는 은근한 메타포를 발견한다.

길상사는 법정 스님이 우리에게 남겨 준 아름다운 선물이다. 밤에 비행기를 타고 서울 상공을 지나가면 십자가가 하늘의 별처럼 많지만 도심 속에서 절은 찾아보기 어렵다. 길상사는 오래된 나무들이 많고 추경秋景이 뛰어나다. 가을철이면 도심 속의 단풍 숲을 구경하기 위해 하루 5000명가량의 중생이 찾아온다.

대원각이란 이름의 요정을 법정 스님에게 시주한 조선권번 기생 출신 김영한 여사의 마음속에는 평생 두 남자가 있었다. 하나는 사랑하던 백석 시인이었고 하나는 글을 읽고 존경하게 된 스님이었다. 두 남자는 모두 글을 잘 쓰고 정신세계가 여유로운 호남아였다. 터 7000평의 대원각은 재산 가치가 1000억 원대를 호가했다. 김 여사는 법정 스님이 설립한 '맑고 향기롭게' 재단에서 활동하며 10년 동안 스님에게 간청하다시피 해 대원각을 부처님께 바쳤다. '나눔의 정신'을 실천하는 근본도량 길상사는 이렇게 태어났다. 스님은 이 재단과 함께 장학사업을 벌여 30여 권의 저서에서 나오는 인세 수십억 원을 가정 형편이 어려운 학생들에게 보냈다.

요정을 리모델링한 길상사는 여느 사찰처럼 일주문도 없고 눈을 부릅뜬 사천왕상도 보이지 않는다. 법고法鼓와 목어木魚도 몇 달 전에야 만든 것이다. 그렇지만 길상사에는 조각가 최종태 씨의 관음보살상이 있다. 최 씨는 마리아상으로 이름난 조각가다. 법정 스님은 관음보살상의 조각을 왜 최 씨에게 맡겼을까.

마리아상을 닮은 관음보살상은 법정 스님이 고 김수환 추기경, 이해인 수녀 등과 가졌던 교분과 함께 종교 화해를 보여 주는 상징물이다. 종교 지도자들이 법정 스님처럼 다른 종교와의 화해에 관심을 쏟는다면 우리 사회에서 종교 갈등이 크게 줄어들 수 있으리라고 생각한다.

칼럼이라기보다 수필처럼 아름다운 글이다. 한때 밀실 정치로 이름을 날리던 대원각이 법정 스님을 만나 나눔의 정신을 실천하는 근본도량 길상사로 다시 태어나는 과정, 바로 거기에 대한민국이 눈을 떠야 할 신생의 이정표가 세워져 있다. 요정이 사찰이 되고 술판이 나눔판이 되고 종교와 종교 간의 갈등까지 소멸되는 지점이라면 우리 민족의 가슴에 응어리진 양극의 포한을 풀고 오래오래 한마당 어울려 놀 수 있지 않겠는가.

황호택의 칼럼은 이정표를 생각하게 만드는 이정표이다.

6 · 10항쟁 불씨된 박종철 고문치사 특종 보도*

<동아일보>의 '박종철 특종'이 없었다면 대한민국의 역사는 좀더 늦게 바뀌었을 것이다. 이 특종의 주인공 김차웅, 황열헌, 윤상삼, 황호택, 임채청을 비롯한 동아 기자들도 고 박종철 군을 부활시킨 자신들의 기사가 역사의 물줄기를 바꾸는 불씨가 되리라고 짐작치 못했다.

당시 주역 중 한 사람, 황호택 동아일보 논설실장은 23년 전 청년 기자로 돌아간 듯 그날을 회고했다. 1987년 6월. 넥타이부대가 명동으로 쏟아져 나온 날, 모든 자동차들이 일제히 민주주의의 경적을 울리던 날, 그도 거리에 있었다. 그때 비로소 외쳤다. "드디어 민주주의가 되는구나!"

그해 1월 15일, 법조 기자였던 황호택은 사회부장 정구종에게 전화를 받았다.

"<중앙일보> 오늘자 사회면 봤어? 서울대생 쇼크사 기사가 났다. 확인 취재해봐." 동아는 일단 '물'을 먹은 셈이었다.

그러나 그것이 <동아일보> 박종철 사건 특종 행진의 서막이었다. 동아는 신문 지방판의 사회면 대부분을 할애해 박 군의 의문사를 알렸다. 검열 기관들이

* 출처: 장우성(기자협회보 기자), "특집 인터뷰: 6 · 10항쟁 불씨된 박종철 고문치사 특종 보도 — 동아일보 황호택 기자," <김기자 어떻게 됐어>, 한국기자협회, 2010. 7. 9.

지방판은 잘 체크하지 않는다는 허점을 찌른 것이었다. 그리고 다음 날 박 군이 고문으로 숨졌다는 특종을 터뜨렸다.

이 특종은 황열헌과 윤상삼이 해냈다. 황열헌은 부검에 참여했던 한양대병원 박동호 박사에게 박 군 사체에 두피하 출혈, 수십 군데의 피멍, 오른쪽 폐에 출혈반점이 있었다는 증언을 얻어냈다.

윤상삼은 박 군 사체를 처음으로 검시한 오연상 박사를 경찰병원 화장실에서 단독 인터뷰했다. 오 박사는 시체에서 수포음이 들렸고 물고문의 흔적이 있었다고 과감히 고발했다. '서울대생 쇼크사'가 '박종철 군 고문사'로 바뀌는 순간이었다.

이후 <동아일보>의 지면은 박종철 사건으로 도배되다시피 했다. 전두환 정권은 고문경찰관 2명을 구속시키고 내무부장관과 치안본부장을 경질하는 선에서 터진 둑을 막아 보려 했지만 역부족이었다. 권력 실세들도 개입됐다는 소문이 돌았다.

그즈음 황호택은 평소에 잘 알고 지내던 한 검사장에게 연락을 받았다. "황형, 술 한 잔 합시다." 그는 김성기 당시 법무장관의 측근이었다. 서울 S호텔 음식점에서 거나하게 술잔이 오갔다.

황호택은 "기사 너무 키우지 말아 달라"며 읍소하던 그를 맞장구를 쳐주는 척하며 취재에 들어갔다. "김 장관, 서(동권) 총장은 정말 몰랐어?" "왜 몰랐겠어. 고민 많이 하셨지." "저번에 (고문경찰관들이 수감된) 영등포구치소도 갔다 오셨잖아." 경계심이 풀린 검사장은 법무부 장관과 검찰총장이 고문 사실을 알고도 은폐를 묵인했다는 엄청난 사실들을 하나하나 실토하기 시작했다. 황호택은 그때마다 잠깐씩 화장실에 가서 담배 갑에 한마디 한마디를 깨알같이 적어 내려갔다.

'법무부 · 검찰 고위 관계자 석 달 전부터 '조작' 안 듯'

다음 날인 5월 23일자 <동아일보> 1면 톱기사 제목이었다. 그는 고문 피의자 현장 검증 취재 뒤에 아침 10시부터 다음 날 새벽 3시까지 기사를 쓰기도 했다. 열정으로 덤벼드는 기자를 이길 권력은 없었다. 기세등등하던 안기부장 장세동을 비롯해 국무총리, 법무부장관, 검찰총장, 내무장관, 치안본부장 등이 추풍낙엽처럼 떨어졌다.

황호택은 그해 10월 법조를 떠나 일반 정부부처로 출입처를 옮겼다. 어느덧 6・29선언을 했던 노태우가 대통령에 당선됐다. 을씨년스런 1월이었다.

사회부장 정구종은 다시 황호택을 불렀다. "박 군 사망 1주년이 됐으니 특종을 하나 더 해 보자." 황호택은 안상수(현 한나라당 원내대표)를 떠올렸다. 박 군 사건 담당 검사였던 그는 지방지청으로 좌천됐다가 변호사 개업을 한 상태였다. 할 말이 많을 법했다. 안상수는 그때까지 베일에 가려져 있던 국립과학수사연구소 황적준 박사의 존재를 알려 줬다. 황 박사는 치안본부 간부들의 온갖 회유를 뿌리치고 고문치사 부검 감정서를 작성한 인물이었다.

황호택은 동료였던 정동우에게 이 사실을 전했다. 황 박사를 만난 정동우는 경찰 간부들의 압력을 받고 고민하던 일을 적어 놓은 일기장 사본을 얻어 냈다. 이렇게 안상수 인터뷰와 강민창 치안본부장이 사건 은폐에 개입했다는 기사가 나온 사흘 뒤 강 치안본부장은 구속됐다.

<동아일보> 기자들은 박종철 사건 특종으로 1987년, 1988년 거듭 한국기자상을 받았다. 황호택은 1984년까지 포함해 세 번을 받았다. 당시 박종철 특종으로 상을 받았던 기자들 중 현역인 사람은 황호택, 임채청 둘 뿐이다. 그러나 그는 공을 동료들에게 돌렸다.

"'박종철 특종'은 누구 한 사람의 작품이 아닙니다. 동아일보 편집국 전체의 힘으로 만든 겁니다. 그 당시 동아 기자들의 기개는 대단했습니다. 밤새도록 취재를 해서 원고를 데스크 책상에 산더미처럼 쌓아 놓았죠. 데스크들도

'팩트만 확실하면 다 내주겠다'며 호응했습니다. 다른 신문 기자들은 아예 취재를 할 엄두를 못 냈습니다. 써도 기사가 나오지 않았기 때문이죠."

남시욱 당시 편집국장은 ≪체험적 기자론≫이라는 책에서 이렇게 회고했다.

> "신문이 나간 후 나는 사우나탕으로 사라졌다. 사무실에 있으면 기사를 빼거나 줄여 달라는 압력 전화로 전화통이 불이 나기 때문이다.…… 우리는 마치 대한민국에서 오직 하나의 신문만이 언론 자유를 누리듯이 이 사건을 과감히 보도했다."

특종이 나온 날 <동아일보>는 서울 가판에서 50만 부를 팔고도 모자랐다. 물밀듯이 쏟아 냈던 박종철 사건 특종으로 민주주의의 역사가 열렸다.

'논설실장' 황호택의 17층 사무실 창밖에는 광화문 네거리가 보인다. 강산이 두 번 변한 지금 동아일보 사옥은 이 거리를 조용히 내려다보고 있다. 1987년 6월의 거리에서 "동아일보요, 동아일보요"라고 외치던 신문배달원들의 목소리를 추억하듯이 말이다.

황호택

수습 기자를 갓 떼고 경찰서 취재를 나간 지 몇 달 안 돼 송사에 걸려 법조 출입을 하게 됐다. 그때 "함께 유학 가자"는 솔깃한 제의를 받았지만 언론계를 피소被訴로 마침표를 찍을 수 없어 사양했다. 신출내기 기자 시절 '법에 사는 사람들' 시리즈 기사로 한국기자상을 받고 첫 저서를 냈다. 1987년 <동아일보>가 경찰에서 물고문을 받다 죽은 서울대생 박종철 군 기사로 전 지면을 뒤덮다시피 할 때 일요일 오후 2시경부터 다음날 아침 7시까지 밤을 꼬박 새워 17시간 동안 기사를 쓴 경험이 있다. 새벽 무렵에는 팔이 아프고 눈이 어릿어릿했다. 1987, 1988년 박 군 관련 보도로 한국기자상을 두 해 연속 받았다. 당시 데스크와 취재 기자들이 거의 다 퇴사하는 바람에 박 군 사건 보도를 취재 또는 연구하는 사람들이 현직에 남아 있는 나를 찾아온다. 5공화국 독재 정권을 무너뜨린 박 군 사건 보도는 <동아일보> 편집국 전체 팀이 이룬 쾌거인데 혼자 영예를 누리는 것 같아 송구스럽다. 젊어서 논설위원실에 올라와 꼬박 10년을 채웠다. 신문사에서도 여러 길이 있지만 논설위원실에서 책을 많이 읽고 논리적인 글을 쓸 시간을 길게 가진 것은 나의 행운이자 자산이라고 생각하고 싶다. 시사월간지 <신동아>에 2002년 2월부터 2007년 7월까지 5년 5개월 동안 유명 인사 인터뷰를 연재했다. 한국의 정상에 선 사람들을 만나 인간과 세상 공부를 하며 인터뷰 책 7권을 펴냈다. 현업에서 물러나면 '인터뷰의 기술,' '사람 읽는 노하우,' '상대의 고백을 받아 내는 질문 법' 같은 책을 써보고 싶다. 요즘 대학에서 이러한 주제로 가끔 특강을 한다. 수석논설위원, 논설위원실장으로 계급장이 올라가면서 자기 계발의 시간이 부족해 아쉽다. <동아일보>에 격주로 쓰는 '황호택 칼럼'이 독자들의 사랑을 받았으면 좋겠다.